新时代大学生
职业生涯规划与就业创业教程

主　编　刘中亮　董　博
副主编　刘子超　陶文娟
　　　　曹文军　刘兴光
编　者　（以姓氏笔画排序）
　　　　王华光　王　瑾　尹申申
　　　　吕明磊　孙云鸿　宋　猛
　　　　陈艾芳　陈养彬　顾荣华
　　　　葛云芝

东南大学出版社
SOUTHEAST UNIVERSITY PRESS
·南京·

内容提要

本书按照现代大学生的身心发展的客观规律及"成人""成材"的要求,分三个部分分别论述了新时代大学生学涯及职业生涯规划、创业就业、考研或留学深造的内涵、要点及行动指南,以期为新时代大学生的大学生活乃至人生规划提供有益的指导。本书理论讲解言简意赅、案例典型,插入的短视频内容相关性强,有效地结合了大学生知识探究和素质培养的需求。

本书可供普通高校的大学生及从事就业创业指导的老师参考使用。

图书在版编目(CIP)数据

新时代大学生职业生涯规划与就业创业教程 / 刘中亮,董博主编. — 南京:东南大学出版社,2020.8(2022.7重印)
 ISBN 978-7-5641-8981-5

Ⅰ.①新… Ⅱ.①刘… ②董… Ⅲ.①大学生—职业选择—高等学校—教材 Ⅳ.①G647.38

中国版本图书馆 CIP 数据核字(2020)第 116689 号

新时代大学生职业生涯规划与就业创业教程

Xinshidai Daxuesheng Zhiye Shengya Guihua Yu Jiuye Chuangye Jiaocheng

主　　编	刘中亮　董　博	责任编辑	刘　坚
电　　话	(025)83793329　QQ:635353748	电子邮件	liu-jian@seu.edu.cn
出版发行	东南大学出版社	出 版 人	江建中
地　　址	南京市四牌楼2号	邮　　编	210096
销售电话	(025)83794561/83794174/83794121/83795801/83792174 83795802/57711295(传真)		
网　　址	http://www.seupress.com	电子邮件	press@seupress.com
经　　销	全国各地新华书店	印　　刷	江阴金马印刷有限公司
开　　本	787 mm×1092 mm　1/16	印　　张	16　　字　数　430千字
版　　次	2020年8月第1版	印　　次	2022年7月第3次印刷
书　　号	ISBN 978-7-5641-8981-5		
定　　价	59.00元		

* 未经许可,本书内文字不得以任何方式转载、演绎,违者必究。
* 东大版图书,如有印装错误,可直接向营销部调换,电话:025-83791830。

前言 PREFACE

党的十八大以来,习近平总书记围绕培养什么人、怎样培养人、为谁培养人这一根本问题,对新时代教育工作做出了重大部署,提出我们的教育必须把培养德智体美劳全面发展的社会主义建设者和接班人作为根本任务。高校担负着培养担当民族复兴大任的时代新人的使命,承载着培养德智体美劳全面发展的社会主义建设者和接班人的重任,当代大学生能否成长为堪当民族复兴大任的时代新人,是检验高校办学质量的最直接体现和最重要指标。新时代,高校只有坚持社会主义办学方向不动摇、聚焦立德树人根本任务不松懈,才能让党和国家事业兴旺发达、后继有人,为推进伟大事业、实现伟大梦想提供有力人才支撑。

作为国家"双一流"建设高校,近年来,南京林业大学始终围绕贯彻落实习近平新时代中国特色社会主义新思想和习总书记关于高等教育的系列重要讲话精神,坚持立德树人根本任务,结合学校特色不断推进教育教学改革,取得了丰硕的成果:在全国第四轮学科评估中,林业工程、林学获评"A+"学科,风景园林学获评"A-"学科,A+学科数位列全国林业高校和江苏省属高校第一;工程学、动植物学、农业科学、材料科学和化学5个学科进入ESI全球前1‰;拥有国家级一流本科专业建设点12个,国家级特色专业建设点6个,省级一流本科专业建设点6个,省级品牌特色专业16个,江苏高校品牌专业4个;先后获教育部"全国毕业生就业典型经验高校""全国创新创业典型经验高校"等荣誉称号。

同时,南京林业大学把立德树人的成效作为检验学校一切工作的根本标准,坚持围绕中心、服务大局,把加强创新创业人才培养作为服务国家战略需求和学校的核心任务,培养出更多德智体美劳全面发展的社会主义建设者和接班人。这本《新时代大学生职业生涯规划与就业创业教程》既是这一工作的成果反映,也是学校不断探索的新起点。总体而言,本书的特点:

1. "立德树人"贯穿始终。我国高等教育肩负着培养德智体美劳全面发展的社会主义事业建设者和接班人的重大历史使命,必须毫不动摇地把握方向、旗帜鲜明讲政治。本书始终聚焦"立德树人"根本任务,以"家国情怀"为引领,以铸魂育人为目标,积极引导学生自觉把个人的理想追求融入国家和民族的事业中,鼓励广大青年学子到党和人民最需要的地方建功立业,为实现中华民族伟大复兴的中国梦贡献青春力量。

2. "学涯规划"与"生涯规划"有机衔接。大学生的职业生涯规划始于学涯规划,而学涯规划又与职业生涯规划紧密联系、互为支撑。良好的学涯规划可以激发职业生涯规划的兴趣和动力,也能为个人职业生涯发展奠定坚实的基础。本书的篇章安排注重两者之间的内在关联,注重科学性、强化关联度,突出全面发展、终身发展,层次分明又紧密相连,通过激发大学生生涯发展的自主意识、创新意识,积极引领大学生科学理性地规划未来。

3. 贴近新时代大学生,可读性强。本书注重理论与实践相结合,理论讲解言简意赅,实际案例指导性强,对于大学生如何规划自我学习、就业和创业等具有较强的指导价值。在创作过程中注重贴近新时代大学生特点,创新路径载体、丰富方式方法,积极引入新媒体互动、短视频呈现等方式,学生在阅读文字的同时,通过视听等多种途径对书本内容有更加直观的感受和深入的理解。

新时代大学生肩负着更加崇高的使命,如何在新时代担当新作为,是摆在每一位大学新生面前的"必答题"。人生的发展当然不可能一帆风顺,本书也不可能穷尽所有。但我们坚信,只要新时代大学生们敢于磨砺"不破楼兰终不还"的意志,焕发"越是艰险越向前"的精神,锻造"咬定青山不放松"的信念,始终紧扣时代脉搏、将"小我"融入"大我",必将无愧于绽放的青春,无愧于时代的重托,无愧于美好的未来!

刘中亮

2020 年 8 月 5 日

目录 | CONTENTS

职业生涯规划篇

第一章　生涯唤醒 · 3
- 第一节　大学学涯 · 3
- 第二节　职业生涯 · 10
- 第三节　职业生涯教育 · 13

第二章　生涯认知 · 16
- 第一节　自我认知 · 16
- 第二节　环境认知 · 24
- 第三节　职业发展与适应 · 32

第三章　生涯规划 · 37
- 第一节　职业发展目标 · 37
- 第二节　职业发展路径 · 43
- 第三节　职业素养 · 47

第四章　生涯实践 · 56
- 第一节　撰写职业发展规划书 · 56
- 第二节　职场人物访谈 · 66
- 第三节　职场典型一日 · 72

创业基础篇

第五章　创业基础概述 · 83
- 第一节　创业内涵 · 83
- 第二节　创业的机遇与挑战 · 89
- 第三节　创业精神 · 92

第六章　大学生创新创业大赛 · 101
- 第一节　赛事简介 · 101
- 第二节　参赛须知 · 111
- 第三节　参赛准备 · 115

第七章	大学生创业实践	124
第一节	创业者与创业团队	124
第二节	创业融资管理	128
第三节	商业模式创新	131

第八章	创业风险与挑战	136
第一节	创业风险预测	136
第二节	创业风险规避	143
第三节	创业者心理准备	147

就业指导篇

第九章	就业指导概述	155
第一节	高校毕业生就业现状分析	155
第二节	高校毕业生就业方向	162
第三节	国家有关高校毕业生就业创业的政策和规定	170

第十章	大学生求职准备	182
第一节	求职信息的准备	182
第二节	求职材料的准备	186
第三节	求职材料的整理与投递	188
第四节	求职能力的提高	189

第十一章	职场适应与权益保护	194
第一节	职业价值观与职业心理适应	194
第二节	就业协议的签订	199
第三节	劳动者权益与维护	205

第十二章	国内升学与出国留学	212
第一节	科学规划自己的学业	212
第二节	制订考研复习计划	222
第三节	考研流程	227
第四节	研究生报考建议	236
第五节	出国留学	241

·职业生涯规划篇

第一章 生涯唤醒

第一节 大学学涯

一 何为大学

《大学》开篇曰:"大学之道,在明明德,在亲民,在止于至善。"虽然此"大学"非彼"大学",但用来回答何为大学问题仍然很贴切。对于何为大学的讨论,自大学诞生起就没有停止过,虽然每人的立场不同,论断迥异,但大学的基本功能在于发展知识、培育人才,似为不争之论,即传承和创新知识,让更多的人开启心智,获得知识,养成独立思考、判断的能力,形成对真、善、美等价值执着追求的心态,培养健全的人格。而培养独立思考、健全人格的大学生,就要求大学坚守自由思想、独立精神,这一直以来都被视为大学的灵魂。

(一)大学教育的共性

(1)大学是知识传播和发展的地方。大学教育不是简单地灌输知识,而应启发人的心智,培养人们运用所学知识去解决实际问题的能力,并在今后的人生中能够做到自我教育、自我开发。

(2)大学应具有开放性。大学的开放性让知识具有发展更新的力量,让大学知识可以转变为生产力,同时生产力又促进知识的产生从而形成良性循环。

(3)大学应保持学术独立和学术自由。大学里学术的独立和自由,是知识创新、发展和丰盈的摇篮。

(4)大学应具有崇高的使命感。大学具有四大功能,即人才培养、科学研究、服务社会、文化传承与创新。人才培养是大学的核心功能;科学研究是大学的重要职能,也是人才培养的重要载体和重要途径;服务社会是人才培养和科学研究功能的延伸,大学通过人才培养和科学研究服务社会;大学通过学人和学子们传承优秀文化;大学通过创新推动社会进步。

(二)大学生活的特点

大学生活是人生成长的重要阶段,对刚刚步入高校的大学生来说,大学生活和中学生活存在着明显的变化和差异,主要表现在以下几个方面。

1. 学习方式灵活，内容宽泛

大学学习无论内容还是形式都是丰富多彩的。从学习的内容来说，除了学习书本上的知识，还可以从校园文化活动和实践中学习；除了学习知识，还可以学习各种技能；除了学习本专业的内容，还可以兼修其他学科的内容。从学习的形式来说，除了课堂教学，还有自学、网络学习、学科竞赛、讲座、社团、社会实践等。

2. 专业学习针对性强

大学生的专业、职业方向从进入大学时已经基本确定，大学里各专业的课程也都是针对未来职业岗位（群）对人才素质和能力的要求来设置的，学习的专业性十分明显。大学的教育也是一种通识教育，大学生不仅要学好专业知识，更要注重提升自己的综合素养，因为社会对人才的需求通常是专业能力和综合素质并重。

3. 独立自主性增强

步入大学，脱离了家长和班主任的照顾和看管，生活的选择权回归到学生自己手上，一切都要自己做主，这对大学生的独立生活能力是一个挑战。

4. 展示才华的机会更多

大学为大学生提供了很多展示自己的平台，他们可以参加不同的社团、比赛和竞赛。由于升学的压力骤减，大学生有更多的课余时间自由支配，同时也面临着更多的选择。新生入学后，要抓住机会选择适合自己的成长方式，发展自己的兴趣爱好，不仅要陶冶性情，提高自身修养，还要拓展人脉，锻炼交际能力。因此学生要分析思考自己的优劣势，合理安排时间和精力投入自己喜欢的事情，锻炼提高自己。

5. 评价标准更加多元

大学更重视学生的全面发展，评价学生的标准也更加全面多元，在大学"分数高"不再是评价好学生的"唯一标准"。"好学生"不仅指获得奖学金的学生，还包括在比赛、竞赛、社团、志愿服务等活动中脱颖而出的学生和动手能力强、有创新能力的学生。社团纳新面试有演讲和才艺展示，比赛、竞赛也有演讲和现场问答，企业招聘、考公务员、考研都包括笔试和面试。这些不仅要求大学生有良好的书面表达能力，对大学生的口才、气质、形象和心理素质也都提出了更高的要求。

6. 加强创新创业能力的培养

创新创业教育是新时代大学生教育的主题，其实质是更好地实施素质教育。大学生的专业学习，既要注重专业知识的积累，更要注重自身创新创业能力的培养。在现有社会需求的影响下，很多大学生的动手能力、实践能力、创造能力、创新能力逐步得到重视和尊重。

二 如何适应大学生活

（一）如何学习

1. 学会学习

学会学习是当代人生存和发展的必备利器。培养学会学习的能力，是大学学习的关键所在。掌握知识只是大学生学习的一部分,更重要的是要学会学习方法。大学生只有掌握了快速、有效的学习方法,才能适应瞬息万变的社会。学会如何学习不仅是大学生活的目标,也是胜任岗位的关键。

当今时代是知识经济和终身学习的时代,学会学习已成为开启这个时代的通行证。正如美国未来学家托夫勒所言:"未来的文盲不再是不识字的人,而是没有学会学习的人。"那么,大学生应该如何学习呢?

1) 树立大学目标

高中的学习目标就是高考,到了大学没有目标就会迷茫。这时给自己的大学树立目标,合理规划大学生活,会使自己的大学生活有方向,从而使大学生活更充实。

2) 提高自学能力

自学包括自主学习、探究学习和合作学习。大学生要按照自己的大学生活规划和人生目标,主动去获取知识,构建自身合理的知识结构。对自己习得的知识要进行自我检测和自我补"缺"。

3) 有效支配时间

大学生要根据自己的学习目标、课程安排、就业意向、健身锻炼以及爱好兴趣,制订出自己的日程和作息时间表。做事要有计划性,切忌拖拉,学会有效管理自己的时间。

4) 拓宽学习渠道

大学的学习绝不仅仅是学在课堂,还要向社会学习,可通过读书、看报、上网、听讲座、参加实践活动等多种方式学习。

2. 学会做事

古人云:"纸上得来终觉浅,绝知此事要躬行。""做事"通俗地说就是能力,是自己能够应对各种情况的能力,所以说能力比学历重要。对大学生而言,学会做事主要可以从以下几方面入手。

1) 学会自信

一个人如果有自信,将会积极主动地去探索事物。自信也是提高自身能力的基础。

2) 热爱劳动,养成好习惯

劳动是一个人成长的必修课。张瑞敏有句名言:"能够把简单的事情天天做好,就是不简单。"如果大家不屑于劳动,就很难成长,很难获得做大事的机会。大学生可以从身边的事做起,从劳动中学会自己管理自己,自己教育自己。大学生可以做到积极参加校园文化活动,锻炼自己;注重实习实训环节,提高动手实践能力;积极参加社会实践活动,加快个体社会化进程。

3) 做事会分轻重缓急

哈佛大学教给学生一种做事法则,即"80对20法则"——每个人要将自己每天要做的事情按照轻重缓急排序分成10项,并用自己最主要的精力集中办好最重要的前两项,后面8

项事情自然而然也会办得很好。

4）学会创新

学习生活中要学会观察和思考，让自己有创造力，因创造而给自己带来崭新的学习和生活。

3. 学会共处

学会共处是要学会与他人一起生活。美国著名成功学家卡耐基有句箴言："一个人的成功15%取决于他的专业技术知识，85%取决于他与人相处和沟通协调的能力。"为了更好地发挥自己的潜能，我们需要得到周围环境的支持和帮助，而良好的人际关系是营造个人生活环境的必要前提。那么，大学生应如何学会与他人和谐共处呢？

1）培养真诚的个性品质

美国学者安德森对影响人际关系的品格进行了排序，排在最前面、受喜爱程度最高的6种品质是真诚、诚实、理解、忠诚、真实、可信，它们或多或少地与真诚有关；排在后面、令人极度讨厌的几种品质，如说谎、假装、不老实等，也都与不真诚有关。真诚受人欢迎，不真诚则令人厌恶。

2）处理好人际关系

每个大学生都要面对相对复杂的人际关系，要处理好与家人、同学、朋友、老师等的关系，要真诚包容、尊重差异，要多交流、赞美、欣赏，多互相体谅、帮助，要学会微笑、感恩，做到谦虚谨慎、言行一致。

3）控制好自己的情绪

在日常生活中若大家能够有效控制好自己的时间、思想、接触的对象、与人沟通的方式、承诺、目标以及忧虑，那么你的心态就会很稳定、很平和，从而也就具备了较稳定的情绪控制自制力。

4）培养团队合作意识

大学生通过参与集体活动可以培养自己的团队合作能力，团队合作能力在课堂上是很难培养的。团队意识是高效组织成员所必须具备的，企业在招聘时很看重这一点。特别是在协作完成工作任务的过程中，团队意识能教会我们与他人如何分工合作，如何融洽相处，从而提高协作能力，增强群体意识和集体荣誉感。

4. 学会生存

生存是人类的本领，发展是人类的追求。大学生学会生存与发展应从如下几方面入手。

1）提高生活自理能力

远离父母的呵护，妥善打理好个人生活，学会生活自理，是我们学会生存发展的第一课。要学会准时作息，安排好一日三餐；学会收拾房间，整理床铺；学会自己洗衣服；学会适应新的气候、饮食；还要学会理财，管理好日常花销，量入为出，收支平衡。

2) 努力学习,积累未来生存与发展的本领

在竞争激烈的当代社会,大学生要想获得良好的职业发展和人生成就,大学期间能力与素质的累积非常重要。它主要包括:①学习扎实的专业知识和技能;②培养良好的心理素质;③培养多方面的能力,包括组织管理能力、决策协调能力、沟通交往能力、动手创新能力等。

3) 适当做兼职,检验服务社会的能力

在校期间,大学生在不影响学习的前提下应适当参加一些勤工俭学活动,如家教等。这不仅能检验所学,锻炼能力,还可获得一定的收入,减轻家庭负担,改善生活质量,并能从中体验到生活的艰辛和劳动的快乐,可谓一举多得。

"四个学会"是一个有机整体,相辅相成,相互促进。其中,学会生存是目标,学会学习、学会做事、学会共处是学会生存的手段和内容。学会学习、学会做事、学会共处也是相互渗透、互为条件、互相促进的,学会做事离不开学会学习与学会共处,学会学习又会促进学会做事与学会共处。

(二)如何转换角色

从社会学的角度看,很多学生在人生的不同阶段都会经历不同的身份转变:"儿童我""社会我"和"职业我"。

1. 从"儿童我"到"社会我"

人刚出生的时候,对家人的依赖很大,衣、食、住、行都需要别人的帮助。慢慢长大的过程中,从上幼儿园、小学到中学,对父母的依赖逐渐减少。随着个人的成长,父母离你越来越远,你的社会化成分越来越多。从"儿童我"到"社会我"经历了近20年的转变,这种转变是一步步实现的:从父母抱着你、接送你,到让你自己走;从帮助你、关心你,到鼓励你自己做事,让你慢慢融入社会,独立生活,自己选择。

有些学生上了大学后感到不适应,诸如不会洗衣服、不会叠被子、不会整理房间、不会买东西、不敢自己出行、不知道如何选择等,这是从"儿童我"到"社会我"转变的阶段必然产生的反应。有些学生对父母的依赖太强,有些父母对孩子大包大揽,导致大学生的独立生活能力与其年龄和受教育程度不相匹配。大学四年,大学生将完成从"儿童我"向"社会我"的转变。

2. 从"社会我"到"职业我"

大学生从"儿童我"到"社会我"的转变,可能只有四年的时间。当大学生完成四年的学业走出校园的时候,就要面对"社会我"到"职业我"的转变。在四年的大学生活中,很多学生的社会化和职业化程度并不高,一谈到找工作就会感到迷茫、困惑。造成这种情况的主要原因是大学生不清楚何种人格和素质能满足企业的要求,没有主动地去培养自己的职业精神和职业态度。步入职场,大学生要一下子转变成职业人,难度可想而知,可能需要较长时间才能适应。

因此，建议大学新生给自己制定一个标准，从步入大学起就有意识地向"职业我"转变，大学四年按照职业化的标准要求自己，到毕业求职的时候，就会成为更符合用人单位要求的职业人，职业选择的空间也就更大。

3. 大学生要学会自我管理

古人云"吾日三省吾身"，其中就包含了自我管理的思想。在现代社会中，管理更是无处不在，无时不在。现代管理学大师彼得·德鲁克提出了自我管理（Self-Management）理论。正如他所言，无论是有伟大成就的人，还是资质平庸的人都必须学会自我管理。

大学生学会自我管理，要养成良好的生活习惯，并持之以恒。习惯的形成大致分三个阶段：第一阶段——1~7天左右，为"刻意，不自然"阶段；第二阶段——7~21天左右，为"刻意，自然"阶段；第三阶段——21~90天左右，为"不经意，自然"阶段，即"习惯"阶段。这表明该习惯已成为你生命中的一个有机组成部分，它将"自然而然"地不停地为你"效劳"。

1) 自我管理的意义

大学生作为一个处于发展和学习阶段的群体，任何一方面能力的欠缺都可能导致职业生涯的发展受阻。因此，激活大学生的自我管理意识，提升其自我管理能力意义重大。自我管理注重的是一个人的自我教导及约束的力量。自我管理的本质就是采用一种适当的方法来组织自己，通过个体对自身的管理来过自己的生活。自己约束自己，自己激励自己，自己主导自己的人生，并使其富有成效，自我管理的同时能感到充实快乐。

2) 自我管理的主要内容

大学生进行自我管理不仅指学习方面的管理，还包括大学生活的规划，制订长远的奋斗目标，充分运用自身的时间、精力、资源、价值观等，实现自我认识、自我计划、自我激励、自我约束、自我控制，以促进自我发展的一系列管理过程。自我管理的范畴，包括时间管理、网络生活管理、财务管理、风险管理、情绪管理、人际关系管理、压力管理等。

三 学涯规划的常见类型

大学是人生成长的重要时期，大学生活包含了青春的骄傲与美好，也充满了青春的苦恼与忧愁。每个人要想过一个有意义的人生，都应该做好职业生涯规划。尤其对大学生来说，正处于职业生涯的探索阶段，这一阶段职业生涯规划对整个人生职业生涯的发展有着十分重要的意义。

现在很多毕业生，与其说是"就业困难"，不如说是"就业迷茫"，不知道自己应该从事什么样的工作。很多学生在初入大学时持有"大一大二先轻松一下，大三大四再努力也不迟"的心态，对自己的未来发展缺乏科学的规划，这往往是他们面对就业压力时感到手足无措的一个重要原因。

对于大学生来说，大学阶段的学习至关重要。从中学到大学的角色转变，大学顺利毕业以及找到理想的工作岗位，主要取决于大学生的自我规划意识和能力，以及对大学生活的合理规划和安排。大学生在校期间的生涯规划大致可以分为以下几个阶段。

1) 第一阶段:大学一年级上学期

这个阶段大学生的主要任务是:① 熟悉校园环境,学会与老师和同学友好相处,尽快适应大学的生活节奏;② 以学习为主,尽快形成适应大学学习的方法和作息,积极参加校园文化活动和社会实践活动;③ 多渠道了解并熟悉自己所学专业的就业前景。

2) 第二阶段:大学一年级下学期

这个阶段大学生的主要任务是:① 树立职业规划的意识,浏览与职业生涯规划有关的知识,确立职业生涯规划的必要性;② 了解自己的优势和劣势,全面探索自我,包括爱好、兴趣、性格、能力;③ 根据个人评估、社会职位要求和本专业发展情况,初步确定职业生涯目标;④ 加强人际交往能力的锻炼,扩大自己的人际交往范围。

3) 第三阶段:大学二年级上学期

这一阶段的主要任务是:① 了解本专业相关的职业发展状况;② 继续通过自我探索和个人综合评估结果来明确自己的职业发展目标;③ 根据自己职业发展目标确定职业发展规划;④ 根据职业生涯规划制订大学学习计划。

4) 第四阶段:大学二年级下学期

这一阶段的主要任务是:① 检查大学学习计划及职业规划的执行情况,根据变化进行相应调整;② 不断提高自己的综合能力,扩大人际交往范围;③ 走访行业类领衔人物、师长及毕业的学长,虚心请教,请他们给自己职业规划提出宝贵的意见;④ 积累与自己职业发展方向相关的知识与能力。

5) 第五阶段:大学三年级上学期

这一阶段的主要任务是:① 根据自己不同就业发展方向(考研、出国及就业),有针对性地收集相关材料,并做好前期准备工作;② 在专业知识基础扎实的情况下,考取与职业目标相关的职业资格证书;③ 积极参加一些社会上的兼职和实习,积累一定职业实践经验;③ 加强与校友、职场人士的交往,通过媒体了解自己所选职业的发展情况。

6) 第六阶段:大学三年级下学期

这一阶段的主要任务是:① 掌握职业生涯的评估方法和修正方法,对自己的职业生涯进行相应的调整,使之更加符合实际并可行;② 寻找适合自己职业发展的有效途径;③ 核实并有针对性地参加相应的培训,提升自己的综合就业能力。

7) 第七阶段:大学四年级

这一阶段的主要任务是:① 核对并落实毕业学分的完成情况,确保能够顺利毕业;② 根据实际就业情况,灵活调整自己的就业措施;③ 学习制作简历、求职信,面试求职技巧和职场礼仪等相关知识;④ 学习并熟悉劳动法规和政策,为就业签约做准备;⑤ 在求职中保持良好的心态,要保持胜不骄、败不馁的心态;⑥ 通过招聘单位网页、咨询、访谈等方式,了解招聘单位的相关信息,为面试做好准备。

第二节 职业生涯

一 职业生涯相关概念

（一）"职业生涯"的概念

职业生涯是指个体职业生活的历程，包括职业的维持和变更、职务升迁与职位的变动等。它是个体职业发展的整体"路线图"。

对初涉职场的个体来说，职业生涯仅仅是个体对未来职业发展道路的预期；而对身在职场的个体来说，职业生涯既包括对未来职业发展的预期，也包括对过去从业经验的总结。职业生涯也不仅仅只代表个体参与的职业活动，还包括个体在职业活动过程中的具体表现和个人态度等。

此外，职业生涯还表现出阶段性特征。在不同年龄阶段，个体需要面对和解决的职业发展任务是不同的。例如，20岁左右的个体处于职业探索阶段，主要任务是通过各种尝试选择自己喜好的职业，而45岁左右的个体已经进入职业维持时期，他们不再期望改变现有职业。因此，职业生涯的描述还需要考虑个体所处年龄阶段的具体特征。

（二）"职业生涯规划"的概念

概括来讲，职业生涯规划是指在对个体的内在心理特征和外在环境条件进行评定、分析、研究的基础上，结合自身情况以及眼前的机遇和制约因素，选择职业道路，设定明确的职业发展长期目标，并制订相应的发展计划、教育计划和具体步骤及行动时间、行动方案等活动规划。按照规划的时间维度，职业生涯规划基本上可以分为短期规划（2年以内）、中期规划（2～5年）、长期规划（5～10年）和人生规划（整个职业生涯规划，时间长至40年左右）4种类型。

职业生涯规划让个体去探索自己周围和自己身上正在发生什么。从全面了解职业环境到审视自己独特的个性特征，通过对自己和职业领域的探究，对自己的未来做出规划和决策，让生活更有意义，以实现个体人生价值的最大化。

对于用人单位来说，职业生涯规划也有相当的意义。越来越多的国际性企业采用SHRMS（战略人力资源管理系统），其核心就是企业内部员工的职业生涯规划。由组织（企业）的人力资源管理部门根据组织发展需要采取员工职业生涯管理，以了解员工和激励员工，从而发掘、留用优秀人才，为组织（企业）未来的发展储备人力资源。

二 职业生涯发展阶段理论

（一）职业生涯发展阶段

职业生涯贯穿我们的一生，在人生发展的不同阶段有着不同的职业需求和人生追求。

表 1-1　生涯发展阶段

阶　　段	主要任务
成长阶段(0~14岁)	认同并建立起自我概念
探索阶段(15~24岁)	主要通过学校学习进行自我考察、角色鉴定和职业探索,完成择业和初步就业
建立阶段(25~44岁)	获取一个合适的工作领域,并谋求发展,是绝大多数人职业生涯周期中的核心部分
维持阶段(45~64岁)	开发新的技能,维护已经获得的成就和社会地位,维持家庭和工作两者间的和谐关系,寻找接替人选
衰退阶段(65岁以上)	逐步退出职业和结束职业,开发社会角色,减少权利和责任,适应退休后的生活

每一阶段都有一些特定的发展任务需要完成,每一阶段需达到一定的发展水准或成就水准,而且前一阶段的发展任务达成与否关系到后一阶段的发展。

大学生正处于生涯的探索阶段,通过在校期间的学习和实践,对自我兴趣、能力、性格以及职业环境等进行探索,发现自己的职业偏好,逐渐形成具体的职业选择,设定人生目标,制订今后的生涯发展计划。

(二)大学生所处探索时期的三个阶段特点

表 1-2　大学探索阶段

阶段	主要任务
试验阶段(15~17岁)	开始生涯意识的萌芽,开始考虑自己的需要、兴趣、能力及机会,做出暂时性的决定,并在幻想、讨论、学校生活及社会实践中加以尝试
过渡阶段(18~21岁)	进入就业市场或接受专业训练,更重视现实,并力图实现自我概念,将一般性的职业选择转为特定的选择
试行阶段(22~24岁)	进入基本适合自己的职业领域,开始正式的职业生活,并试图将其作为自己的终身职业

(三)影响职业生涯发展的因素

1. 个体因素

个人的个性、追求、价值观、具体行为等都直接影响职业生涯规划的进展。

2. 组织因素

在人的一生中,对个人职业生涯影响最大的还是其所在的工作组织。

3. 偶然性因素

在个人职业生涯发展过程中,不可避免地要受到某些被称为机遇的偶然性因素的影响。有时,这些影响会起到十分重要的作用。然而,有所准备的人总是要比那些缺乏准备的人更易于掌握主动权。

（四）职业生涯规划的特性

职业生涯规划具有个性化和广泛性两大特性。

1. 个性化

职业生涯规划完全是由个人主导的，职业生涯规划的内容是个性化的。任何组织或企业都不能将职业生涯规划强加在个人身上。

2. 广泛性

职业生涯规划是个人在对所处客观环境分析的情况下，广泛收集各方意见建议，综合考评思量后制订的。

三 职业生涯规划的原则和任务

（一）职业生涯规划的原则

职业生涯规划是通过个体自我探索、科学决策、系统规划而来的，为确保职业生涯规划的科学性和实用性，应该遵循以下四个原则：

1. 因人而异原则

这是职业生涯规划最重要的原则，也是应当始终坚持的原则。每个个体的差异性很大，他们的未来发展方向与潜力也有所不同，因此职业生涯规划是因人而异的个性化任务，没有固定格式，要因个体的不同特点进行规划设计。

2. 易执行原则

职业生涯规划是个体为达到某项职业目标而制订的计划和方案，这些计划和方案应是具体可操作的，而非空洞的，应包括目标的明确性、计划的可行性、结果的有效性。

3. 阶段性原则

在职业生涯发展过程中，不同年龄阶段应有着不同的发展目标，职业生涯规划应根据个体的不同年龄阶段特点，来确定每个阶段的具体目标和发展方向。同时，要根据环境和个体发生的变化，为设计的职业生涯阶段目标留有调整的余地。

4. 可持续性原则

个体职业生涯发展规划的设计不应该仅仅局限于个体当前的形势，而应考量个体整个人生的职业发展空间，要有可持续性和发展性。因此职业生涯规划的核心是个体职业生涯规划的长期发展。

（二）职业生涯规划的任务

职业生涯规划根据个体自身情况的综合评估，设计规划个体的短期目标和长期目标，并具体到个体职业发展的步骤，其主要有以下四项任务：

1. 确定职业生涯发展的方向和目标

个体应通过多种形式和手段了解自己的兴趣、爱好、能力及性格特征等，并综合评判个体当前所面临的内外环境和职业资源，从而确定自己的具体职业生涯发展目标。

2. 确定实现职业生涯发展的方略

围绕确定的职业生涯方向和目标,制订实现目标的相应方略。方略大致可分为三类:① 一步到位型,指在现实条件下,利用已有资源立即实现。例如想成为公职人员,可通过公务员选拔考试一步到位。② 多步趋近型,指积累与目标相关的职业经验,积少成多逐步趋近,从而实现自己的最初目标。例如创业,因资金等种种现实原因无法立即实现,可以通过积累相关行业经验与资源实现创业成功。③ 先就业后择业型,指当前理想目标无法实现,可以先选择一个就业岗位,等待机会,去实现自己最初的梦想。例如,自己想去世界 500 强企业发展,目前条件并不具备,可先选择相关行业就业,等待机会再择业。

3. 确定职业生涯发展的具体路径

个体要想实现自己的职业生涯发展目标,必须确定切实可行的职业生涯发展路径。确定职业生涯发展路径时,要全面考虑每种发展可能的路径,包括目标、面对的困难、所需要的帮助、外界的评价以及可能面临的收益与风险。

4. 细化职业生涯发展的具体行动计划

确定了职业生涯发展的具体路径之后,需要细化并落实具体的行动计划。具体行动计划的细化需要考虑其易操作性,要有具体的时间流程表,同时需要考虑计划的可调整空间,并保证职业生涯规划结果的有效性。

第三节　职业生涯教育

一 职业生涯教育工作的缘起

目前多数高校是将主要就业指导放在毕业生求职技巧指导与培训上,对非毕业班学生的职业生涯引导很少,甚至空缺。非毕业班学生也想当然地默认职业生涯规划就是找工作的计划,与自己关系不大,还很遥远,"等到大四毕业找工作时再说"。学校和学生均未充分意识到职业生涯早规划的重要性,从而错失职业生涯规划提早准备的良机,学生的就业质量与职业生涯满意度也受到较大影响。因此,将单调直接的就业指导转变为全程立体的职业生涯教育将大势所趋,高校应积极开展精准就业服务工作的研究与实践,从而不断提升大学生的就业匹配度和满意度。

二 职业生涯教育工作的目标与任务

职业生涯教育的工作目标是要构建全程立体的职业生涯教育体系,灵活运用多种形式的教学方式,充分利用资源,帮助学生做好职业生涯规划,提高其就业胜任力,从而保障学生高质量就业与学生就业满意度。具体任务如下:

(一) 学生职业生涯规划意识的激发

通过系统的职业生涯教育学习,帮助学生个体探索内外部世界,树立职业生涯规划意识,不断明确自身的发展方向,在学习生活中提高主观能动性,形成良好的价值观和学习生活状态。

（二）学生职业生涯规划行动力的提升

多渠道地为学生提供实践平台和实践机会,拓展学生综合能力的训练,帮助学生提高职场胜任力,让学生不断积累自己的有效综合能力。

（三）学生职业生涯规划的指导与帮扶

通过各种培训、模拟面试、团辅、咨询等形式提升学生求职胜任力,解决就业中遇到的困难,帮助就业困难的弱势群体,力促学生匹配就业。

三 职业生涯教育的工作内容

职业生涯教育工作体系需要从纵向和横向两个维度,对学生个体开展指导与服务工作。纵向,即学生职业生涯规划启蒙期、积累期、行动期和反馈期四个发展时期;横向,即面向学生毕业分流去向、职业方向、发展类型和特殊群体四个分类维度开展类别化的生涯教育工作。

（一）纵向方面

全程立体的职业生涯教育应覆盖不同年级、不同类型、不同需求的学生,引导学生树立职业生涯规划的意识,开启学生个体对自身兴趣爱好、性格、能力等的探索,促进学生职业素养的养成,指导学生就业行动,顺利通过面试,合适就业。

依据比勒、舒伯的基本理论成果,结合高校职业生涯教育工作现状,可将大学生职业生涯发展的过程分为生涯规划期、生涯积累期、决策行动期和生涯反馈期四阶段,再结合高校人才培养方向,以及具体各阶段的培养目标,开展工作。

(1) 生涯规划期(一般为大一、研一),是熟悉并了解自己所学专业与学科,不断明确个人发展方向的重要时期。

(2) 生涯积累期(一般为大二、研一、研二),是学生有意识地为自己的发展进行技能积累的过程,也是学生快速成长成熟的重要积累时期。

(3) 决策行动期(一般为大三、大四、研二、研三),是学生经过个人探索与积累后结合职业市场实际进行职业选择与求职,开启职业生涯的时期。

(4) 生涯反馈期(一般为大四下、研三下、毕业后),是通过对即将离校学生、已毕业学生、用人单位、市场等多维度的跟踪、调研和反馈,总结相关规律和意见建议,从而为高校的人才培养和就业服务工作提供参考与指导,实现良性循环的时期。

（二）横向方面

面对学生多样化的成长需求与发展路径,分类开展多层次的职业生涯指导与服务,能更好地助力学生就业。

1. 分类指导原则

不同专业、不同性格、不同就业意向等,使得学生之间的职业生涯规划差异较大,因此应针对不同类别的学生开展不同的指导服务。开展分类指导应坚持如下原则:① 仅限指导内容的差异;② 保持中立态度,不评判;③ 避免多人一案。

2. 分类指导内容

从就业的分流去向看,提供与学科专业、行业、单位、岗位类型相关的介绍与解读,提供重点行业信息数据库,鼓励和帮助学生提前关注职位要求。针对行业的信息与形势分析、针对岗位的信息与技能分析、针对不同性质就业单位的工作环境探索,都有助于不同就业方向的大学生更精准地进行能力提升和职业探索。

从学生发展类型角度看,领导管理型、学术科研型、全面发展型学生在职业目标内容和职业技能方面有着很大的不同。高校应帮助不同发展类型的学生探索自我,不断确立适合其发展的方向,利用学校的平台和资源,帮助其提升职业胜任力。

对于就业困难、生理残障、心理困惑等特殊学生群体,学校应主动关心其学习和成长中存在的困难,提供对应的指导服务和相关资源,并持续跟踪关注。

参考文献:

[1] 人力资源和社会保障部就业促进司,中国就业培训技术指导中心.创新职业指导——新理念[M].北京:中国劳动社会保障出版社,2016.
[2] 刘慧.高校生涯教育精准化管理与实务[M].南京:南京大学出版社,2019.

第二章　生涯认知

大学生的生涯认知是一个系统的复杂认知过程,应从职业需求的角度去自我认知与自我评价:学什么专业、职业认知、有什么兴趣爱好、有无创新精神、有无吃苦耐劳与责任意识、身体状况与学习动力如何等,进而明确自己喜欢做什么、能够做什么、现在做什么、将来做什么,对自我有一个比较深刻的了解。

第一节　自我认知

一　我喜欢做什么

众所周知,比尔·盖茨出身于美国西雅图的一个中产阶级家庭,从小酷爱电脑,由于兴趣所致,13岁时就开始尝试编写电脑程序,14岁已在学校一个与电脑有关的组织里担任主席,17岁向学校售出了自己的第一个电脑程序,赚了4 200美元。他18岁时考上了著名的哈佛大学,然而,兴趣的魔力使他毅然放弃了别人梦寐以求的在哈佛大学求学的机会,他中途退学与朋友保罗·艾伦创办了微软公司。1980年,微软成功地推出DOS操作系统软件,当时几乎所有的个人电脑都安装了这个操作系统软件。1985年,微软又推出了Windows操作系统。从此,微软成为电脑操作系统系列产品中的佼佼者,盖茨也成了世界首富。

人的一生,如果做的总是自己喜欢的事,从事的是自己热爱的职业,那么其职业生涯会变得十分有追求、有兴趣,会更加容易获得职业认同与职业成功。人们常说,兴趣是最好的老师。兴趣是进行职业规划与职业选择的第一原动力。

（一）兴趣的三个阶段

根据有关调查,大学生群体职业兴趣存在的问题有兴趣过于广泛而无集中点、对本专业找不到兴趣点、对什么都感兴趣、对什么都不感兴趣等。兴趣的丧失或弥漫会导致职业生涯认知不足。

兴趣在大学生职业抉择过程中发挥着极其重要的作用,兴趣与职业可以进行有效结合。

兴趣是人认识某种事物或从事某项活动时的心理倾向。从兴趣的发生和发展看,一般要经历这样一个过程:有趣——乐趣——志趣。这也是兴趣的三个发展阶段。

第一阶段为有趣。有趣也称直观兴趣或感官兴趣,是兴趣发展的低级水平,它往往易起易落,转瞬即逝,非常不稳定。处于这一阶段的兴趣常常与人们对某一事物的新鲜感相联系,随着这种新鲜感的消失,兴趣也会自然逝去。

第二阶段为乐趣。乐趣又称之为爱好。它是在有趣定向发展的基础上形成的,是兴趣发展的中级水平。在这一阶段,人们的兴趣会向专一的、深入的方向发展。如一个人对产品设计很有乐趣,他不但会学习这方面的知识,还会亲自设计和完善,甚至会参加有关的兴趣小组。

第三个阶段为志趣。当乐趣同一个人的社会责任感、理想、奋斗目标结合起来时,乐趣便转化为志趣。它是兴趣发展的高级水平。志趣是取得成就的根本动力,是成功的重要保证,具有社会性、自觉性和方向性三个特点。

兴趣是一种强大的精神力量,它可以使人集中精力去获得知识,并创造性地开展工作。当一个人对某种事物发生兴趣时,就能调动整个身心的积极性。一个人对某一工作有兴趣时,枯燥的工作也会变得乐趣无穷、丰富多彩。兴趣使工作不再是一种负担,而是一种享受。兴趣可以调动人全身心的全部精力,使人以敏锐的观察力、高度集中的注意力、深刻的思维和丰富的想象投入工作,从而有助于工作效率的提高。据研究,如果一个人对某一项工作有兴趣,就能发挥其全部才能的80%~90%,并且能长时间保持工作高效率而不感到疲倦;而对工作没有兴趣的人,只能发挥其全部才能的20%~30%,也容易精疲力竭。多方面的兴趣可以使人善于应付多变的环境。一旦变换工作,只要自己感兴趣,也能很快适应。

英国著名生物学家古道尔从小就喜欢生物,她中学毕业后,对黑猩猩的强烈兴趣使她不畏艰险,只身进入热带森林与黑猩猩一起"生活"了十年之久,并获得了极其宝贵的第一手资料,为揭开黑猩猩的秘密做出了贡献。在学校里被人骂为"低能儿"而被勒令退学的爱迪生,在发明的王国里却显示了杰出的才华。在课堂上"智力平平"的达尔文,在大自然的怀抱里显得异常聪明和敏锐,成为进化论的创始人。是什么使他们变聪明了呢?是兴趣。谁找到了自己最感兴趣的工作,谁就等于踏上了通向成功的道路。获得诺贝尔物理学奖的华人科学家丁肇中说过"兴趣比天才重要"。

(二)职业兴趣的分类

职业兴趣是有关职业偏好的认知倾向。在大学生们已经有了明确的职业方向之后,该怎样来培养自己对未来职业生涯的兴趣?这是一个重要的问题。人的职业心理并不是天生的,它的形成与所处的历史条件和环境、实践活动和对自身能力的认识有着密切的关系。例如,一位同学从事某项操作活动,他的操作技能得到师傅、同学的赞扬后,就会增加他进一步探究这种职业的兴趣。

职业兴趣是一种认知倾向,不论人是否了解某种职业的内在特征,都可能会对它作出是否喜好的评价。因此,它反映的往往是人对职业活动外部特征的认识。由于人与人之间存在着很大的差异,对同一种职业就会产生不同的反应:有的人喜欢,有的人厌恶,有的人无动于衷。所以,虽然职业成千上万,分类比较复杂,一时难以全面掌握,但可以从人的职业兴趣进行分类。

1. 职业兴趣倾向——愿与事物打交道

这类人喜欢同事物打交道,而不喜欢与人打交道,相应的职业是与制图、勘测、工程技术、机器制造相关的工作以及出纳、会计等。

2. 职业兴趣倾向——愿与人接触

这类人喜欢与人交往,对销售、传递信息一类的活动感兴趣,相应的职业有记者、推销员、服务员、教师、行政管理人员、对外联络人员等。

3. 职业兴趣倾向——愿意干有规律的工作

这类人喜欢常规的、有规则的活动,习惯于在预先安排好的程序下工作,相应的职业有如与邮件分类、图书管理、档案管理、办公室工作、打字、统计等相关的职业。

4. 职业兴趣倾向——喜欢从事社会福利和助人工作

这类人乐意帮助别人,试图改善他人的状况,帮助他人排忧解难,相应的职业有律师、咨询人员、科技推广人员、医生、护士等。

5. 职业兴趣倾向——愿做领导和组织工作

这类人喜欢掌管一些事情,希望受到众人尊敬和获得声望,渴望在单位中起着重要作用,相应的职业是各级各类组织领导管理者,如行政人员、企业管理干部、学校领导和辅导员等。

6. 职业兴趣倾向——喜欢研究人的行为

这类人对人的行为举止和心理状态感兴趣,喜欢谈论人的问题。他们从事的大都是研究人、管理人的工作,如心理学、政治学、人类学、人事管理、思想政治教育等研究工作以及教育、行为管理工作。

7. 职业兴趣倾向——喜欢从事科学技术工作

这类人对分析的、推理的、测试的活动感兴趣,擅长理论分析,喜欢独立地解决问题,也喜欢通过实验作出新发现,相应的职业有与生物、化学、工程学、物理学、地质学等相关的工作。

8. 职业兴趣倾向——喜欢抽象的和创造性的工作

这类人对需要想象力和创造力的工作感兴趣,大都喜欢独立地进行工作,对自己的学识和才能颇为自信,乐于解决抽象的问题,而且急于了解周围世界,相应的职业大都与科学研究工作和实验室工作相关。

9. 职业兴趣倾向——喜欢操作机器的技术工作

这类人对运用一定技术、操作各种机械、制造新产品或完成其他任务感兴趣。他们喜欢使用工具,特别是喜欢大型的、马力强的、先进的机器,喜欢具体的东西,相应的职业有飞行员、驾驶员以及与机械制造、建筑、石油、煤炭开采等相关的职业。

10. 职业兴趣倾向——喜欢具体的工作

这类人希望能很快看到自己的劳动成果,愿从事制作能看得见、摸得着产品的工作,并从完成的产品中得到满足,相应的职业有室内装饰师、园林师、美容师、理发师、手工制作师、机械维修师、厨师等。

王敢是某高校刚入学的新生,他在课余时间最喜欢做的事情就是看书,特别是小说和历史方面的书,对动手的活动不感兴趣。自从参加了职业辅导后,他知道自己的兴趣主要在文学、音乐和服务方面。不过,由于其他原因,他还是准备从事会计工作。

请思考:

按照王敢的兴趣特点,你认为哪些工作能够更好地与职业兴趣相吻合?

按照他的想法,你认为他应该培养哪些兴趣?如何培养?

二 我可以做什么

每种行业、每个职位对大学生都有素质要求,特别是个性气质的契合度问题尤其重要。如果没有进入到真正适合自己、真正能激发自己的持续工作激情的工作领域中,也许可以兢兢业业一辈子,但是所创造的价值肯定是十分有限的。

(一)气质类型与职业选择

很多大学生都会有这样的疑问:我到底能做什么?哪些职业适合我?不用着急,因为一个人选择何种职业,不但要从自己的教育状况、兴趣、爱好、能力等方面考虑,还涉及气质、性格等因素,况且还有机遇的情况发生。回答完下面的问题,你也许会找到一个方向。(只回答"是"或"否")

(1) 学习不错,考试经常得高分。　　　　　　　　　　　　　　　　(　)

(2) 看了一场电影或表演后,喜欢独自思考,不喜欢与人谈论。　　　(　)

(3) 你写的字经常得到别人的表扬,不仅清晰流畅,而且工整漂亮。　(　)

(4) 对短篇文章情有独钟,长篇小说则多数不能看完。　　　　　　　(　)

(5) 喜欢看智力测验、智力游戏一类的题目,对侦破案例也感兴趣。　(　)

(6) 墙上的画挂歪了,看着不舒服,总要想办法将它扶正。　　　　　(　)

(7) 对电器比较在行,也喜欢动手摆弄。　　　　　　　　　　　　　(　)

(8) 做每一件事情都力求做到最好,哪怕有时需要重做。　　　　　　(　)

(9) 你能按照自己的审美观点来选择服饰,而不是追求时尚。　　　　(　)

(10) 每月的收支情况,你都记得一清二楚,从未有入不敷出的情况出现。(　)

(11) 你的业余时间大多和朋友在一起。　　　　　　　　　　　　　　(　)

(12) 你对文学比较感兴趣,尤其喜欢散文。　　　　　　　　　　　　(　)

(13) 你的生活有条不紊,连作息时间都不轻易改变。　　　　　　　　(　)

(14) 做家务事你一窍不通,也不爱动手。　　　　　　　　　　　　　(　)

(15) 你第一次去应聘,负责招聘的人事经理只顾做自己的事,不理你,你只好坐下静静地等。　　　　　　　　　　　　　　　　　　　　　　　　　　　　　(　)

(16) 你活泼好动,喜欢和同龄人在一起。　　　　　　　　　　　　　(　)

(17) 你希望自己心目中的异性做得比别人好。　　　　　　　　（　　）

(18) 对于别人求助你的事情,总是乐于帮助。　　　　　　　　（　　）

(19) 你做事时通常只考虑时间和数量,对质量则要求不高。　　（　　）

(20) 你对新鲜的事物比较好奇,也容易接受。　　　　　　　　（　　）

评分标准:共20题,答"是"比"否"多,则为A;答"是"比"否"少,则为B;答"是"与"否"相等,则为C。

【测试结果】

A. 你性格开朗,思想活跃,善于与人交往,做事喜欢另辟蹊径,不墨守成规。你还善于表现自己,在同龄人中能很快脱颖而出。你适合从事演员、记者、导游、销售员、主持人、广告宣传员等主动性较强的职业。你的问题是锋芒有时露得太盛,让人一时难以接近。最好能收敛一些,给人以深沉、稳重、睿智的印象。

B. 你很谨慎,做事一丝不苟,有刻苦钻研精神,不好出风头,即使被他人抢了头功,仍然能做到一丝不苟,一如既往。所以,你应该选择诸如编辑、教师、医生、工程师、会计师等需要严谨作风的职业,以发挥你的长处。你的问题在于有时做事过于呆板,甚至钻牛角尖。你与他人相处总觉得为难,喜欢一人独处。这对你的发展不利,解决的方法是接触性格开朗的人,和他们交朋友,以弥补你的短处。

C. 你的性格比较中性,不仅能独立思考,也能处理好人际关系。你的心理承受能力也较强,对自己也有清楚的认识,知道哪些是自己最擅长的。供你选择的职业有教师、公务员、心理咨询员、管理员。你的问题是总爱把自己扮成一个救世主,去协调各方面的关系,小心两面不讨好。其实你只要做好自己的事就可以了。

生涯认知需要考虑自我的气质、性格与价值观等因素。在气质方面,人与人之间同样存在种种个体差异。因此,深入了解和准确识别气质方面的个体差异是正确进行生涯认知的前提。

心理学家认为,气质是个人生来就具有的心理活动的动力特征,存在着神经生理学的基础,具有较强的稳定性。终其一生,气质能使每个人的全部心理活动都染上个人独特的色彩。具有某种气质类型的人,常常在内容很不相同的活动中都显示出同样性质的动力特征。例如,一个人具有安静迟缓的气质特征,这种气质特征会在学习工作当中表现出一个人与生俱来的自然特性。气质没有好坏善恶之分。关于人类气质的研究可以上溯到古希腊医学之父——希波克拉底,之后,俄国的心理学家和生理学家巴甫洛夫、英国心理学家艾森克都对气质理论的完善做出了很大贡献。

古希腊医生希波克拉底认为,人的气质是由人体体液的不同分配比例决定的。他设想人体内有血液、黏液、黄胆汁、黑胆汁4种基本体液。肌体的状态取决于4种体液的混合比例。罗马哲学家卡伦继承并发展了这一学说,之后以某种体液占优势为根据,将人概括为4种气质类型:血液——多血质、黏液——黏液质、黄胆汁——胆汁质、黑胆汁——抑郁质。

俄国生理学家和心理学家巴甫洛夫根据自己的动物实验提出了著名的高级神经活动类型学说,他从神经系统的强度、平衡性和灵活性3个维度,将动物高级神经活动划分为4种类型,即不可遏制型、活泼型、安静型、抑郁型。

经过医学界多年的不断研究,希波克拉底关于人的气质类型虽然没有被现代医学证明,但结合有关神经系统活动特征的研究成果,将人的气质划分为以上4个类型的说法却一直沿用至今。下面简要地谈谈各种不同的气质类型与职业之间的关系。

1. 多血质又称活泼型,属于敏捷好动的类型

这种气质的特点是热情开朗、无忧无虑、活泼好动,对外界事物感受迅速、强烈,却不深入、不持久。兴趣广泛却注意力易分散,感情易变化。多血质的人感受性低而耐受性高,不随意的反应性强,具有较大的可塑性和外倾性。他们反应迅速而灵活,工作能力较强,情绪丰富易兴奋,并且表现明显。他们极易适应环境,但注意力不稳定,兴趣易转移。他们不适宜从事单调机械的工作和要求细致的工作,而管理者、导游、外交官、警察、军官等职业更适合他们。

2. 黏液质又称安静型,属于缄默而沉静的类型

这种气质的特点是情绪不易激动,内向冷漠,动作稳妥,不善交往却善于忍耐,注意力稳定,有较强的自制力。这种气质的人的特点是感情不易外露,深沉含蓄,不大容易发脾气,对人平和,动作缓慢,但具有坚韧精神。黏液质的人具有较强的自我克制力,能埋头苦干,态度持重不易分心。由于灵活性相对较差,他们可能有因循守旧的倾向。黏液质的人适宜的职业有会计、法官、调解人员、管理人员、外科医生等。

3. 胆汁质又称不可遏制型,属于战斗类型

这种气质的特点是情绪兴奋性高,发生很快,带有爆发的性质,如暴风骤雨。情绪体验强烈,外部表现明显,但爆发之后又很快平静下来。胆汁质的人感情与动作迅速,直爽热情,精力充沛,脾气暴躁,但不灵活。胆汁质的人精力旺盛,容易激动,神经活动具有很高的兴奋性。他们能以极大的热情去工作,主动克服工作中的困难。但如果对工作失去信心,情绪马上会低沉下来。这类人适合从事外贸、信息、管理、导游、营销、节目主持等工作。

4. 抑郁质又称抑郁型,属于呆板而羞涩型

这种气质的特点是情绪兴奋性高,敏感,体验深刻,各种心理活动的外部表现都缓慢而柔弱。抑郁质的人感受性高而耐受性低,不随意反应性低,严重内倾,情绪兴奋性高,而且反应速度慢,相对刻板而不灵活,但工作的耐受性能差,容易感到疲劳,并且容易产生惊慌失措的情绪。他们所适宜承担的工作与胆汁质的人正好相反,诸如打字员、校对员、检查员、数据登记人员、文字排版人员、机要秘书等更适合他们。

(二) 性格类型与职业选择

在现实生活中,我们经常会发现身边的同学,有的活泼开朗,喜欢交际;有的谨慎、孤僻、沉静。这是为什么呢?我们常常会认为这是两个人性格不同所致。性格对于个体将来所从

事的职业有着重要作用。

心理学家认为,性格是个人对现实稳定的态度和习惯化的行为方式的总和。个体的动机、理想和信念是人对现实态度的不同表现形式,是性格的主要内容。人的动机、兴趣和信念系统构成个性意识倾向性,决定着人的行动方向。因此,性格在个性的诸多心理特征中占有核心的地位。

性格类型是指一类人身上所共有的某些性格特征的独特结合。按照一定的原则将性格加以分类,具有十分重要的理论和实践意义。到目前为止,最有名的性格分类学说是由瑞士心理学家荣格提出来的向性说。荣格认为,按照个体心理活动倾向于外部或是内部,人的性格可以划分为外向型、内向型和中间型。其他关于性格的分类学说主要有:

德国哲学家和教育家斯普兰格将人的性格划分为理论型、经济型、权力型、社会型、审美型和宗教型。

英国心理学家培恩和法国心理学家李波根据智力、情绪、意志三种心理技能各自所占的优势将人的性格划分为理智型、情感型和意志型。

弗里德曼等人根据人们在时间上的匆忙感和紧迫感等特点,划分出来A型与B型性格。A型性格是竞争、进取型的人,B型性格正好相反,为非竞争型的人。

我国心理学家卢家楣根据个体独立性将人的性格划分为独立型、顺从型和反抗型三类。

李德伟等人研究认为,我国大学生的性格有很多特点,主要是在谦让、克己、忍耐、谨慎、聪慧、敏锐、稳健等性格特征方面表现相当突出,在社会方面倾向于积极向上。

一般来说,开朗、活泼、热情、温和的性格,比较适合从事与外贸、涉外、教育、服务以及同他人交往相关的工作;多疑、好问、倔强的性格,比较适合从事科研、治学方面的工作;深沉、严谨、认真的性格,比较适合做人事、行政、党务工作;勇敢、沉着、果断与坚定是新型企业家和管理者不可缺少的性格。表1-1列出了性格与部分职业的匹配表,以供参考。

表1-1 性格与部分职业的匹配表

性格特征	职业群
灵活性大、耐受性强、勇敢、沉着	飞行员、消防员、公安人员
兴奋性偏高、偏外向、热情、活泼、开朗、温和、善社交	教师、辅导员、专职团干部
偏内向、好问、严谨、求实、深沉	科研人员
独立、积极、持恒	科技人员
偏内向、顺从、细心、有条理	秘书、办公室人员
独立、积极、好胜、支配性强	管理人员
胆大、细心、沉着	医生
灵活性强、反应快	驾驶员

续表

性格特征	职业群
偏内向、兴奋性偏低、沉着、反应快	外交人员、军事人员
可塑性强、独立、积极	记者
兴奋性偏高、可塑性强、自我表现	演员
偏外向、兴奋性偏高、热情	营业员
耐心、细心	工艺美术人员
独立、耐心、细心	律师
偏内向、严谨、细心	会计、出纳、统计、校对、档案人员
反应快、不厌重复	纺织工、打字员、排版员
不厌重复、有条理	机床工、装配工、印刷工
偏外向、兴奋性偏高、热情、可塑性强、善社交	推销员、采购员、公关人员

三 我应该做什么

从前有一只猴子拿着一把豆子，行走时不小心掉了一颗豆子在地上。它便将手中的其他豆子放在地上，回头去找掉落的那颗。结果，非但没有找到那颗掉落的豆子，回头时那些放在地上的豆子，也都被鸡鸭吃光了。如果你是猴子，你会如何做？你是否曾经为了追求某种事物，而把其他都放弃了？如果你很重视的事物无法得到，你会如何呢？

猴子手中那把豆子，就像每个人能拥有的一切，例如健康、权力、金钱、地位、名望、尊严、面子、学历、爱情等。为了一颗豆子（权力、面子、学位……）而把其他放弃，这样做到底是因小失大、愚昧无知，还是亦有可取之处呢？一般人一定认为猴子的做法是愚笨的，但有人认为是值得的。譬如有人为了爱情，牺牲了财富、声望，最后甚至做出极端行为，但还是没有得到爱情。这是个弥足感人的纯情者，还是一无是处的大笨蛋呢？

我们说"选择即人生"，那么是什么决定人的选择呢？一般来说，性格、气质、兴趣等是影响每个人职业生涯和职业选择的重要因素，但不是决定因素。现实中，不同的人之所以有不同选择，关键在于职业价值观的取向不同，即为什么具有相同或相近性格、气质、兴趣的人，对于同一职业，有的人珍爱一生，有的人却弃之于沟壑；有人苦苦追求一生，有人却随手放弃。人们选择职业，如果说有一个网的话，那么在构成这个选择之网的性格、气质、兴趣、能力、需要、价值观中，价值观是最重要的。

价值观是指个体对人、事、物的意义、作用、效果和重要性的总体评价，是对什么是好的、重要的等问题的看法。凡是我们认为是重要的、想追求的，就代表了我们的价值观。价值观让我们的行为带有一定的相对稳定倾向性，我们据此区分好坏、分辨是非、衡量重要与否，这些判断直接影响我们的个人选择。它经常表述为"我在乎……""我喜欢……"或"我不认为……"等。

价值观在职业生涯和职业选择上的体现就是职业价值观,是人们对待职业生涯的一种信念和态度,或是在职业生活中表现出来的一种价值取向。人们在选择职业时,个人的择业标准和对具体职业的评价集中反映了他们的职业价值观。

现实中,人们的性别、生活的区域、所处的时代、既定的制度环境,甚至自然条件等,都会对职业价值观的形成产生影响。也就是说,即使是在同一年代、同一地区的人,也会因各自的成长环境、教育背景、个性追求等差异而各有所好。

作为人们对待职业生涯的一种信念和态度,职业价值观往往决定了人们的职业期望,影响着人们对职业方向和职业目标的选择。所以,职业价值观倾向折射出人们的世界观和理想,它对职业生涯的发展极其重要。

心理学家马丁·凯茨找出了十种与职业有关的价值观:

(1) **高收入**:指除了足够生活的费用之外,还有可以随意支配的钱。

(2) **社会声望**:指是否受到人们的尊重。

(3) **独立性**:指可以在职业中有更多自己做决定的自由。

(4) **帮助别人**:愿意把助人作为职业的重要部分,帮助他人改善健康、福利等。

(5) **稳定性**:在一定时间内始终有工作,不会被轻易解雇,收入稳定。

(6) **多样性**:所从事的职业要参与不同的活动,解决不同的问题,不断变化工作场所,结识新人。

(7) **领导力**:在工作中可以控制事情的发展,愿意影响别人,承担责任。

(8) **在自己感兴趣的领域中工作**:坚持所从事的职业必须是自己感兴趣的领域。

(9) **休闲**:把休闲看得很重要,不愿意让工作影响休闲。

(10) **尽早进入工作领域**:涉及一个人是否在意进入工作领域的早晚,是否希望节约时间和不支付高等教育的费用而尽早进入工作领域。

第二节 环境认知

一 专业知多少

一位大学生在职业生涯规划课程作业中写道:"我学的是社会学,但我却想成为一名媒体记者。首先,我觉得社会学对媒体记者有一定的帮助。因为,社会学这一门学科最重要的是社会调查。在社会调查的过程中,培养了我与别人交往的能力、采访调查的能力,这对于新闻采访也有一定的帮助。其次,社会学对于个人的写作能力要求也很高,我在平时调查报告的撰写过程中锻炼了写作水平。但是社会学毕竟与新闻学相去甚远,因此自己需要花费一些时间学习新闻方面的知识,培养当媒体记者所需要的能力。"

"因此,我制订了如下计划:第一,每天写作,至少写 500 字,写什么内容并不重要,关键是要坚持不断地写。第二,坚持每天看新闻,至少细看 10 条新闻,将每天我认为重要的新闻事件记录下来。对一些持续发展、显著升级的新闻事件跟踪看下去,既看事件的进展,也看媒体对事件报道的方法和步骤,从中体会新闻写作的一些规律。第三,坚持对同源性新闻进行对比,从中总结新闻采写的规律性东西。"

这名大学生的职业选择与他现在所学专业同属人文类,有一些共性的特点,而且社会学专业训练所提高的一些能力可以迁移到未来的媒体记者职业中。但媒体记者这样一个职业毕竟是离社会学较远的职业群,所以这名大学生要额外自学很多与媒体相关的知识,并主动提升媒体记者所需的能力。从中可以看到,大学生选择的职业群与所学专业越不相干,就越需要很强的自我学习和自我提高的能力。

大学生在做职业生涯规划时,常把自己所学的专业作为一个非常重要的参考因素。也就是大家常常讨论的一个话题:找工作是否要专业对口。一般来讲,大学生上了四年大学,学习了某一个专业,都希望找到一个与专业对口的工作,或者说是以对口的职业作为自己的生涯规划目标的。这里需要提及一个重要的概念:职业群。职业群是指某一专业所对应的许多职业领域,比如法律专业对应职业群为律师、公务员、法律顾问、法律研究人员、法制专栏媒体记者等多个职业。大学生在规划职业生涯时,往往会在自己所学专业所对应的职业群中选择职业,当然也存在大学生选择跟自己所学专业不够紧密的职业群。

请你用头脑风暴法列举出与互联网相关的尽可能多的职业,并将所有联想到的职业都记录在纸上,并尝试思考从中受到的启发。

通过这个活动,学生可以知道互联网的发展创造了许多新的职业群体,也涉及许多的人和职业,这说明有很多专业和技能是可以变通的。因此,同一个专业可以从事多种职业,比如机械设计专业毕业生,可以从事售前工程师、销售、助理等与人打交道的工作,也可以做研发等与概念相关的工作。因此大学生应了解与自己专业相关的职业有哪些,学习专业知识的目的是更好地发展自己。

二 职业世界知多少

职业是社会分工的产物。在漫长的原始社会里,人类的劳动最早只有按男女性别进行的分工,男的打猎、捕鱼,女的采摘果实、挖掘野菜,所以不存在职业。原始社会末期,出现了最早的、真正意义上的社会分工,农业、畜牧业和手工业开始成为专门职业。

随着生产力的发展、科学技术的进步,社会分工越来越细,职业也越来越多。奴隶社会,职业的种类有所增加。封建社会使职业得到发展。据有关统计,中国封建社会萌芽时期的战国时期,社会职业与行业是同义词,只被分为六大类,即王公(发号施令的统治者)、士大夫(负责执行的官吏)、百工(各种手工业工匠)、商旅(商人)、农夫(种田人)、妇功(纺织与编制的妇女)。所谓"百工"就是技艺匠人的总称,当时木工7种,金工6种,皮工、染色工各5种,还有其他各种工种,加起来也不过三四十种,十分简单。到了隋朝增加到100个行业,比战国时期增加了1倍多。到了宋朝达220行,又比隋朝增加了1倍多。到了明朝增至300多个,当时人们把社会职业分工统称为"三百六十行"。

到了现代,科学技术的迅速发展使职业的兴衰更替更加迅速。生活在不断变化,社会在飞速发展,这种发展和变化必然淘汰掉许多旧的职业,同时催生出许多新的职业。

所谓职业,是指人们为获取生活来源所从事的社会工作类别,是个人所担任的职务或工作,如教师、医生、律师、工人等。它是人们生活方式、经济状况、文化水平、行为模式、社会地位的综合反映,本质上折射出人与社会的关系。通过职业,个人才能发挥各种潜能,履行社会角色,维持生活需求,享受工作乐趣,实现人生理想。简而言之,职业必须具备收入合法、比较稳定两个关键因素,职业就是人们从事的有合法收入比较稳定的工作。

如果某项工作虽可获得报酬,但不为法律所许可,不能视为职业。另外,帮助家人工作而间接获得报酬,且工作时间固定的也可视为职业。有工作而无报酬,如义务从事公益工作者,不可视为职业;有收益而无工作,如依靠财产生活者,也不可视为职业。

我们常常会谈到"工作",其实工作与职业它们之间是有一些差别的。从最基本的来讲,工作是在我们所称之为"岗位"的范围内所执行的任务或者行为。这些任务与职业相关,职业是一系列的工作。与工作相比,职业还包括一系列与工作和生活相关的态度和行为。所以,职业变成自我认同或自我概念的一个基本表现形式。过去,人们几乎一生都从事年轻的时候选择的职业。农民们在农田里耕作,秘书们在办公室中办公,教师会一直教书到退休。近年来,越来越多的年轻人选择从年轻时就从事多个职业,在他们的一生中可能会从事四个或更多的职业。另外,随着社会、经济、技术的快速变化和发展,很多传统的职业逐渐退出了历史舞台。

目前,职业世界中有超过 20 000 种职业,对于大多数人来说,都有数种职业适合他们。调查表明,各个经济收入阶层和各种行业领域的人都热爱自己的职业。没有哪一种职业能够完全满足你所有的需要,所有职业都有其局限性和令人失望之处,你需要通过其他活动来平衡你的生活,才有可能感觉到完满。职业市场和经济形势都时常发生变化,甚至是急剧的变化。有的行业在目前可能充满了机会,但却会在数年内饱和。所以在职业世界中,每个学生都有可能找到属于自己的那份职业,只是需要做好心理准备:这是一个过程,对不同的人,过程也会有长短;变化是其中必然要面对的,一个决定可能不会持续一生,也常常伴随着风险,因此需要个人不断调整和变化才能保持满意度。

三 身边职业知多少

美团点评与智联招聘曾联合发布了《2018 年新职业人群工作生活现状调研报告》(以下简称《报告》)。此次调研覆盖了全国主要的一、二、三线城市的 800 余种新职业,主要针对美团点评平台相关生活服务类商户及从业人员,共收回有效问卷 2 778 份,从职场现状、职场心理、职业规划以及生活状态等维度进行了多角度的分析,客观反映了新职业人群的工作、生活、心理及人群特征。

作为中国领先的生活服务电商平台,美团点评希望通过专业的调研洞察新职业人群,了解他们在职场、生活中的真实状况,可以更精准地帮助他们在便捷的移动互联网世界里发挥特长。同时,美团点评也希望通过这份《报告》影响更多人来关注新职业人群。

新职业是指经济社会发展中已经存在一定规模的从业人员,具有相对独立成熟的职业技能,在《中华人民共和国职业分类大典》中未收录的职业。作为一个新兴群体,新职业人群工作、生活在全国各大城市,从事着符合当前社会发展趋势的、在近几年涌现的新型生活服务类职业。他们是为城市商业发展贡献力量的基层工作者,在全力做好本职工作的同时,通过多种渠道坚持学习文化知识,不断提升自身职业专业素质和综合素质,拥有着积极向上、自信、有梦想的思想特征。

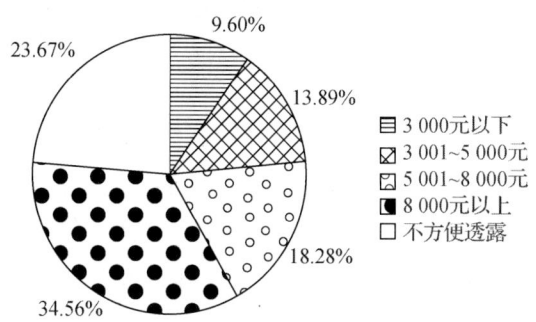

图 2-1　2018 年新职业人群月收入现状

在大众的传统印象中,新职业人群普遍处于中低收入水平,然而随着我国大量适龄劳动力从制造业向生活服务业转移,以及在消费升级背景下消费者的需求日趋个性化、多样化,新职业人群的收入也在水涨船高。调研数据显示,5 000 元是一个显著的分水岭,新职业人群月收入高于 5 000 元的已过半数,达到 52.84%;月收入在 8 000 元以上的达 34.56%;而月收入在 3 000 元以下的仅占 9.60%。

《报告》发现,在所有调研的新职业范畴中,以月收入 5 000 元以上为基准线,位居薪资收入前三名的新职业分别是宠物医生、健身教练、调酒师。其中,宠物医生平均月收入最高,有 28.57% 的宠物医生月收入在 2 万元以上。随着我国人口老龄化加快造成的独居老人增加,以及年轻一代的生活状态相对独立等现象,宠物成为越来越多人的情感寄托。宠物行业的火热迎合了消费升级大趋势,消费者对品质生活有了更高的追求,愿意花更多的钱在宠物身上。我国每年动物医学本科专业毕业生从事宠物诊疗的人数不足 10%,宠物医生还有极大的人才缺口,其专业性技术门槛较高,因此收入不菲也是顺理成章了。

《报告》通过用户调研问卷,并结合智联招聘相关数据交叉比对后发现,新职业人群薪酬位列全国前十的城市分别是北京、上海、深圳、杭州、广州、宁波、东莞、南京、乌鲁木齐、佛山。

随着生活水平的提高,消费者对于娱乐方面的需求逐渐多元,巨大的市场购买力也带动了整个社会的消费潮流。新职业人群工资收入的上涨,直接影响着休闲娱乐方面的支出。在消费结构上,新职业人群在休闲娱乐方面的消费占比不低,也从侧面反映出当下的消费趋势。

《报告》发现,最舍得花钱的新职业为月嫂,她们通过"买买买"为自己减压,有 26.67% 的月嫂每月在休闲娱乐上消费2 000元以上。在所有调研的新职业范畴中,以平均每月休闲娱乐消费不低于500元为基准线,前三名的新职业分别是宠物医生、调酒师、月嫂。其中,宠物医生和调酒师这两个新职业同样处于收入排行前列,工作地点多集中在一、二线城市。他们对生活质量、生活情调也都有自己的追求,因此在休闲娱乐消费水平上高于其他新职业。

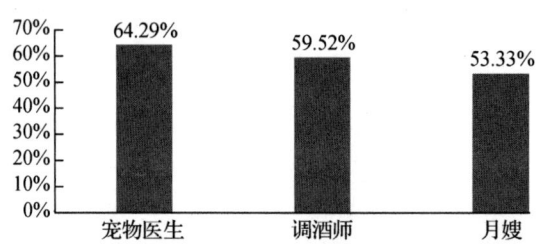

图2-2　2018年新职业人群休闲娱乐消费前三名

伴随着新职业人群薪资水平的提高,他们的储蓄意识也在逐渐增强。《报告》显示,多数新职业人群有日常储蓄的习惯,占比达到66.97%。其中,每月储蓄1 000元以上的占45.25%,每月存储2 000元以上的达到35.16%,只有14.89%的人每月储蓄不足500元。

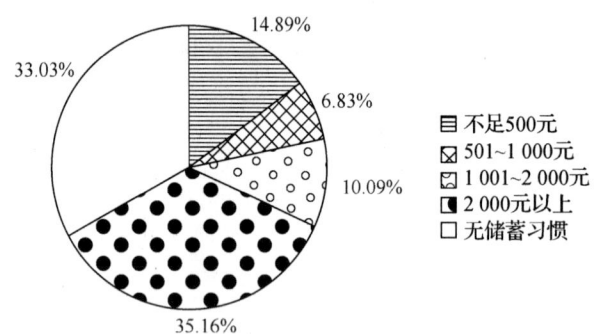

图2-3　2018年新职业人群月储蓄现状

在所有调研的新职业范畴中,以平均每月储蓄1 000元以上为基准线,在新职业人群中排名前三的新职业分别是足疗按摩师、调酒师、健身教练。较高的工作变动频率、相对保守的消费观念和对未来生活的危机感,是他们具备良好储蓄意识的主要原因。

据智联招聘《2018年春季白领跳槽指数调研报告》显示,在跳槽频率方面,有19.10%的白领表示平均1年以内就要跳槽一次,34.80%的白领表示自己1～3年内会跳槽一次,即53.9%的白领不满3年就要跳槽一次。而此次针对新职业人群的调研数据,却得到了一些不一样的数据。《报告》显示,有34.45%的新职业人群,入职以来从未跳槽过;平均跳槽频率在3年以上才会跳一次的,占比达62.06%。

《报告》分析,这充分表明了相较于白领,新职业人群对工作"忠诚度"更高,同事之间的关系也非常良好,对自身所在岗位有更多的认同感和归属感。专家表示,在经济转型升级的大背景下,新职业的出现与科技进步紧密相关。大量的高技能人才投身于新职业,在一定程度上提高了新职业人群的社会地位和身份认同感,因此新职业人群的工作"忠诚度"更高。

入职原因数据充分佐证了这一结论。《报告》发现,"喜欢这个行业和职业"是新职业人群最普遍的入职原因。绝大多数新职业人群是因为内心喜欢而选择这份工作。谈及对当前工作的热爱程度,50.54%的人对工作表示"非常喜欢",对工作表示"喜欢"的有33.62%;对当前工作表示不喜欢的,占比仅有1.81%。

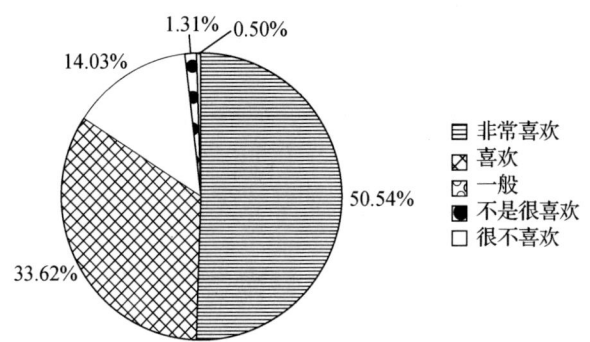

图2-4　2018年新职业人群对当前工作的热爱程度

不同的新职业,对工作最看重的能力亦有不同。在新职业人群中,普遍认为工作中最需要的前三种能力是经验丰富、抗压能力强、能说会道。《报告》发现,对销售业绩有要求的新职业,非常看重语言表达能力;需要给消费者带去美丽的新职业,则对自身的美丽也有要求。数据显示,在新职业人群中,70%的真人CS教练最看重的能力是口才好,而美容师普遍认为"颜值即正义",有49%的美容师赞同此说法。

尽管新职业人群因为"喜欢这个行业和职业"而加入,但对更高薪资待遇的追求,与白领是一致的。谈及对工作的不满之处,尽管他们对工作有一些抱怨,在此项调研上有多重表达,但最大的不满还是直指薪酬水平。《报告》发现,新职业人群对工作不满的前三大原因是赚钱少、工作时间长、压力太大。

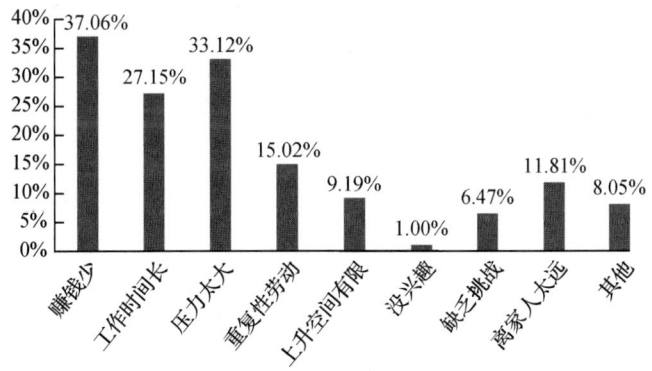

图2-5　2018年新职业人群对工作的不满之处

对比智联招聘《2018年白领生活状况调研报告》来看,他们的不满原因也与普通白领大体相近,他们不仅关注薪酬,也关注个人成长、工作压力、没时间陪家人问题。但整体来看,新职业人群在经济基础仍属薄弱的情况下追求加薪和减压,更多地聚焦在个人问题上,而普通白领还关心企业发展前景和职位晋升空间是否受限等问题。

《报告》发现,新职业人群的工作强度相当大,平均一周要工作50个小时以上的占比达75.34%,加班对他们来说是家常便饭。值得关注的是,有46.45%的新职业人群每天工作不少于10小时,有17.56%的每天工作12小时以上,而超长"待机时间"正是新职业人群认为赚钱不符合预期、压力太大的原因。

在所有调研的新职业范畴中,以平均工作日每天工作10小时以上为基准线,工作时长排名前三的新职业分别是装修设计师、桌游教练、足疗按摩师。

基于对自身所在行业和职业的强烈认同感,新职业人群对未来职业发展有着清晰的规划。数据显示,面对未来发展,65.70%的新职业人群希望"成为行业顶尖,继续在这一行做资深",打算转行的仅占比1.13%。

《报告》发现,谈及对未来工作生活的城市要求,81.91%的新职业人群选择"我喜欢目前工作的城市,打算长期定居这里",希望回家乡发展的占比为9.07%。相比回家乡发展的轻松安稳,八成以上的新职业人群计划在现居住城市继续打拼,即使面对更高的挑战与困难,也不愿放弃自己热爱的事业。

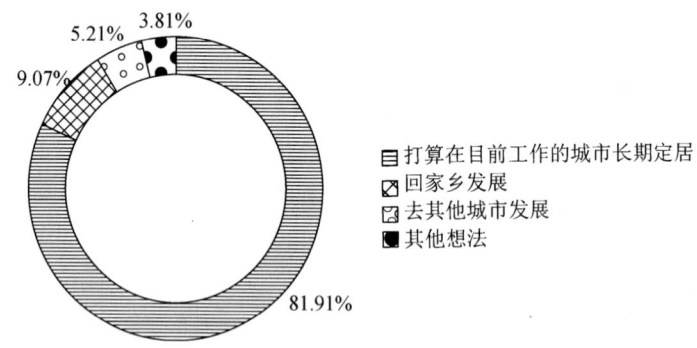

图2-6 2018年新职业人群对未来工作生活的城市要求

近几年,随着生活服务业的不断升级,对从业人员的文化层次要求也越来越高。调研数据显示,拥有大专及以上学历的新职业人群占比达60.27%,拥有大学本科及以上学历的占比为31.22%,仅有11.76%文化程度在高中(中专)以下。

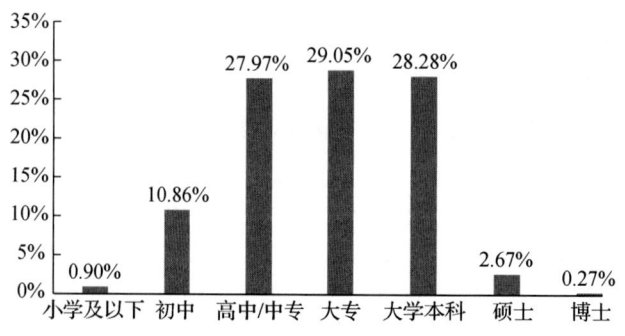

图2-7 2018年新职业人群学历分布现状

《报告》发现,新职业人群受教育程度逐渐上升,一方面是其自身渴望接受更高程度的教育和完善知识结构,善于抓住机遇和整合资源实现持续的自我迭代;一方面由于高校毕业生人数不断变多。2010—2017年的毕业人数以近5%的同比增长率逐年增长,白领岗位的竞争愈演愈烈,加之相关岗位的需求缺口和不菲收入的刺激,相当一部分大学毕业生转向服务业岗位就业成为必然。

在所有调研的新职业范畴中,以拥有大学本科及以上文凭的比例为基准线,位列头筹的新职业分别是早教师、密室游戏指导员、健身教练。这些技术类岗位对综合文化素质要求相对较高,需具备高超的技术水平以及丰富的实践经验,因此高学历者集中于此也就不足为奇了。

随着社会观念的发展进步和就业群体的年轻化,越来越多的年轻人以"兴趣为导向",坚持"自我""率性""不畏人言",其就业观与传统大众视角逐渐形成反差。《报告》发现,宠物医生、全屋定制设计师、汽车美容技师等新职业,尽管劳动强度大、工作时间长、体力消耗严重,但已经有大量的女性涉足。数据显示,在男性标签更强的汽车美容技师中,女性占比达到了23.08%;在劳动强度较大的宠物医生中,女性占比高达42.86%。

与此同时,被大众普遍认为是"女性职业"的工作领域,也有越来越多的男性从业者加入其中。数据显示,育婴师、早教师、美容师、化妆师等新职业,不乏男性从业者。其中,男性育婴师占比达33.33%,成为反差最强的一组数据。有专家表示,育婴师工作其实强度很大,男性相对而言在体力上有优势;针对越来越多的产后抑郁症的发生,男士性格开朗、大度、宽容,男育婴师可以从男性角度提供建议,对产妇抑郁心情进行疏解;此外,男育婴师所具备的阳刚之气也会对婴儿形成坚强、独立的性格产生一定影响。

此外,"95后"已逐渐成为职场主力军,他们更具独立意识,思想观念也更开放。同时,招聘单位越来越倾向根据应聘者的个人能力来定岗定责。相信新职业的性别标签将持续淡化。

劳动力的地域流动总是和时代发展、产业变迁息息相关。在服务业大批量吸纳劳动力的时期,新职业人群在区域上呈现高度聚集的特征。作为我国主要的三个大型城市群,京津冀、长三角、珠三角地区对周边劳动力有极强的"虹吸效应"。

《报告》发现,从地域分布来看,新职业人群虽然遍布全国各地,来自五湖四海,但主要来自劳动力输出大省,如东北三省、河南、安徽、四川等地。他们不仅从事的职业类目较多,区域聚集特征也十分明显,"就近择业"已成为大多数新职业人群的就业首选,如北京的新职业人群除了来自北京之外,主要来自河北、山东等周边省份;上海则更多吸引来自安徽、江苏等省份的劳动力。

数据显示,在北京工作的新职业人群中,来源地排名前五的省市依次是北京、河北、山东、黑龙江、安徽;而在上海工作的新职业人群中,来源地排名前五的省市依次是上海、江苏、安徽、河南、湖北。其中,43%的北京健身教练籍贯是东北三省;而在上海,37.3%的健身教练来自安徽。

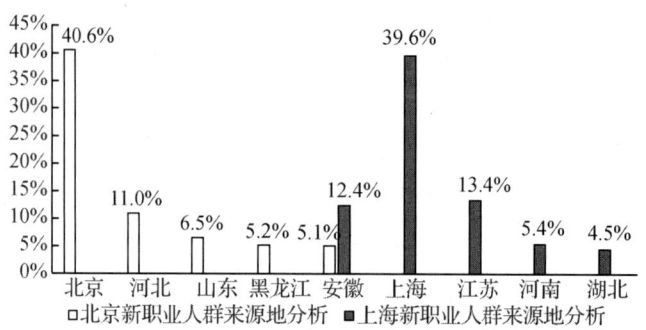

图 2-8　2018 年新职业人群核心地区城市来源地分布

作为大城市的"土著",北上广深四座一线城市的本地居民,选择何种新职业亦有所不同。数据显示,北京人最喜欢从事的新职业是美容师,有 24% 的北京人选择该工作;上海人中担当早教师的占比最高,达到 21.4%;广州人最喜欢从事的新职业是美甲师,有 28% 的广州人加入其中;而同样在广东的深圳人,则和北京人有相同的偏好,有 31.6% 的深圳人进入美容师的行列。

第三节　职业发展与适应

一　职业认知的优化

南京林业大学艺术设计学院的一名大三学生,最近因为考研还是找工作和父母有了意见分歧。父母认为现在的社会看重高学历,有些专科生能做的工作要本科生来做,有些本科生能做的工作要研究生来做,本科毕业生已经不是"香饽饽",必须获得更高的学历才能有好前途。

在进行讨论之前,请各位同学用一张纸画出自己想象中的职业生涯与工作世界。

在不同学生的画中,我们会发现很大的差别。很多学生的画表达了工作世界中的激烈竞争与人山人海,令人心情晦暗;也有学生的画中除了人山人海,还有很多美好的想象。这说明大学生对职业生涯与工作世界的认知,与是否能全面地了解职业世界有很大关系。只了解和看到负面信息的学生常常会陷入悲观,比如自己不一定适合做研究或并不喜欢再继续读书,因为对找工作陷入绝望,怀着"反正也找不到好工作,那就不找工作了,直接考研吧"的想法,就作出了错误的生涯决策。但是如果学生能够清晰、全面地了解职业生涯与工作世界,知道尽管毕业生众多、竞争激烈,只要自己仔细了解企业用人要求及工作发展的普遍路径和规律,就能够结合自己的特点在社会中找到属于自己的工作,从而作出合理的生涯决策,而不是盲目跟风追逐所谓的"好工作",最后迷失在求职大军中。

（一）进一步认识和了解自己

在生涯认知的过程中，学生常常会陷入两难的境地。比如，留在大城市找一份不稳定、目前也不很理想的工作，但未来的学习、发展机会可能很多；回到家乡小城镇找个待遇不错的、稳定的工作，但是自己将来的发展前景非常有限，缺乏挑战性。世间的事没有完美的，外部条件总给我们设立这样或那样的限制，看上去似乎很难，也会有些沮丧，但是深入地思考，就会发现我们正是在这种两难的选择中，越来越知道什么是对自己真正重要的，也越来越了解自己是谁，从而调整自己的行动，走出属于自己的生涯道路。

（二）培养和提升自己的能力

很多大学生寄希望于学校、职业辅导老师或其他专业的职业辅导工作人员能够告诉他们职业生涯与工作世界是什么样的，但结果常常令人失望。因为每个人包括专业的职业辅导人士由于个人知识、经验的局限不可能完全掌握所有的信息，所以生涯认知的探索更多地需要大学生自己来完成。在这个探索的过程中，大学生可以培养和提升自己的很多能力，比如自我管理能力，沟通、搜集、观察等能力。

（三）树立新的职业生涯理念

在传统的职业生涯理念中，求职者是从属于企业的，企业好像父母一样应当照顾求职者。同时，求职者应当以企业利益为第一位，维护企业的核心利益，以被企业认可获得升职为成功。在新的职业生涯理念中，企业与求职者的关系更像是合作者，企业向求职者提供横向的职业发展，而求职者在接受新的工作或任务时能够不断学习新的技术与知识，以适应企业的需要，同时提升自己的胜任力。

（四）预测未来发展

生涯认知可以帮助学生预测未来可能发生的情况，以便预先作出准备，但也要知道预测的风险所在，并为此做好心理准备。

二 职业韧性的培养

只凭一股想要规划职业生涯成功的念头是不能实现职业生涯成功的，职业生涯成功的实现都要靠自己的努力与坚持，培养职业韧性至关重要。

（一）从现在做起，克服拖拉

看看尽快实践有什么好处，拖拉有哪些坏处，这对下定决心立即着手很有督促作用。把大块任务切割成小块，再一个接一个地完成。此外，找一段时间专做不合心意的事务，是磨炼意志、克服拖拉的好办法。突破胆怯的限制，有实施的勇气，这样才能充分发挥潜力。先挑有兴致的办，让精神状态为你服务。要勒令自己，绝不拖延，有事及早干。向人保证，会使人产生一种有益的焦虑和时间紧迫感，这会有利于克服拖拉。每天做结算，把时间看作财富，你就不会再拖拉了。最好每天早晨问问自己：我面临的最大问题是什么？今天打算把它解决到什么程度？该做哪些事？不要忘记，克服了拖拉的习惯，你就会跑在时间的前头。

克服拖拉训练法：

(1) 写下四个已经拖延很久但得马上拿出来的行动。

(2) 在这四个行动之下各写下这些问题:为什么我先前没有行动？是不是当时有什么困难？

(3) 写下你拖延那四个行动而觉得快乐的理由。

(4) 写下如果你不马上改变所造成的后果。

(5) 写下那四个行动后的所有快乐。

(6) 从一个易于成功的"对象"开始。

（二）充满自信，积极向上

自信乃人生成功的入场券。自信是一种感觉,如果你用肯定的态度去对待,久而久之它就会变成一种实在的行动。而其他人的意见或者自己的怀疑则经常会让你对自己的能力产生怀疑。最好的办法就是不管别人怎么说,自己尽可能地去尝试。尝试越多,便对自己的局限了解得越清楚,自己的选择就会更加贴近实际。随着自己能做什么、不能做什么逐渐分明,自信心自然会增加。增强自信心的方法有：

在心中为你今后的生活描绘一幅灿烂的图画,这是你想要拥有的美好愿望。这幅画越具体表明你愿望越强烈。

为自己特别想要加强的某项技能制订一个行动计划,并且分阶段实施这项计划。当你取得阶段性成果时,可以选择一项自己喜欢的活动奖励自己,让自己时常拥有成功感。

整理自己过去的经历,特别去找出你曾经拥有过的快乐与成功体验,把它们写下来,经常翻开来看看。

避免对一些问题做消极的解释。让自己相信,当问题与环境有关时,你可能无力改变环境,但是你一定能把握自己！遇到问题抱怨环境于事无补,不如想出一些补救的办法来得有意义,这样也使你显得有风度、有智慧。

不要满足学校给你的学习计划。学校的计划是针对所有的学生的,你可以根据自己的条件给自己添加一些适合的学习项目。

当你闷闷不乐的时候,千万别把自己封闭起来。你最好是走出房间,与人交谈或者去运动,让自己活动起来。

尝试做一个热心人。例如,每星期做一件以上的好事,使自己保持舒适的心情,你会对生活充满向往,拥有幸福感。

每天给自己一段快乐的时光,问问自己做些什么事能让自己快乐起来。打电话与朋友聊天,去河边散步,与伙伴踢一会球,冲一杯咖啡,欣赏一段音乐,只要是能让自己愉快起来的活动都可以去选择。

（三）用心专一,不随大流

与其花许多时间和精力去凿许多浅井,不如花同样的时间和精力去凿一口深井。对事情专一,并非不求上进,也非懒惰。它是一种锲而不舍、全神贯注的追求。不但要有魄力,而且要有定力,摆脱其他外在的诱惑,不为一时的荣誉、权位等虚荣而中途改道。这番定力才是促成一个人凿井汲泉的最重要的条件。

仅仅为了某件事情时髦或流行,就跟着别人随波逐流而去,忘了衡量自己的才干与志趣,因此原有的才干也付诸东流,所得的只是一时的热闹,而失去了真正成功的机会。

(四)培养耐心,永不放弃

困难是成长的突破口。在职业生涯发展的道路上,只要不放弃目标,每一次挫折、每一次失败都是有价值的。只有还没有找到解决方法的困难,没有解决不了的困难。

三 如何选择道路

大学时期是令人羡慕的年华,年轻是最雄厚的资本,你有什么理由不好好规划大学生活从而使自己更快捷地走向成功呢?

在青海的偏远地区有两个和尚,其中一个贫穷,一个富裕。有一天,穷和尚对富和尚说:"我想到南海去,你看怎么样?"

富和尚说:"你凭借什么去呢?"

穷和尚说:"我一个水瓶、一个饭钵就足够了。"

富和尚说:"我多年来就想租条船沿着长江而下,现在还没做到呢,你凭什么去?"

第二年,穷和尚从南海归来,把去过南海的事告诉富和尚,富和尚深感惭愧。

这个小故事说明只有行动才能使你成功。

志向是事业成功的基本前提,没有志向,事业的成功也就无从谈起。志向反映了一个人的理想和信念,影响着一个人一生的奋斗目标。只有确定了志向,才能明确自己所要从事的职业。在确定了志向后,就要做出具体的决定,选择目标时要具体,不能含糊不清。

就大学生职业生涯规划而言,首要考虑的问题就是确定职业道路。对于没有工作实践经验的在校大学生来说,要确定一个非常明确的目标职业,显然不现实。那么怎样来确定自己的职业生涯道路呢?

(一)收集职场资料

每个人都处在一定的环境之中,只有对自己在环境中的地位、环境对自己提出的要求以及环境对自己有利的条件与不利的条件等有了充分的了解,才能做到在复杂的环境中趋利避害,并且要了解以后想要工作的某个领域的历史、现状和未来,这样才能做好心理上的准备。

(二)列出可行的选项

收集了资料以后,如不做整理分析,"收集"这个动作就毫无意义。搜集资料的目的一方面是利于我们做出对资料的判断;另一方面则是针对所要决策的事项提出可行的选项,以便于做决定。可行的选项方案列得越多越周详,做出正确决定的机会就越大。

（三）采取行动

在确定了选项后,行动便成了关键的环节。没有达到目标的行动,目标就难以实现,也就谈不上事业的成功。这里所指的行动,是指落实目标的具体举措,主要包括工作、训练、教育等方面的措施。例如,为达到目标,在工作方面,你计划采取什么措施提高你的工作效率?在业务素质方面,你计划学习哪些知识、掌握哪些技能来提高你的业务能力?在潜能开发方面,采取什么措施开发你的潜能?……都要有具体的计划与明确的措施,并且要求这些计划特别具体,以便于定时检查。

（四）评估与回馈

俗话说:"计划赶不上变化。"是的,影响职业生涯规划的因素很多。有的变化因素是可以预测的,而有的变化因素难以预测。在此情况下,要使职业的决策行之有效,就须不断地对职业生涯的决策进行评估与修订。如果与预期的结果有差异,必须及时检讨是否重新多做一次决策。另做决策时,可以收集更多的数据,列出更多的可行选项。这是一个循环的过程,并非一成不变的。

第三章 生涯规划

第一节 职业发展目标

一 职业发展目标的重要性

职业目标是制定者在选择的职业领域中未来某个时间点上所要达成的具体目标。职业目标是大学生生涯规划的起点和落脚点,是生涯规划的关键和核心。只有确定职业目标,才能以更加积极的态度去面对职业发展中遇到的各种困难和挑战,并最终走向目标的达成。

著名的"哈佛实验"(见表3-1)表明,大学生未来的成功与其在校期间职业目标的明确程度高度相关。1953年,哈佛大学以一群智力、学历、环境等条件都差不多的大学毕业生为调查对象开展了关于目标对人生影响的跟踪调查。起初的调查结果是3%的人有清晰而长远的目标,10%的人有清晰但比较短期的目标,60%的人仅有模糊的目标,而27%的人没有目标。25年后,哈佛大学再次对这群毕业生进行了跟踪调查,结果是当年有清晰而长远目标的人,25年来他们始终朝着一个不变的方向不懈努力,几乎全部成为社会各界的成功人士,其中不乏行业领袖和社会精英,生活在社会的上层;有清晰但比较短期的目标的人,经过长期的努力,不断实现了他们的短期目标,成为自己所在领域的专业人士,生活在社会的中上层;只有模糊目标的人,虽然拥有安稳的工作生活,但没有突出的成绩,几乎都生活在社会的中下层;而那些没有任何目标的人,工作生活几乎无所建树,很不如意,常常怨天尤人,生活在社会的下层。此外,具有清晰目标的那个群体的人,25年后他们所拥有的财富和成功是当年另外97%的人的财富和成功的总和。而纵观他们之前的差别,仅仅在于25年前,他们中的一些人知道自己究竟需要什么,究竟要做什么,而另一些人则不清楚或不很清楚。因此,"哈佛实验"明确地告诉我们:成功,必须要有明确的目标和方向!

表 3-1 "哈佛实验"

群体	25 年前的状态	25 年后的状态
3%	有清晰而长远的目标	成为社会各界的成功人士,其中不乏行业领袖和社会精英,生活在社会的上层
10%	有清晰但比较短期的目标	实现了他们的短期目标,成为自己所在领域的专业人士,生活在社会的中上层
60%	有模糊的目标	拥有安稳的工作生活,但没有突出的成绩,几乎都生活在社会的中下层
27%	没有目标	工作生活几乎无所建树,生活在社会的下层

职业目标的确立能有效帮助大学生树立正确的择业和就业观念,而大学生职业目标的确立则依赖其自身的生活价值观取向。生活价值取向有三种主要表现:政治性价值取向、经济性价值取向和精神性价值取向。政治性价值取向关注点在于自身社会身份和地位的体现,看重目标岗位是否在体制内,是否有潜在的晋升空间,个人发展空间能否得到充分体现;经济性价值取向关注点在于职业目标能够带来的经济效益,看重目标岗位的工资待遇;精神性价值取向关注点则在于目标岗位的精神愉悦性,看重专业是否对口,工作地域是否满意,工作生活环境是否满意等。在确立职业目标时,大学生要充分发挥三种生活价值取向的积极作用,协调处理好三者的关系,树立正确的择业和就业观念。

职业目标的确立能帮助大学生全面认识自我。大学生在确立职业目标时,需要全面分析个人的兴趣爱好、所学专业、综合能力、家庭等社会资源,通过全面的自我了解和分析,从而根据自身特点确立适合自己的职业目标。

职业目标的确立能够缩短大学生转换角色的心理过程。大学生在确立职业目标时,首先必须对目标职业有较为全面的了解,主要包括工作环境、行业特点、工作压力、收入水平、发展空间等。

二 职业发展目标确立的原则

职业发展目标的确立可坚持 SMART-C 原则(见图 3-1)。

职业发展目标必须是具体的(Specific)、清晰的、明确的,不能用含糊笼统、模棱两可的语言表达。对于大学生来说,制订"我这学期成绩提高"就是不明晰的目标,而应该具体到如"学分绩点达到 4.0"等。

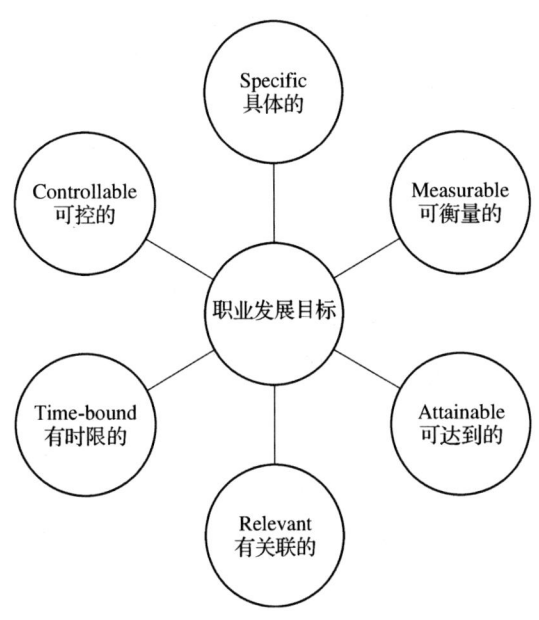

图 3-1　SMART-C 原则

职业发展目标必须是可衡量的(Measurable),也就是说制订目标时,必须有一组明确的数据作为衡量是否达成目标的依据,即将目标量化。如果制订的目标没有办法衡量,就无法判断这个目标是否实现。比如说,谈到"学分绩点达到 4.0",就需要具体到每门课程的成绩均有明确的考量数据。

职业发展目标必须是可达到的(Attainable),即依据个人现有能力和水平,通过个人努力,可以在规定时间内达成的目标。因此,这个目标不能太低,低到无需努力就能达成,也不能过高,超过自己的能力范围,无法实现。对于一个英语基础较弱的大学生来说,如果要求自己在一个月内掌握全部的四级词汇,就变得高不可攀。过高的目标在执行过程中会因为发现目标无法达成而丧失继续努力的信心和勇气。

职业发展目标必须是有关联的(Relevant),即目标与其他目标的关联性。如果实现了这个目标,但与其他的目标完全不相关,或者相关度很低,那这个目标即使达到,意义也不大。比如,其他目标都是跟学习相关的,而年内考取驾照的目标显然就是关联性不大的。

职业发展目标必须是有时限的(Time-bound),即目标的达成有明确的时间限制,要在规定的时间内实现,且这一设定的时间具有现实性。比如,我要在毕业前通过大学英语四级考试,这个目标就是不具有现实的时限性,而应该明确到一年级下学期通过四级考试。

职业发展目标必须是可控的(Controllable),即对自己的目标负责,对实现目标的过程和影响因素具有很好的控制能力。也就是说,目标的达成主要依靠自身主观努力付出,而非客观因素。

在遵循 SMART-C 原则制订职业发展目标时,还需要综合考虑以下问题:

(1) 目标要符合社会发展需要和组织需要,不能脱离社会实际;

(2) 目标要量身定制,建立在自身优势和兴趣之上,适合的才是最好的;

(3) 目标制定时要注意长期目标和短期目标的结合,长期目标指明发展方向,短期目标则更具体更易达成,是长期目标的阶段成果;

(4) 目标的制订要与家庭、个人生活和身心健康等紧密结合,和谐的家庭关系与健康的身心状态是事业成功的基础和保障。

三 职业发展目标的制订

大学生职业发展目标的制订方法主要有分解法、组合法、问题导出法等,这里主要介绍分解法的内容。目标分解法认为职业目标的达成可以用连续相关的不同阶段来表示,它将整体目标清晰化、阶段化、具体化,将职业目标量化分解成一系列便于执行的实施方案。目标分解法根据观念、知识、认知和能力的差别,依据时间限定,将职业总体目标分解为长期、中期和短期目标,直至将目标细化分解成在确定时间可以达成的小而具体的目标。

目标分解法可以采用按时间分解和按性质分解两种途径分解目标。按时间分解,职业目标可以分解为人生目标、长期目标、中期目标、短期目标、学期目标等。按性质分解,可以分解为外职业目标和内职业目标。内职业目标主要包括职业观念目标、心理素质目标、工作能力目标、工作成就目标、掌握新知识目标等。外职业目标主要包括工作环境目标、工作地域目标、工作内容目标、工作职务目标、薪资水平目标等。职业目标分解法示意图见图3-2。

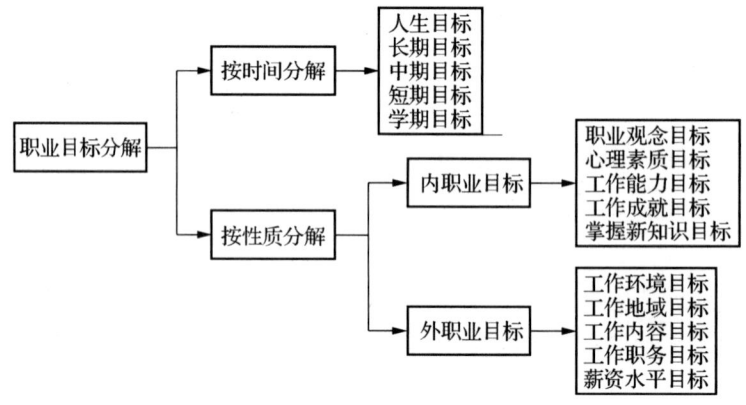

图3-2 职业发展目标分解示意图

(一) 时间分解法

在职业生涯规划中,大学生依据自己的价值观、知识储备、能力水平、社会环境等主客观因素准确分析后,选定自己的职业路线和职业目标。这个目标是总体目标,即人生目标。能较好掌握职业规划知识和具有职业规划理念的人,特别是心理较为成熟的人,能够尽早确定自己的人生目标,并朝着这一目标努力前进。人生目标必须是与自己的价值观相符的,而且一经确立,就不要轻易更改。

人生目标太过长远,且执行效果不佳,所以有必要进一步分解,分解为若干个长期(5~10年)目标,每个阶段都要有一个具体的目标。长期目标的制订必须满足以下内容:有长远目标,符合自身的价值观,满足社会发展需求和行业发展需求,具有挑战性和创造性,充分考虑风险,能够用明确的语言定性描述,易于进一步分解,在一定时间范围内可行,且一经实现可带来巨大的成就感。

每一个长期目标要继续分解成若干个中期(3~5年)目标。中期目标的制订必须满足以下内容:与长期目标方向一致,具有全局眼光,符合自身的价值观,体现个人与环境的结合,能够用明确的语言量化目标。

每个中期目标要继续分解为若干个短期(1~2年)目标。短期目标的制订必须满足以下内容:与中期目标、长期目标和人生目标保持一致性,灵活简单,切合实际,具有可操作性,通过刻苦努力可以在规定时间内实现。

对于大学生来说,短期目标还可以进一步分解,至少要分解到学期目标。学期目标则更具体,更直观,更易操作和达成。

(二)性质分解法

外职业目标对应外职业生涯。外职业生涯指经历某一职业(由接受教育开始,经历整个工作期,直至退休)的道路,包括应聘、培训、提拔、奖惩、解雇、退休等职业的各个阶段。具体来说,外职业生涯指从事某一职业时对应的工作单位、工作地点、工作环境、工作内容、工作职务、工资待遇等因素的结合及其变化过程。外职业生涯的各因素通常是由外界给予的,也容易被收回。

对应于外职业生涯的外职业目标包括以下内容:① 工作职务目标。大学生具体明晰的职务目标一般是专业+职务。② 工作内容目标。在现实生活中,能够达到管理层,特别是高层管理岗位的人毕竟是少数,而且能否得到晋升不主要取决于自己。因此,建议大学生在制订外职业目标时,更多地注重工作内容目标的制订。这对于选择从事专业技术型发展路线的人特别重要。③ 薪酬水平目标。获得工资收入是我们工作的根本目的,大学生可以切合自身的能力素质和行业实际,大胆规划出一个具体的薪资数目。这个薪资目标将成为我们今后的重要激励源。④ 工作地域目标和工作环境目标。如果你对工作地点和工作环境有一定的要求,就要在职业生涯规划中体现。不过多数大学生在做规划时,对工作地点的明晰度并不高,而这时可以更多地往工作环境上考虑,这对于选择具体的工作岗位和工作内容有很大的参照性。

有人过于在意和追求外职业生涯发展的成功,但却往往因挫折和不如意而倍感失败,因为他不知道外职业生涯发展的成功是依赖于内职业生涯发展的成功为前提和基础的。

内职业目标对应内职业生涯。内职业生涯指从事某一职业时所具有的观念、认知、心理素质、知识、能力、内心世界等因素的组合及其变化过程。内职业生涯更多地关注我们在工作中所取得的成就和内心的主观感情,以及工作事务与家庭事务、个人消遣等其他需要的平衡。内职业生涯的成功依赖于我们的主观努力来达成,且一旦取得,就成为个人财富,无人可以剥夺。事实上,内职业生涯发展是外职业生涯发展的前提和基础,只有在内职业生涯发展得到充分体现的前提下,外职业生涯发展才能得到体现,反之不然。因此,大学生要重视内职业生涯发展的规划,重视内职业目标的制订。

内职业目标包括以下内容:① 职业观念目标。职业观念是工作者对事物和工作的态度和价值观。在我们的职业生涯中,要依据时间、空间、工作的变化和社会的发展,随时更新自己的职业观念,让自己从容应对职业发展的变化,让自己顺利推进和拓展自己的职业发展道路。② 心理素质目标。在职业生涯中,心理素质过硬才能让我们正视现实,克服困难,追求卓越。心理素质包括抗压、抗挫折、包容容忍、能屈能伸、宠辱不惊、胜不骄败不馁等。③ 工作能力目标。工作能力是工作者解决职业生涯中遭遇的各种问题的能力,主要包括组织领导能力、策划能力、管理能力、创新能力、沟通能力、团队合作能力等。工作能力目标的制订不仅要切合实际并要具有挑战性,更要与对应阶段的工作目标所要求的能力相匹配。④ 工作成就目标。工作成就是达成阶段目标最直观的考核方式,优异的工作成就不仅带给我们荣誉感和成功的喜悦,更是我们通往晋升之路的必要基础。

下面进行一项课堂互动练习:用问题导出法尝试确定自己的职业目标,要求参考实事求是地独立完成下列问题:

(1) 你具备的才能有哪些?列出你认为自己拥有的才能,选择其中你认为最重要的几种能力(三至四种即可),并把这些能力用明确的词语表述。比如,我具备的最重要的才能是我的专业、创新能力和组织能力。

(2) 你的追求是什么?什么是你最为向往的?什么样的事情是你愿意从事的?什么样的事情能够让你愿意为之付出更多的精力?你意愿的工作领域是哪些?比如,我的追求和向往就是从事林业工作,帮助林区百姓脱贫致富,助力国家生态文明建设。

(3) 什么样的环境能够让人觉得从容应对,得心应手?什么样的工作条件能够让你更能展示自己的才华和能力?什么样的人际圈子能够让你如鱼得水?比如,我往往在与同学讨论实验方案和在专业实习实践中处于主动态,能够运用自己的专业知识提出更优的方法,让我很有成就感。

依据自身实际,罗列出上述所有问题的答案,提取出每个答案中最重要的因素和词语,用一段相互关联的文字表述出来。比如,我向往的目标就是利用我的专业技能、创新能力和组织能力,在校期间带领同学做好创新实践,利用实习实践机会帮助合作单位做好技术指导;毕业后发挥个人能力,进入林场和自然保护区一线,从事森林资源保护和有序开发利用的工作,帮扶当地百姓脱贫致富,做一名优秀的国家生态文明建设者。当然,在问题答案的罗列过程中,你会发现自己的职业目标可能不止一个,这并不矛盾,只要做出明确的选择即可。

第二节 职业发展路径

一 职业发展路径的确定原则

职业发展路径也叫职业生涯路线,指我们在选定职业目标后选择以什么样的途径来实现我们的既定职业目标,即职业目标的实现过程。大学生职业发展路径指大一新生或准大学生制订自己的职业发展目标,并选择以什么样的路径去实现自己的职业目标。

职业发展路径由宽度、长度、速度三个要素组成。宽度指职业发展路径的发展通道数量和方向,如管理方向、行政方向、技术方向、市场方向等。长度指职业发展路径在宽度的每个方向上包含多少级的职业阶梯,按照路径有多长的发展空间。速度指职业发展路径上职位或职称晋升所需时长,即职业发展目标达成的时间长短。

确立职业发展路径时,必须充分考虑宽度、长度和速度三个要素的平衡。在宽度上,根据组织类型和工作需要,可分为宽阶梯和窄阶梯。宽阶梯能够提供更多的发展机会和选择余地,窄阶梯则能够提供较为稳定的职业发展方向。在长度上,可分为长阶梯、中阶梯、短阶梯。长阶梯含有超过10级的阶梯,短阶梯含有不超过5级的阶梯,而介于5~10级之间的为中阶梯。在确立路径时,阶梯长度不宜过长或过短,过长会让人感觉登顶的希望渺茫,过短会导致较早登顶而缺乏晋升激励。在速度上,可根据个人能力和业绩的不同,设立常规梯和破格梯,常规梯也称为慢速梯,破格梯也称为快速梯。在现实中,多数是以常规梯发展,且每一阶梯的晋升时间要适当,急于求成反而可能事与愿违。

二 职业发展路径的选择

一个成功的职业生涯,势必需要进行职业发展路径的理性选择。以典型的职业发展路径图(见图3-3)来说,可以向行政管理路径发展,也可以向专业技术路径发展,或是先走技术路线,再转向行政管理方向,有多种选择方式。由于选择的发展路径不同,对职业发展的要求也不尽相同。

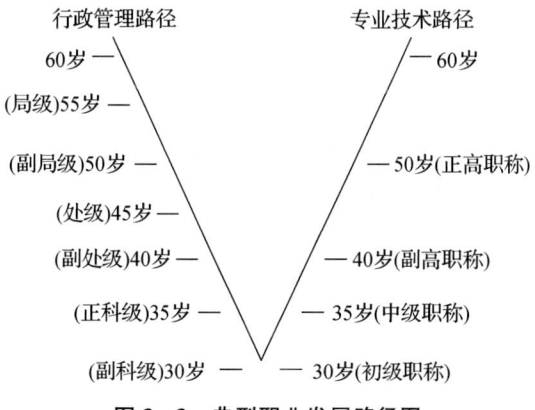

图3-3 典型职业发展路径图

职业发展路径的选择是"觉察——知己——知彼——决策与行动"的过程。

(一) 觉察:唤醒生涯发展主体性意识

职业发展路径的选择是生涯发展主体(生涯规划制定者本人)的主动行为。生涯发展主体首先掌握职业生涯规划的基本体系和主要内容,然后引发个人思考,引导自己主动规划和管理自己职业生涯的意识,达到觉察。

(二) 知己:我想向哪条路径发展

知己就是探寻自己职业发展的内在动力,主要根据自身的兴趣、价值观、理想和成就动机等因素,选择积极的职业发展路径:行政管理方向,或是专业技术方向。

兴趣对人的影响表现在两个方面:指向性和投入度。一个人对自己感兴趣的事情肯定会倾注更多的注意力,从而导致更深入的了解,而长期的专注和了解,自然会让一个人成为该领域的专家。一个人对感兴趣的事情会投入更多的时间和精力,而且不辞辛苦。事实上,做感兴趣的事情已经不再是为了完成任务,而是在享受乐趣。

从价值观的角度考虑职业发展路径,最常考虑的因素是薪酬、成就、地域、企业环境、城市生活等。

(三) 知彼:我适合哪条路径发展

分析制订适合自己的发展路径,一定要考虑自身性格、经历、特长、专业、资源等主客观条件对选择职业发展路径的影响,从而确定自己的能力取向。

不同的职业与从业者的性格之间有某种联系。性格内向、不善言谈的人,肯定做不好销售类的工作;急功近利、不甘寂寞的人一般不利于从事科研类的工作;脾气急躁、缺乏耐心和爱心的人肯定做不了服务类的工作。

大学生的专业方向是求职和就业的重要资本。一般来说,专业对就业有一定的限制性,甚至有些高校的专业直接限定了就业的行业和就业单位。一个学习林业专业的大学生,行业就业的领域是林业相关企事业单位和对应的公务员岗位,而如果放弃林业专业,选择非林业领域就业,在一定程度上可以说是对高校专业教育资源的浪费。

资源,就是了解自己拥有哪些可以为己所用的资本,包括自身能力、家庭资源、社会资源、学校资源、专业资源等。

(四) 决策:我能够往哪条路径发展

对自己想从事的职业和行业进行了解分析,从而确定自己的取向。

1. 行业认知

任何一个职业都用其所属的行业领域,而不同的行业,一般会有一定的差别,甚至截然不同。因而,在职业选择时,有必要对所属领域进行了解,包括行业规模、行业地位、发展前景、国家相关政策等。

2. 职业前景

职业是社会发展变化的产物,职业一直在随着社会的发展而发生着职业的更替。职业选择时可以选择新兴职业,可以选择长期稳定的职业,但一般不建议选择短期内竞争力不强甚至会消亡的职业。

3. 从业要求

了解某一职业对从业者的具体要求和满足的条件,如性格、专业、能力、社会资源等。

4. 工作条件

工作条件也是可以考虑的内容。工作条件主要包括办公环境、职业环境、薪资待遇等。

（五）行动:理性匹配

一般来说,自己想要的职业发展路径会有多条,而且各有优点和不足之处,而如何选择最佳路径就变得至关重要。选择矩阵(见表 3-2),把个人和路径的情况有机结合,是职业发展路径选择的有效方法。

表 3-2 职业发展路径选择矩阵

权重	评价维度	可选路径1	可选路径2	可选路径3	可选路径4	可选路径5
40	性格与兴趣					
20	专业					
10	能力					
10	社会资源					
20	金钱					
	成就					
	健康					
	地域					
	办公环境					
	职业环境					
	总计					

"评价维度"栏是选择路径时要考虑的相关因素。"权重"栏是对应的考虑因素在选择时所占的权重系数。"可选路径"栏是可供选择的路径,实际操作时明确不同的路径,并根据个人实际增加或删减路径数量。"性格与兴趣、专业、能力、社会资源"所占的比重是矩阵设计固有的。在这些因素之外的其他因素(价值观类因素)总共占有20%的权重。具体每项内容占有多少权重,由个人根据自己的实际情况自行分配,最看重的多给,不看重或不考虑的不给。

赋分原则:根据自己对职业发展路径情况和自身情况的比较逐项赋分。自己最有优势得 2 分,稍有优势得 1 分,说不清楚优势和劣势得 0 分,稍有欠缺得 -1 分,存在严重缺陷得 -2 分。把每一栏的分数跟权重相乘,然后加权求和,就得到对应路径的最终分数。一般来说,分数高者是更优的职业发展路径。

三 大学阶段的职业发展路径设计和实施

每个人都需要根据自己的职业发展目标,并结合自身实际,确定自己的职业发展路径。而随着目标的分解和细化,阶段目标同样要对应阶段的具体路径。分解到大学阶段,每个大学生都必须要制订清晰的大学阶段职业发展路径,并付诸实施。

大学生毕业的方向不外乎升学、留学、就业这三类选择道路。而对应不同的方向,就必须提前确定自己大学期间的职业发展路径,并为之努力前行。而提前的时间点最好是刚进入大学的一年级上学期阶段。

(一)升学

升学考研成为越来越多的本科生的首选。考研是一项"马拉松"式的长期过程,考的不仅是一个大学生的知识积累,更是你的主动性和意志力。研究生考试科目分为公共课和专业课,一般由政治、英语、数学和专业课等四门考试科目组成。政治、英语、数学一般由教育部统一命题,全国统考;专业课一般由报考院校出题,或者报考院校委托第三方单位出题。

考研必须要确定一个明确的学校和专业,并制订一个长期的学习备考计划,持之以恒地执行。按考试院校和专业来分,考研主要有本校本专业考研、本校跨专业考研、跨校本专业考研和跨校跨专业考研四类。本校本专业考研相对难度系数最低,最易成功,而跨校跨专业考研难度系数最大,成功率相对偏低,大学生一定要慎重选择。

一般来说,尽早确立考研目标最好。所有考试科目都不是一日之功,特别是英语、数学需要持续不断地学习复习,而专业课看似是一门课程,但都是与一年级就开设的专业基础课息息相关的,只有在学好专业基础课的前提下,才能学好专业课,复习好专业课。考研的准备时间一般要不少于一年,即至少要在大三下学期明确考研目标并开始系统地复习。对于基础好的大学生,大三暑假考试备课也有成功的可能。

研究生学习阶段,学习是一方面,而从事科学研究是更核心的内容。为了能够使自己提早适应研究生学习生活节奏,更提升自己的考试综合能力,可以在本科阶段进行必要的科研活动。比如,参加大学生创新训练项目、老师的科研项目、科技竞赛等,积累科研能力。

跨专业考研是不能回避的话题。有些学生跨专业是出于对专业的浓厚兴趣,而有些则是盲目追求热门专业。事实上,跨专业考研因为考生的专业知识积累过于薄弱,复习难度系数大,考取的难度系数大,即使勉强录取,在研究生阶段也会因"水土不服"而付出更多的时间、精力。因此,大学生一定要理性对待跨专业考研,量力而行!

(二)留学

留学分为公费留学和自费留学。有些高校通过国家留学基金委申请到的面向大学生的留学项目,多数是公费留学项目,或者半公费项目。大学生通过社会途径申请的留学基本是自费留学。留学虽然没有像考研一样的考试,但雅思或托福也是必须要通过的英语能力测试,且不同学校对其要求也不一样。

留学已然成为很多大学生首选的深造途径。不论到哪个国家留学,都必须经过"获得入学许可——申领护照——办理签证"三道手续。每道手续都会持续较长时间,而获得入学许可则需要更长的时间做各项准备,且可能无法获得许可。因此,留学更需要提前确定目标,制订计划。一入大学就着手留学准备,会有更多的机会申请更多更好的学校,甚至可以得到国家留学基金委的公费留学项目。

留学同样需要提前确定自己的留学目标专业。专业的选择既要考虑自身实际,也要考虑目标国家和目标学校的实际,以兴趣为基础,以个人和专业能力为保障,以未来的行业、职业发展为导向,确定自己的留学专业。

语言考试是进入任何一个国家学习的前提条件,也是申请入学的必要条件。不管是托福还是雅思或是其他语种的考试,都需要很长时间的系统复习,合理的"时间规划+专业的考试辅导+充分的自我准备"是获得高分的保障。而语言学习本身就应该是留学目标的一个分解目标。在这一目标的实现路径中可以制作一张任务书,以横坐标表示时间进度,纵坐标表示进度和检验结果,每过一段时间,就对复习状况进行检测并及时修正复习进度,从而达成留学的语言考试目标。

(三)参加公务员和事业单位招录考试

公务员指依法履行公职,纳入国家行政编制,由国家财政负担工资福利的工作人员。事业单位指为党政机关和国民经济、社会生活各个领域服务的,为国家创造或改善生产,增进社会福利,满足人民文化、教育、科学、卫生等方面的需要,不以为国家积累资金为直接目的的单位。

公务员和事业单位考试一般都有笔试、面试环节。笔试内容涉及《行政职业能力测试》《公共基础知识》《申论》和专业测试等。考试内容除专业测试外,其他内容均无对应的大学课程,需要大学生在日常学习生活中有意识地不断积累、丰富。此外,有考公务员和事业单位目标的大学生,还应在大学期间锻炼提高自己的组织协调、逻辑思维、公文写作等能力。

(四)企业就业

对企业来说,盈利是最根本的目的,"时间就是金钱,效率就是生命"。企业一般劳动强度较大,工作效率高,管理制度严格,对员工的要求高。因此,大学生在走上工作岗位之前,不仅要有过硬的专业技能,还要有过硬的心理素质、良好的适应能力、高效的学习能力,一定的沟通能力、协调能力。这些都需要在大学期间掌握和养成。

第三节 职业素养

一 职业素养和大学生职业素养

职业素养指职业内在的规范和要求,是我们在职业过程中表现出来的能够胜任职业的素质和能力,包括职业道德、职业意识、职业态度、职业技能、职业行为和职业作风等。职业素养与成功呈正相关关系,素养越高的人,越容易获得成功。从大学生的角度考虑,职业素养是顺利就业并胜任工作岗位要求的必要基础和前提;从用人单位考虑,职业素养是选人用人的首要因素。

根据我国高等教育的培养目标,大学生职业素养包括十个方面的内容:职业道德、职业形象、职业态度、职业技能、表达沟通、团队协作、人际交往、解决问题、学习和创新、组织管理等。

(一)职业道德

职业道德指从业者在特定的执业活动中遵循的、具有自身职业特征的道德准则和规范,在个人从业的思想和行为中表现出相对稳定的特征和倾向。职业道德的基本内容包括爱岗敬业、诚实守信、办事公道、服务群众、奉献社会等,其基本素养包括遵纪守法、严谨自律、诚实厚道、勤业精业、团结合作、任劳任怨、开拓创新等。职业道德的养成只有在职业道德的训练和实践中才能实现,因而大学生应积极参加社会实践,在实践中领悟、体会和感受职业道德,从而养成良好的职业道德。

(二)职业形象

职业形象指从业者内在和外在的整体表现。外在的职业形象指从业者的体形外貌、着装打扮、待人接物、言谈举止等他人能看得见、听得着的东西。内在的职业形象指从业者的学识、风度、气质、魅力等不能被直接看到,却能通过接触而感受到的东西。职业形象与个人职业发展紧密相关,在求职应聘、社交活动中起着关键作用。良好的职业形象对职业成功具有很好的促进作用。

(三)职业态度

职业态度是一个人对职业生涯的设想、对职业生涯的设计和对正在从事或即将从事的职业的基本看法。当代以知识经济为主要特征的社会对大学生的综合素养要求是无限的,大学生无法以有限的知识储备满足无限的社会要求,因而大学生的职业态度应对则是无限社会要求的必备素质。

(四)职业技能

职业技能是一个人运用自己的理论知识和实践经验完成具体工作任务的活动方式。大学生掌握职业技能,不仅需要课堂上老师的传授,更需要自己通过一定的实践操作和训练,因此,第二课堂至关重要。扎实的职业技能是走向职场的敲门砖。

(五)表达沟通

表达沟通能力是一个人通过听、说、读、写等思维方式,利用会议、演讲、报告、对话、信件等方式将自己的思想、观点、立场、建议用语言或文字的形式准确、清晰、恰当地表达,并说服对方接受的能力。表达能力包括语言和文字两种表达能力。沟通能力主要表现在语言方面,包括口头的和书面的。当然沟通还包括非语言方式,即身体语言,包括着装、神情、姿势、动作等。在表达沟通方面,大学生要做到能够用准确、流畅、恰当、易懂的语言表达观点、传输信息、陈述内容,能够撰写工作计划、工作总结、活动方案、学术论文、常用公函、调研报告等文书,能够准确、清晰地将自己的信息传递给对方,争取对方的理解和接纳。

(六)团队协作

团队协作能力指为达成既定的目标,团队中的个人与其他同事共同努力、和谐共事的能力,是在充分理解团队目标、组织结构、个人职责的基础上,自愿与团队中的他人相互协调配合,相互支持的能力。它包括个人善于与团队其他人沟通协调、能够扮演适当角色、勇于承担责任、乐于助人、保持团队融洽等。团队中的每个成员都必须学会服从,担起自己的责任,这是构建团队精神的基石。

(七)人际交往

人际交往指人们为了相互传递信息、交换意见、表达情感和需要等目的,运用语言、行为等方式而进行的人际联系和人际接触的过程。而人际交往能力就是向他人传递思想、感情和信息的能力。良好的人际交往能力有助于营造良好的组织氛围,而良好的组织氛围可以促进组织成员之间的沟通和交流,可以促进组织内部与组织外部成员之间的人际关系,扩大组织与社会的联系面,掌握更多的社会资源,进而有助于组织目标的顺利达成。

(八)解决问题

解决问题能力就是通过发现问题,分析问题,并运用一定的方法和技能化解矛盾的能力,包括辨识问题和采取必要的措施解决问题。在解决问题的能力中,分析判断能力十分重要。分析判断就是为解决某一问题或达成某一目标而对相关事项进行剖析、辨识、研究,从而制订合适的执行方案的过程。只有分析判断能力强,才能做到术业有专攻,技能有专长,进而成为行业精英。

(九)学习和创新

学习能力是人们在学习、工作和生活中通过向书本、他人请教而掌握新知识或技能的能力。创新能力是人们革旧布新、创造新事物的能力,包括发现问题、分析问题和解决问题,以及在解决问题的过程中进一步发现新问题,从而不断推动事物发展变化的能力。创新能力的基本构成要素是创新激情、创新思维和科技素养。

(十)组织管理

组织管理能力是指管理者根据组织既定任务和要求,运用自身知识和能力整合资源,调动组织的主动性和潜能,统筹安排,以期达成目标任务的能力,主要包括善于经营、善于管理、善于用人、善于理财等四个方面。组织管理能力是一种综合能力,主要表现为总揽全局的能力、多谋善断的能力、扬长避短的能力、果断指挥的能力、处理突发事件的能力等。组织管理能力强的人往往在工作上表现为较强的主动性和激情,具有较好的感染力和影响力,在团队中起着重要的作用,有发展潜力,更有机会成为组织的中坚力量和领导者。

二 情绪管理能力

情绪是指由一种客观事物与人的需要相互作用而产生的包括体验、生理和表情的整合性心理过程,它包含了主观体验、生理变化、表情动作和外显行为等四个方面的内容。情绪管理是一个人对自己情绪的自我认知、自我控制、自我驱策能力和对他人情绪的识别与适度反应的能力。

大学生情绪管理指大学生对自身情绪和他人情绪的认识、调节和控制,从而能够自如地驾驭情绪的能力。大学生精力充沛,思维活跃,但情绪波动也较大,因而大学生在日常学习生活中要有意识地通过对情绪智力的挖掘和培植,运用科学方法培养驾驭情绪的能力,从而确保自己建立和维护良好情绪状态。

(一)自我暗示疗法

心理暗示指个人通过语言、想象等方式,对自身施加影响的心理过程,分为积极的自我暗示和消极的自我暗示。积极的自我暗示可以让我们保持良好的心境、乐观的情绪,增强自信,从而调动自身的主观能动性,达到良好的效果。

【互动】

找一个安静的环境,心里默默地想着喜笑颜开、嘴角上扬、兴高采烈等词语和近期值得肯定的收获,我们心里就会慢慢产生一种喜悦的感觉,同时就会觉得学习、生活是美好的,是值得期待的,前途是充满阳光的。由此,情绪就会变得更积极向上,充满了继续努力前行的动力。

(二)交往调节法

与人交往的过程具有缓和情绪、抚慰心情、降低挫败感、提升自信心的作用。一个人在生活、工作、学习中,难免会遇到不如意和暂时看上去无法克服的困难。这时候,如果能够主动找到周围可以依靠的老师同学、亲戚朋友坐下来交往、谈心、倾诉,哪怕是通过网络进行交流,都远比一个人独自思索、自怨自艾好得多。

(三)注意力转移法

当我们感觉到情绪不佳、心情低落、精神不振时,需要及时地暂时放下手头的工作,选择自己喜欢的事情,做一些能让自己专心投入并能有成就感的事情,可以选择一些体育运动,如果转换一下周围的环境会更好。比如,爬山、唱歌,或者约上好友来一场说走就走的短途旅游。

南京林业大学一位学生在考研进入冲刺期时,因为英语复习不是特别充分,压力比较大,甚至每天晚上做梦都是在背英语单词。基于此,辅导员老师及时介入,建议其为自己放松两天,请假回家一趟,一方面陪陪父母,同时找自己的堂哥(研究生刚刚毕业,是一名职场新人)好好谈谈。两天后,该学生基本走出了英语复习造成的心理压力,找回了信心,找回了状态。最终,该同学顺利地考取了研究生。

(四)合理情绪疗法

美国临床心理学家阿尔伯特·埃利斯在20世纪50年代提出"理智疗法"(Rational-E-motive Therapy),即合理情绪疗法,通过驳斥个体固有的非理性的认知,以解除情绪困扰,也称之为"ABCDE"治疗模式。该疗法可以达成以下目标:自我关怀、自我指导、宽容、接受不确定性、变通性、参与、敢于尝试和自我接受。

"ABCDE"治疗模式中的 A 代表诱发事件(Activating Event);B 代表信念(Beliefs);C 代表后果(Consequences);D 代表诘难(Disputing),即对非理性的信念进行干预和抵制;E 代表效应(Effective),即用有效的理性信念或适当的情感行为替代非理性信念、适当的情感和行为。不合理的信念会导致不良的情绪反应,而我们应该努力认清自己的不合理信念,并善于用新的合理的信念代替原有的不合理的信念,这就是所谓的 D 诘难(Disputing),即用一个合理的信念来对抗原有的不合理信念,并最终改变原有信念,达成合理信念,并使我们在认知、情绪和行动上有所改善,达到情绪疗法的目的。

(五)音乐疗法

音乐可以明显影响受众的行为节奏和生理节奏,使人产生不同的生理反应,如呼吸频率、心率和脉搏的速率、血压、电位反应、运动反应、脑电波、内分泌和体内生化物质(肾上腺素、免疫球蛋白等)。音乐是一种独特的交流方式,不同的音乐可以引起各种不同的情绪反应。因此,大学生可以通过自己喜欢的音乐来调节自己的情绪。

三 人际交往能力

人际交往能力指一个人妥善处理组织内外关系的能力,包括与周围环境建立广泛联系和对外界信息的收集、转化能力,以及正确处理上下左右关系的能力。良好的人际交往能力可以帮助我们建立和维护和谐的人际关系,从而促进我们职业生涯的有序发展。人际交往能力由六方面组成(见图3-4)。

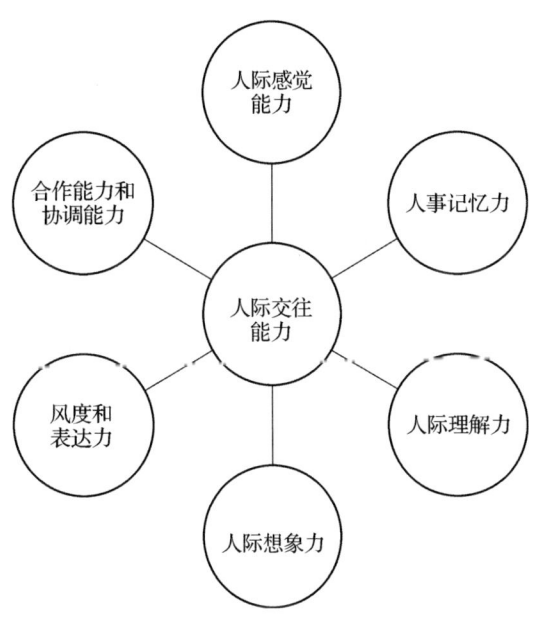

图3-4 人际交往能力构成

在进行人际交往中,应坚持一定的原则(见表3-3):

表3-3 人际交往的原则

原则	内容
尊重原则	自尊:在各种场合维护自身的尊严,尊重自己 尊重他人:尊重别人的生活习惯、兴趣爱好、人格和价值
真诚原则	胸无城府,敞开心扉,以诚待人,避免虚情假意和夸夸其谈
宽容原则	退一步海阔天空,遇事多分析自身问题,不要斤斤计较,容许别人的小问题,宽以待人
互利合作原则	双向选择,双向互动,双方互相关心、互相照顾,既考虑双方的共同利益,又考虑感情的深化
理解原则	真正理解对方的处境、心境、需要等,善解人意,设身处地为对方着想,关心对方,可能的情况下让对方能够感受到
平等原则	将心比心,换位思考,做到一视同仁,平等待人,不用有色眼光看人,不盛气凌人,不能有优越感
信用原则	言必信,行必果。守信用,言行一致。信任别人,并争取别人对自己的信任。自信,给别人信赖感和安全感。对于答应了而未做到的事情,要解释清楚,消除误解,赢得对方的理解

大学生提升人际交往能力的方法:

(一)加强修养,拓展爱好

一个品德高尚、个性稳定、兴趣广泛、待人热情的人在社会交往中往往具有较强的个人魅力。大学生在人际交往中要注意展现自身的魅力,提高自身的吸引力,加强自身的修养,拓展自身的爱好,丰富自己的内心世界,从仪表到谈吐,从形象到学识,全方面提升自己,提升自己的修养和内涵。

(二)树立良好的第一印象

第一印象在人际交往中具有重要的作用。留给别人的第一印象好,就会形成好的吸引力,并形成晕轮效应,从而影响以后的交往和关系的建立。如果给人的第一印象不好,即使以后满怀诚意,对方对你的第一印象也不会一下子改变,不利于良好的人际关系的建立。

(三)培养主动交往的意识

人们总是喜欢那些对自己感兴趣的人。主动交往会使人感到你和蔼可亲、容易接近、容易相处。大学生应培养积极主动的交往意识,在人际交往中掌握主动权,为自己创造更好的人际圈和人际氛围。主动交往主要表现在:热情待人,对别人真心感兴趣,用自己良好的心境感染人;积极主动帮助别人,通过真诚帮助为自己建立良好的印象;尊重别人,尊重别人的习惯、爱好和信仰等;学会发现别人的优点和长处,肯定别人,赞美别人;不要试图通过争论使别人发生改变;学会用婉转、和谐的方式提醒别人和指出别人的过失,不可当众指责别人。

(四)正确对待批评

"人无完人",每个人都难免犯错误,难免受到批评,而正确对待批评不仅能达到改正错误的目的,展现个人良好的人际交往能力,更能因此而在后续的工作学习中引以为戒,争取更大的进步。事实上,批评有时候就是忠言善意的劝告和提醒,是对自己的帮助和促进,因此,我们要能够正确对待批评。

真正为你指出问题的人都是你值得信赖的朋友。当别人对你提出批评时,特别是面对善意的批评时,不要急于反驳、辩解,而应该保持自然大方的表情和姿态,认真而耐心地倾听对方的批评,然后用自己的话简明地概括出他批评的大意,对照检查自己,分析自己造成这种失误的原因,勇于改正自己的缺点和错误。当然,有时候批评来得比较猛烈,方式、方法令你难以接受,但批评得很有道理,你可以试着把它理解为自己可以接受的方式、方法。这有一定的难度,但也更体现一个人的胸怀。假如因为认知不到位,因误解而被别人批评错了,你可以先表示谢意,然后再做必要的解释。

四 团队协作能力

团队是基于共同的目标而由不同的个体组成且相互合作的工作群体,它体现着一种团结合作的特征,是当今社会提高工作效率的可靠、可行和必要的方式方法。一个优秀的团队,一定符合以下特征:明确的目标,每个成员可以有不同的目的和个性,但为之奋斗的目标必须是高度一致的;清晰的角色定位和分工,每个成员明确清楚自己在团队中的定位和责任;每个成员具有为实现共同目标而所需的基本技能;成员之间相互信任,相互支持;成员之间建立良好的信息交流、情感交流的沟通渠道;合适的领导在团队中起着教练和后盾的作用,要对团队提供必要的指导和支持。

团队协作能力指建立在团队的基础之上,发挥团队精神、互相协作、人尽其才以达到团队最大工作效率和最佳工作成果的能力,主要包括人际沟通能力、责任感、团队合作精神和奉献精神等。

培养自己的团队协作能力,要努力做到以下四个方面:

(一)尊重他人和平等待人

尊重和平等是一种人生态度,是敬重他人的表现,也是保持自我个性的展现。尊重能够为团队营造出和谐融洽的氛围,使团队资源形成最大程度的共享,从而形成更加默契、紧密的团队关系,并最终使团队效益最大化,团队成员也能赢得最大的成功。

(二)欣赏他人和保持宽容

每个人身上都有闪光点,都有值得别人借鉴和学习的地方,"他山之石,可以攻玉"。一方面,我们要学会挖掘、欣赏、学习团队成员的优点和长处,保持一颗适度谦虚之心;另一方面,我们要学会通过别人的缺点和不足比照自身,有则改之无则加勉,同时忽略别人的缺点,保持宽容,互敬互重。

（三）彼此沟通和相互信任

团队是一个相互协作的群体，没有信任，就没有协作；没有协作，就没有团队的成功。因此，团队成员之间必须建立相互信任的和谐关系，而信任的前提则是必要的沟通。对于一个团队来说，沟通是最基本的要求，信任是成功的前提。

（四）负责和团队利益至上

负责就是敢于担当，对自己负责，更要对团队负责，对团队成员负责，并将这一负责精神落实到每一项具体工作中。个人是团队的个人，团队是每个人的团队，团队的荣辱与每个人休戚相关，每个人都有不可推卸的责任。因此，我们要有整体意识、大局意识、全局观念、集体观念，要首先考虑整个团队的利益和需要，必要时舍小为大，不遗余力地为整个团队的目标而共同努力。

五 专业技能

每位大学生都有一个明确的专业，而专业技能就是大学生所学专业的技术能力，主要指大学生运用所学专业的理论知识解决专业领域实际问题的实践能力。大学生的专业技能主要通过大学期间所学专业的理论教学课程和实践教学环节获得。

比尔·盖茨认为优秀员工的必要素质之一就是"具有远见卓识，并不断提高专业知识和技能"。事实上，过硬的专业技能可以让自己在职场中立于不败之地。因此，对我们每位大学生而言，学好专业，是走向职业成功的前提和基础。

（一）熟知专业和爱上专业

大学的专业设置是根据国家发展和社会需要设立的，存在就有必然性和需要性，每个专业都有自己对应的岗位需求。进入大学后，大学生需要尽快熟知自己的专业，喜欢上自己的专业，并在一年级就根据自己制订的职业发展目标，详细规划大学期间专业学习的目标和实施路径。

（二）学好并夯实专业知识

专业知识不是一朝一夕能够学完的，需要长期坚持和不懈努力。专业知识的学习具有课程体系上的递进性，只有学好专业基础课程，才能最终学好专业知识。专业课程的学习贯穿整个大学期间，需要四年乃至更长的时间才能系统掌握较为全面的专业理论知识体系。

（三）利用实践机会提升专业实操能力

大学生走上工作岗位后，就从学生角色转变为员工角色，工作后考验的更多的是一个人的工作能力而非学习能力。而工作能力在专业技能上则表现为运用所学专业知识解决工作中的实际问题。因此，大学生在学好专业知识的同时，必须充分利用专业实践教学的机会，将知识转化为实际应用，能够尝试解决实际问题。此外，大学生还应该积极利用学校和自己的人脉资源，利用假期到相关企事业单位进行短期实习工作，积累实践经验，掌握专业应用技能。

六 求职技能

求职技能主要包括正确的择业心态、求职材料的准备、面试技巧等。求职技能在第三部分的《就业指导》中有详细的讲解,可到相关章节学习。

参考文献:

[1] 汤帮耀.大学生职业目标教育实施方略研究[J].高等农业教育,2012(6):63-65.
[2] 程玮,刘鑫.大学生职业生涯规划与发展[M].北京:科学出版社,2018.
[3] 罗淼.大学生职业生涯发展与规划[M].北京:科学出版社,2016.
[4] 李慧波.你规划自己的职业生涯了吗?[J].化工管理,2006(6):70-71.
[5] 杨铎.高校辅导员职业路径拓展研究[D].天津:天津科技大学,2018.
[6] 林艳.当代大学生情绪管理机制研究[J].成功(教育),2011(6):38-39.
[7] 赵俊萍.论当代大学生的情绪管理[J].太原大学教育学院学报,2008(4):13-15.
[8] 吴军.浅析大学生人际交往能力的培养[J].教育理论与实践,2010(3):59-60.
[9] 朱伟峰.论大学生团队协作能力培养[J].中国人才,2010(19):53-54.

第四章 生涯实践

第一节 撰写职业发展规划书

一 重要性分析

美国作家艾米丽·埃斯法哈尼·史密斯说:"人生意义的四大支柱是归属感、目的性、超然和说故事。"职业发展规划书有力地呈现了人生意义的第二大支柱"目的性"。引导学生思考"我应该做什么""我应该怎么做"。大学以前,很多学生的"目的性"在于考上一所好大学,在这个目标的指引下,他们挑灯夜战、奋笔疾书、孜孜不倦、顽强拼搏。进入大学以后,陌生的环境让人惴惴不安,新鲜的事物让人眼花缭乱,自由的空气让人跃跃欲试,理想和现实的差距让人黯然神伤,繁重的课业让人应接不暇,对未来的迷茫让人不知所措。同一起跑线的不同人,在经过大学的洗礼后,有的成了学者继续深造,有的进入了企业发光发亮,有的创立了公司白手起家,有的进入了军队保卫国家;然而,还有一批人,他们耽误了学业不能毕业,弱化了技能不能就业,磨灭了激情不想择业。此时,职业规划课老师引导学生进行自主、深刻的生涯规划就显得十分重要,它能帮助学生在混乱中寻找章法、在躁动中静心思考、在自省中自立自强。

明代思想家朱柏庐在《治家格言》中说:"宜未雨而绸缪,勿临渴而掘井。"《礼记·中庸》言:"凡事预则立,不预则废。言前定则不跲,事前定则不困,行前定则不疚,道前定则不穷。"人生中的许多决策和选择,都要事先做好规划,慢慢积蓄力量,否则就很难成功。职业发展也是如此,提前进行合理有效的规划能够帮助个人更好、更快地成长。职业发展规划书是个人发展成长的指南针,是以书面文字的形式,通过结合自身实际、认识就业形势、厘清职业目标、制订可行性方案、付诸实践活动,将个人职业发展的路径进行分析和设计的过程。一篇行之有效的职业发展规划书,有助于学生在自我认知、外界认知的基础上,探索和定位职业兴趣,规划和实现职业发展路径。

有的学生认为,职业发展规划是主观的概念,不需要用语言文字和逻辑思维记录下来,只需要在脑海中"我想过""我知道"。"临渊羡鱼,不如退而结网",脑海中的规划空想就像触不可及的蓝天白云。只有虔诚地将规划落在纸上,你才能真正地思考,"看山才是山,看水才是水"。在撰写职业发展规划书的过程中,需要不断行动、反复实践,对自我探索越深入,对外界认知越清晰,规划实现的可行性才能越高。通过对职业发展规划书层层递进的完善和优化,推进规划书中的各项内容落地生根,进而促进学生自主思考、自我成长。

二 内容解构

一份完整的职业发展规划书,应该包括以下八项内容:

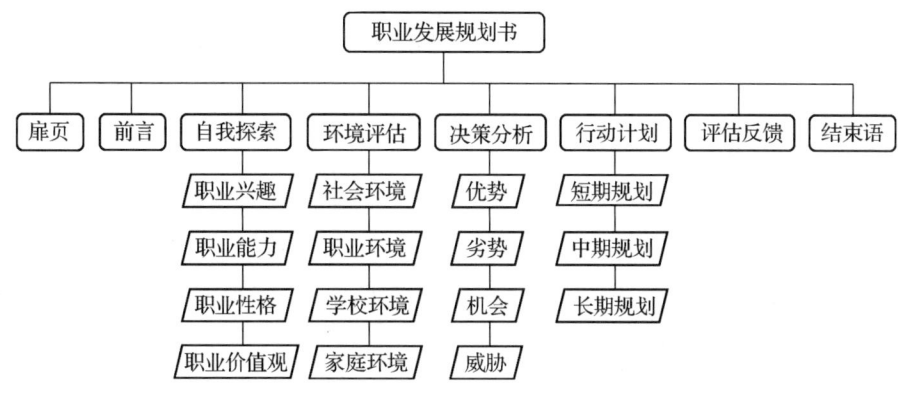

图4-1 职业发展规划书组成示意图

(一)扉页

扉页主要介绍个人的基本信息,如题目、学校、学院、专业、姓名、性别、政治面貌、籍贯、联系方式、邮箱、指导教师等。可以添加独特的背景图案,如表现蓬勃生机的朝阳,表现热情积极的向日葵等。

(二)前言

前言是职业发展规划书中不可或缺的部分,好的开头引人入胜。在前言中,以简短的篇幅介绍职业发展规划书的撰写背景和目的,表达个人思考职业发展的原动力。

(三)自我探索

通过自身、他人和测评工具等多个方面对自我进行全面、客观、深入的探索。

1. 我喜欢做什么——发掘职业兴趣

约翰·霍兰德是美国约翰·霍普金斯大学心理学教授,美国著名的职业指导专家。他于1959年提出了具有广泛社会影响的职业兴趣理论,认为人的人格、兴趣与职业存在很高的相关性。霍兰德职业兴趣量表将职业与兴趣做出了某种较为直接的关联,一个人儿时或现在的兴趣点到底能够变成哪些实际的职业?霍兰德职业兴趣测试将给出答案。(霍兰德职业兴趣测试网址:http://www.apesk.com/holland2/)

职业兴趣是职业选择中最重要的因素,是一种强大的精神力量。职业兴趣测验可以帮助个人明确主观性向,影响其对职业的满意程度。当所从事的职业和职业兴趣类型匹配时,人的潜能可以得到最大限度发挥。作为缺乏职业经验的大学生,在霍兰德的职业兴趣测试的帮助下,可以在纷繁芜杂的职业机会中寻找最适合自己的职业,避免盲目从众、茫然选择,做好职业发展规划,进行职业调整,从整体上认识和发展职业能力。

2. 我能够干什么——定位职业能力

职业能力是多种能力的综合,可以分为:一般职业能力、专业能力和综合能力。在日常生活和职业活动中,人的职业能力存在个体差异性,有的人善于沟通表达,有的人善于运用专业技术知识,有的人善于协调人际关系,有的人善于做好服务支持工作,每个人都有独一无二的能力结构。职业的多样性,决定了对从业者能力需求的多样性。职业能力倾向测试是通过一组科学编排的测试题,对个人的言语、数学、空间判断、观察细节、书写、运动协调、动手、社会交往和组织管理等能力进行综合测评。(职业能力倾向测试网址:https://types.yuzeli.com/survey/careerability)

职业能力倾向测试是个人进行自我探索、明确自身能力特点的工具。多角度、专业化的职业评测维度可以帮助测评者提高个人的工作技能、职场竞争力。同时,它也是企事业单位招聘、选拔、培养各类人才的常用工具,有利于他们合理地应用职业评测报告结果人岗匹配,实现企业、个人的利益最大化。

3. 我适合干什么——培养职业性格

人的性格千差万别,有的沉着冷静,有的热情外向,有的羞怯内向,有的火爆急躁。职业心理学的研究表明,不同职业对性格有各异的要求,个人可以根据自己的职业倾向来培养、发展相应的职业性格。MBTI职业性格特征测评以瑞士心理学家卡尔·荣格的心理类型理论为基础,通过了解个人在做事、获取信息、决策等方面的偏好,从四个角度对人进行判断和分析。(MBTI职业性格测试网址:http://www.welefen.com/lab/mbti/)

MBTI职业性格测试可以帮助解释为什么不同的人对不同的事物感兴趣,擅长不同的工作,并且有时不能互相理解。这个工具在世界上已经被运用了几十年的时间,夫妻利用它增进感情,老师利用它提高授课效率,青年人利用它进行职业规划,企事业单位利用它改善人际关系、加强团队沟通、组织建设、组织诊断等。在世界500强企业中,有80%的企业有MBTI的应用经验。

4. 我看重什么——确定职业价值观

职业锚测试理论是美国著名职业指导专家、麻省理工学院施恩教授1978年在多年理论研究和实践的基础上分析总结出来的,能帮助我们探索自身的能力、动机和价值观。职业锚是个人选择和发展职业时紧紧围绕的中心,是在必须做出选择时,无论如何都不会放弃的职业中至关重要的东西或价值观。这是个人通过工作实践并结合自身动机、价值观、才干等多方面因素而逐渐确定形成的,是个人同环境互动的产物。(职业锚测试网址:http://www.apesk.com/careeranchor/)

职业锚(职业定位)测评是职业规划、职业测评领域运用最广泛、最有效的工具之一。它有助于了解个人的职业追求与抱负,了解个人对薪酬、工作环境、工作发展等方面的需求,对个人确定长远职业目标和方向、职业发展路径、自身角色定位等方面有很大的帮助。

（四）环境评估

个人的发展与大环境紧密相连，因此发展个人的职业生涯，一定要深入分析和评估外部世界的特点、变化趋势等，它主要包括社会环境、职业环境、学校环境和家庭环境。

1. 社会环境

通过大数据时代的"互联网+"平台，学习了解现阶段社会最新的就业形势、就业政策等，匹配社会发展需求，让个人的规划与时俱进。

2. 职业环境

通过暑期实习、走访调研、校友访谈等方式，对意向职业所在的行业、岗位进行深入分析和体验，包括行业发展前景、人力资源要求、企业文化氛围、工作方式方法等方面，让个人的成长与社会接轨。

3. 学校环境

利用学校的学科建设、专业优势、实践平台、校友网络等，搭建"学校—学院—专业—个人"的多级成长平台，以所学助所想，以所得助所长。

4. 家庭环境

合理利用家庭资源，向有能力、有经验、有想法的家庭成员多多请教，学习和传承优秀的方式方法，以亲密的榜样效应，助推个人进步。

（五）决策分析

决策分析的常用方法是 SWOT 分析，其中 S (Strengths)是优势、W (Weaknesses)是劣势，O (Opportunities)是机会、T (Threats)是威胁。它是基于内外部竞争环境和竞争条件下的态势分析，是将与研究对象密切相关的各种主要内部优势、劣势和外部的机会和威胁等，通过调查列举出来，并依照矩阵形式排列，然后用系统分析的思想，把各种因素相互匹配起来加以分析，从中得出一系列相应的结论，而结论通常带有一定的决策性。作为当代大学生，运用 SWOT 分析法对自己所处的情景进行全面、系统、准确的研究，及时发现优点缺点，才能准确定位，找准适合自己的发展路径，把握好人生的方向标。

当然，也可以有其他方法帮忙做出决策。台湾知名生涯教育专家黄素菲提出"生涯吸引子"概念。就像女孩子会被漂亮的衣服吸引，男孩子会被帅气的坦克吸引，地球会被太阳吸引，"万有引力"在生命故事中也现实存在。生命有无数个细胞反复出现，生命故事也有无数个生涯吸引子反复呈现。这些稳定的、反复出现的、吸引个体关注的力量就是生涯吸引子。通过生活经验中的吸引力来获得生活的意义感，进而做出影响生涯发展的决策。

【训练工坊】

通过一对一的访问，发现你生命中的"吸引子"：

1. 角色楷模

成长过程中,谁是你佩服的人?谁是你心目中的英雄?在你3～6岁之间,除了你的父母之外,如果有三个你最欣赏的人,会是谁?他们可以是你认识或不认识的真实人物,也可以是虚构的超级英雄或是卡通人物,或是书本、漫画、电影、网络、电玩等中的人物。

2. 最喜欢的故事

最近在你看过的书本或电影中,有你最喜欢的故事吗?告诉我是什么故事?你喜欢其中的什么?可能有些人会说搞笑片、漫画、卡通或童话,仍然可以一试。至少要说四到五句,否则可能会错失文本中的重要元素。

3. 座右铭

你最喜欢的座右铭是什么?你有生活格言吗?曾经陪伴你度过低潮的励志名言是什么?书店中写上什么话语的卡片会吸引你?

通过一对一的访谈,你可以发现个体在日常生活中的重复单元,它们殊途同归,它们异中有同,它们事出有因,它们万宗归一,它们看似盘根错节却乱中有序。"吸引子法则"能掌控人的知觉和照亮潜在的可能性,能看出其重复出现、堆叠、累积出的生涯决策倾向。你看似不经意的一项决策、一个动作,也许是蓄谋已久、一气呵成的。这都需要你在日常生活中不断探索、积累、加固、进步!

（六）行动计划

根据自我探索和外界探索的结果,确定匹配自身发展需求的目标并制订相应的计划。考虑到不同的时间段和目标的实现度,应当设立总目标和分阶段目标,设定行之有效的短期规划、中期规划和长期规划,包括受教育程度、社会实践频次、培训预期效果等。

（七）评估反馈

计划的实施不一定会完全按照职业发展规划书中写得那样一帆风顺,实施的过程需要不断地反馈、优化和调整。这就要求个人要以认真严肃的态度、积极向上的姿态、不厌其烦的精神,对职业发展规划书的点点滴滴进行修订,包括职业目标的重新选择、实施措施的重新思考等。

（八）结束语

结束语是职业发展规划书的总结性陈述,用简短的篇幅表达撰写规划书过程中的所思、所想、所感、所悟,既是对自身的总结反思、对未来的期待,又是对自身的勉励,鞭策自己用身体力行去践行规划书中的一字一句。

三 案例示范

为更具体地展示如何进行职业发展规划、如何撰写职业发展规划书,现选取一份职业发展规划书模板,示范如下:

（一）扉页

题目:"我们都是追梦人"

学校:南京林业大学

学院:理学院

专业:高分子材料与工程

姓名:陈某某

性别:男

政治面貌:党员

籍贯:四川成都

联系方式:138××××9811

邮箱:chenmoumou@njfu.edu.cn

指导老师:顾某某

座右铭:青春须早为,岂能长少年!

(二)前言

古罗马哲学家塞内卡说:"如果我不知道要驶向哪个港口,就没有任何风向适合我。"当我们知道要去往哪个港口时,我们才能为此拼尽全力。职业规划就是这样一种将现实、理想紧密结合的管理艺术。作为一名大学生,制订适合自己的职业发展规划书是必要且重要的。倘若带着一脸茫然,踏进社会的洪流中,又如何争取一席之地呢?职业发展规划就是对美好明天的期待,从现在起,奋力奔跑,仔细描绘生命这张白纸,努力规划人生这条路!

(三)自我探索

1. 职业兴趣

根据霍兰德职业兴趣测试,我发现自己属于传统型(C)、社会型(S)、企业型(E)。

传统型(C):基本的倾向是顺从、谨慎、保守、实际、稳重、有效率、善于自我控制。喜欢从事记录、整理档案资料、操作办公机械、处理数据资料等有系统、有条理的活动,具备文书、算术等能力。适合从事的典型职业包括事务员、会计师、银行职员等。

社会型(S):基本的倾向是合作、友善、助人、负责任、圆滑、善于社交言谈、善解人意等。喜欢社会交往,关心社会问题,具有教育能力、与人相处等人际关系方面的能力。适合从事的典型职业有教师、公务员、社会工作者等以与人接触为中介的社会服务型的工作。

企业型(E):基本的倾向是喜欢冒险、精力充沛、善于社交、自信心强。强烈关注目标的追求,喜欢从事为获得利益而操纵、驱动他人的活动。由于具备优秀的主导性和对人说服、接触的能力,特别适合从事领导工作或企业经营管理的职业。

2. 职业能力

根据职业能力倾向测试,我发现自己最擅长的是组织管理能力(M)、言语能力(V)、社会交往能力(R)。

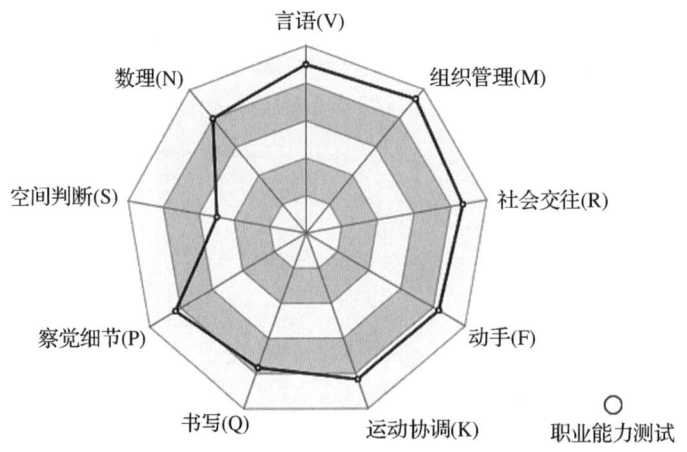

图 4-2 陈某某的职业能力测试结果

3. 职业性格

根据 MBTI 职业性格测试,我发现自己属于 INFJ 博爱型——基于博爱的理想,设身处地地关怀他人。

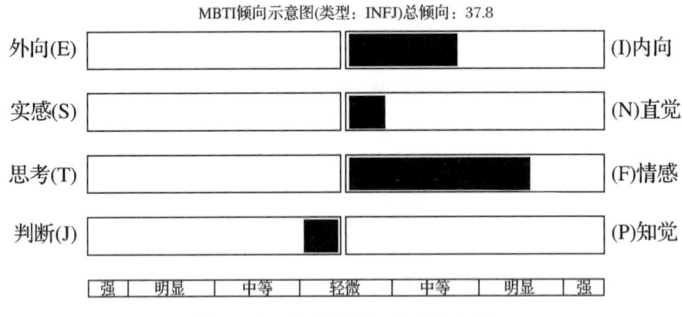

图 4-3 陈某某的 MBTI 图形

1) 博爱型的优势

你有计划、有条理,喜欢遵照固有的模式处理问题,乐于探求独特的方式以获得有意义的发展。你通过认同和赞扬与别人进行沟通,具有很强的说服力,你可以成为伟大的领导者。

你喜欢独处,性格复杂,有深度,是独立的思考者。你忠诚、有责任心,喜欢解决问题,通常在认真思考之后行动。你在同一时间内只专注一件事情。

你有敏锐的洞察力,相信灵感,努力寻求生活的意义和事件的内在联系。你有坚定的原则,就算被别人怀疑,也相信自己的想法和决定,依靠坚韧不拔取得成功。

他人能随时体会到你的善良和体贴,但不太了解你,因为你总是做得含蓄和复杂。事实上你非常重感情,忠于自我价值观,有强烈的愿望为大家做贡献。有时候你也很紧张和敏感,但表现得深藏不露。你倾向于拥有小范围的而深长久远的友谊。

2) 博爱型的劣势

你的完美和固执,使你容易走极端。一旦决定后,拒绝改变,并抵制那些与你的价值观相冲突的想法,以至于变得没有远见。你专注地追求一个理想,不会听取别人的客观意见,因为你认为自己的地位是不容置疑的。

你总是探寻事情的意义和价值,过于专注各种想法,会显得不切实际,而且经常会忽视一些常规的细节。你需要留意周围的情况,并学会运用已被证实的信息,这样可以帮助你更好地在现实世界中发挥你的创造性思维。

你敏感,非常关注个人的感受和他人的反应,对任何批评都很介意,甚至会视其为人身攻击。对你来讲,你需要客观地认识自己和周围人的关系,更好地促进事情向正面转化。

4. 职业价值观

根据职业锚测试,我发现自己属于技术职能型(TF)、自主独立型(AU)、安全稳定型(SE)。

技术职能型(TF):对工作有专长和强烈兴趣,注重工作的专业化,适合做技术主管和职能部门经理;自主独立型(AU):喜欢能发挥所长、自主性高的工作,适合做教师、咨询顾问、研发人员;安全稳定型(SE):喜欢稳定、可控的工作,适合做银行职员、公务员。

(四)环境评估

1. 社会环境

目前,我国大学生毕业人数逐年增多,社会对大学生的需求量趋于饱和。技术型人员缺失严重,经济型人员"供过于求",社会需求与高等教育培训存在不对等的偏差,使得社会职业匹配度不高,大学生就业率、就业质量难以保证。大学生就业面临困境,前景不容乐观。就我的专业高分子材料与工程来看,目前,处于成长期的我国高分子人才市场正慢慢步入正轨,企业对新产品、新技术的需求被更多地重视,这一市场对专业人才的需求将大幅增加。

2. 职业环境

高分子材料在新世纪的发展空间很大,人们都在寻找更好的材料来优化生活质量,比如现在流行的3D打印技术。就目前来看,材料专业就业前景还是比较乐观的。该专业主要从事高分子材料的研发与应用,以及一些与化学相关的职业,总的来说就业范围还是挺广的。并且,与以往热门的专业相比,该专业人才并没有出现过度饱和,相比之下机会较多。

3. 学校环境

我的母校坐落于风景秀丽的紫金山麓、碧波荡漾的玄武湖畔,是中央与地方共建的省属重点高校,于2017年入选国家"双一流"建设高校名单。在百余年发展历程中,我校不断深化教育教学改革,继承发扬了艰苦创业的光荣传统,形成了"团结、朴实、勤奋、进取"的校风和"诚朴雄伟、树木树人"的校训。同时,学校师资力量雄厚,图书馆学习资源丰富,教室、实验室等硬件设施齐全,为我们学习专业知识奠定了坚实的基础。

4. 家庭环境

我生在四川,但是在外地长大。5岁之前在广州生活,5岁之后跟随父母到新疆。周围没有很多亲戚朋友,但是有很多相熟的老乡。生活环境多次变化,但总有父母的陪伴,渐渐提高了我的适应能力。家庭氛围温馨和谐,我的童年过得十分快乐,养成了乐观开朗的性格。家庭经济能力较好,父亲从小培养我的责任心,母亲是老师,教育我为人处事的道理。我的家乡四川省成都市自古享有"天府之国"的美誉,是西部地区重要的中心城市,国家重要的高新技术产业基地、商贸物流中心和综合交通枢纽。

(五)决策分析

1. SWOT 分析

表 4-1 陈某某的SWOT分析表

内部因素	外部因素	
	外部机遇 Opportunities 作为新兴产业,本专业毕业生有广阔的就业渠道,就业领域广泛,就业相对容易。	外部挑战 Threats 就业形势严峻,竞争激烈,企业要求越来越高。
内部优势 Strengths 有计划、有条理;有责任心;专注;有敏锐的洞察力;积极乐观;坚韧不拔;良好的组织能力。	优势-机遇 SO 在学校继续努力学习,提高自己的竞争力;多参加企业的招聘活动,积累经验。	优势-挑战 ST 在学习期间,克服外界的诱惑打扰,避免受到不良事物的影响,努力在竞争中脱颖而出。
内部劣势 Weaknesses 个性不强较低调;敏感,对任何批评都很介意;执行力不足;做事慢条斯理。	劣势-机遇 WO 虽然就业前景较好,但对求职者要求高,需要正视自身不足,加倍努力。	劣势-挑战 WT 多参加社会实践,构建良好的人际交往网络,提高工作推进效率。

2. 职业目标

掌握化学工艺、材料科学方面的专业知识和技术,成为在高分子成型加工领域从事生产、应用、开发及管理的高级技术应用型专门人才。就业领域是塑料、橡胶、化学建材成型加工企业、玩具等轻工企业以及化学纤维生产企业,从事成型加工工艺设计、生产运行管理、产品质量检测及生产技术管理等工作。

(六)行动计划

1. 短期规划(大学四年)

1) 大一期间

快速调整状态,适应大学学习和生活:在学习方面,学分绩点位列班级前10%,大学英语四级考试笔试获得 600 分、口试 A 级，争取通过全国计算机等级考试、普通话等级考试；在拓展能力方面，积极加入学生社团，参加社会实践活动，培养综合能力，关注新闻时事，开阔视野，保持好奇心，积累丰富的百科知识；在身体素质方面，坚持跑步和打篮球，增强体质的同时拓展朋友圈。

2）大二期间

保持平和心态，享受大学生活：在学习方面，争取高额奖学金（国家奖学金、江苏省"三好学生"等），大学英语六级考试笔试获得 550 分、口试 A 级，争取通过江苏计算机等级考试、CAD 等级考试；在拓展能力方面，参加大学生创新训练项目，熟悉实验操作等，在社团竞聘部长以进一步锻炼能力，坚持阅读；在身体素质方面，坚持跑步，参加篮球系列赛事，感受竞技体育精神。

3）大三期间

保持向上的进取心：在学习方面，深入学习专业课知识，学会撰写学术论文等，准备复习考研，争取在全国大学生英语竞赛中获奖，拿下中级口译证书；在拓展能力方面，带领团队完成大学生创新训练项目，在社团竞聘主要负责人，利用暑假到企业实习，提高实践能力；在身体素质方面，依然坚持跑步，在健康作息的同时缓解进步过程中产生的压力。

4）大四期间

珍惜时光：大学的最后一年努力考研，兼顾好学业、复习、生活之间的关系，保持良好的心态，不骄不躁，多向师长请教；积极完成毕业设计，将专业知识运用到实际中，认真撰写毕业论文，以优异的成绩毕业。

2. 中期规划（毕业后五年）

争取考上四川大学高分子材料与工程专业研究生。在研究生的三年时间里，刻苦学习，提高专业知识储备，熟悉专业知识技能，努力成为高分子专业的人才。硕士毕业后进入四川的高新技术企业，从零开始，完成从校园到社会的进阶，积攒宝贵的一线工作经历，熟悉高分子材料行业的市场行情。

3. 长期规划（毕业五年后）

在适合自己的工作岗位上努力奋斗，不断追求进步，争取更上一层楼，拥有不错的工作业绩与待遇，能成为行业内的专门人才。同时，顺应时代发展，寻找可能的创业机会，研发新产品，做对环保有益的材料科研工作者，踏踏实实走好每一步。

（七）评估反馈

理想的状态是通过大学四年提高综合素质，通过研究生三年逐步走向专业化，通过相关的一线工作经历锻炼学以致用的能力，通过融会贯通的创新实现材料科研工作者的环保理想。但考研如千军万马过独木桥，竞争激烈。倘若考研没有成功，我会选择在本科毕业之后寻找与化学相关的工作，在工作的同时准备在职考研究生的。工作加学习，时间会很紧凑，过程会很辛苦，但奋斗的青春最美丽。

（八）结束语

通过这次系统全面的职业发展规划，我明白了如何在人生道路上步履坚定，如何在困难中坚持直至柳暗花明，如何使青春张弛有度，如何让未来清晰可见……"我们都在努力奔跑，我们都是追梦人。"作为新时代的青年，我有理想、有本领、有担当，未来的日子充满了机遇和挑战，我会谨记母校"团结、朴实、勤奋、进取"的校风，昂扬斗志，一路披荆斩棘，向着美好的明天前进。

第二节　职场人物访谈

一　意义阐述

对于大学生来说，了解未知职场的方法大多是通过网络检索，这种方法简单易操作，但真实性、可靠性都没有保证。能获取职场真实信息的方法还有实习、参观等，但耗时长、机会少、竞争激烈。那么，有没有性价比较高的职业探索方法？有，那就是职场人物访谈。职场人物访谈是通过对自己感兴趣领域内的职场人物进行访谈，从中获取关于行业、职业、岗位、单位等方面无法从大众传媒获取的深入且个性化的"内部"信息，以"过来人的经验教训"，帮助学生树立适当的职场目标，做出明智的生涯决策。职场人物访谈是一次间接、快速、高效的职业探索活动，对学生的意义在于：

（一）对标学习榜样

职场人物访谈的对象通常都是学生心向往之的榜样，通过与榜样的亲密对话，固定精神上的崇拜，坚定理想上的追求，深化行动上的作为，以榜样的力量督促自己前行。

（二）获取有效信息

职场人物访谈的内容都是直接的、真实的、及时的、深刻的，可以帮助学生增加对目标职业的认识，检验其他信息渠道的真实性，了解与就业相关的特殊需要，如入职标准、发展空间、素质能力、福利待遇等，获取最新的、最有效的信息，以做好应对的准备。

（三）提升职业能力

访谈的过程，是需要充分准备的过程，是主动沟通的过程，是相互交流的过程，是需要随机应变的过程，是不断理解、深入、总结和调适的过程。这对学生的综合能力有很大的锻炼和提升，有助于学生快速适应职场，有目的地培养综合能力。

（四）积攒人脉资源

通过现有的人际关系(师生、校友、亲戚、朋友等)开展职场人物访谈，在访谈的过程中逐步靠近自己感兴趣的领域，以辐射效应为入口，打开更多的信息和资源之门，积攒宝贵的人脉资源，拓展未来发展的可能和通道。

二 流程介绍

职场人物访谈的流程包括以下六个部分:

(一) 确定访谈对象

根据自我探索的结果,结合个人的教育背景、能力兴趣等职业知识,罗列出 3 到 5 个将来可能从事的职业,在每个职业领域中选取 3 位工作时间较长、行业经验较丰富的在职人士,作为职场人物访谈的对象。访谈对象的确定可以由近及远,越熟悉越好谈,越好谈越有用:首先邀请的是亲人、师长、关系要好的朋友,情感的羁绊有助于经验的分享;其次邀请的是关系不特别亲近但能联系得到的人,如有过几面之缘的学长学姐、在某个社交场合结识的朋友等;最后的受邀对象可以是朋友的朋友,也可以是与目标职业领域相关的对象,如在大型同学会或公司网站上寻找职场人士。正式访谈前,对访谈对象的信息掌握得越全面越好,以便在访谈的过程中与受访者相谈甚欢,产生共鸣,如对姓名、职务、公司名称等基本信息必须耳熟能详,对研究方向、文章论据等个人观点要尽可能地收集熟悉。

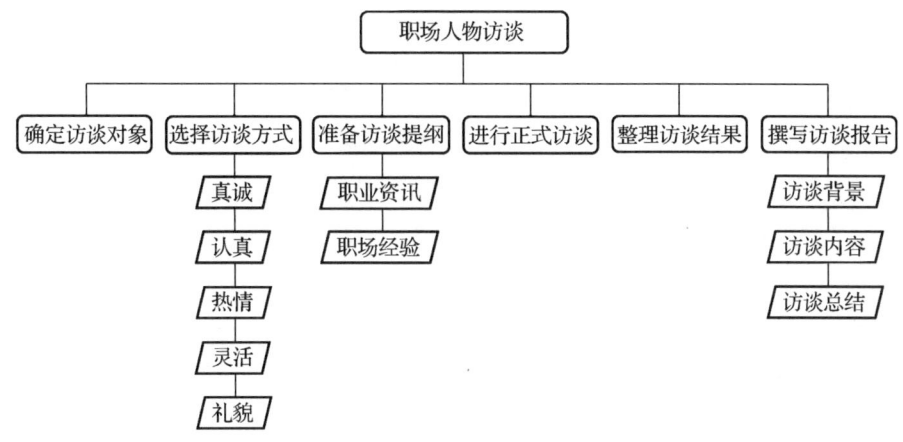

图 4-4 职场人物访谈流程示意图

(二) 选择访谈方式

预约访谈人物是职场人物访谈很重要的环节。让访谈对象心甘情愿地接受访谈,要做到以下五点:要真诚,说明访谈的用意;要认真,准备相关的基础信息;要热情,表达"非你不可"的决心;要灵活,见机行事、随机应变;要礼貌,留下良好的第一印象。正式的预约方式首选短信,其次是电子邮件、电话。预约内容包括:自我介绍、说明找到访谈人物的途径、访谈目的、感兴趣的工作类型、访谈时间、简要介绍访谈内容,也可以通过电子邮件提前发送访谈提纲。

结合双方的实际情况,选择适合的访谈方式,如面对面访谈、书面访谈(电子邮件、QQ、微信等)和电话访谈,整体时间一般控制在 20 到 30 分钟为宜。如果访谈对象能和你见面,要表示感谢并确认访谈的日期、时间和地点;如果访谈对象不能和你见面,要继续商量其他访谈形式,如电话访谈,或以电子邮件方式发送访谈提纲请其答疑解惑。

(三) 准备访谈提纲

职场人物访谈的内容主要包括职业资讯和职场经验两个方面。访谈的提纲和要点，在预约访谈人物之前就可以开始准备了，在跟具体的访谈对象约定好时间、地点、形式后，可以结合目标职业信息设计访谈的问题清单，以便在正式开始访谈之后，快速进入角色。

1. 职业资讯

例如，工作性质、任务或内容；工作环境；所需的教育背景、培训或经历；所需的资格和技能；薪资待遇；工作时长、状态；就业机会；晋升机会；企业文化、组织架构；未来发展前景等。

2. 职场经验

例如，选择该职业的决策过程；职业生涯发展历程；工作心得、乐趣和难点；对工作的态度和看法；获得成功需要付出的努力；未来的规划；对进入该职业的意见、建议等。

以上示例仅供参考，具体问题要根据自身和职场人物的具体情况进行设计。设计的问题可以封闭式为主、开放式为辅，设计语言尽量口语化，简单易懂，这样既能节约时间，又能得到想要的答案。

(四) 进行正式访谈

访谈者可以用一些有趣的内容打开话题，营造良好的沟通氛围，随后就可以按照提纲开始访谈了。为保证访谈内容的真实性、有效性，要尽量保持访谈环境的安静，太过喧嚣、太过隐秘都不合适。为促进访谈的深入，可以采用"共情"，以自身的案例和事实输出博取对方的信任。为保护受访者的隐私，不能在任何场合公开个人的基本信息。如果遇到受访者谈兴正浓，访谈者要乐于倾听。根据实际情况，灵活调整问题，如果遇到感兴趣的问题，可以适时追问。

在访谈结束时，请受访者推荐其他相关的职场人物，以便于以"滚雪球"的方式拓展职业认知领域；可以赠送小礼物给受访者以示感谢，也可向受访者反馈自己的访谈收获。总而言之，进行职场人物访谈的原则是真诚、尊重、用心。

(五) 整理访谈结果

若受访者不止一人，在完成对其的访谈后，可以对不同人物之间的观点进行横向比较，对照之前的认识进行比较，找出主观认识与客观现实之间的差距。通过总结提炼，明确相关行业的组织信息；通过比对职业生涯规划，甄别自己是否具备职业发展所需的知识、能力和品质，判断现实的工作环境是否匹配理想的期待，进而进一步修订自我培养计划。

如果访谈结果与自己的认知出现严重脱节，就要进入另一个职业领域开展新一轮职场人物访谈和职业探索。如果发现不同访谈对象的观点在重要方面存在不一致，可以通过其他方法对疑点进行验证。如寻找更多的职场人物进行访谈，或通过其他职业探索的方法获取更多的资料，补充职业信息。

(六) 撰写访谈报告

在完成对职场人物的访谈之后，要及时整理访谈过程中的文字记录、语音记录、影像记录等资料,结合访谈前后搜集的资料和访谈心得,整理撰写职场人物访谈报告。访谈报告主要包括:一是访谈背景,包括访谈对象的姓名、工作单位、职务、与访谈者的关系、访谈方式等;二是访谈内容,主要是根据访谈提纲开展的谈话内容;三是访谈总结,将访谈全过程中的心得体会加以凝练总结,启发对职场选择的思考。

三 报告示范

为更生动地展示如何开展职场人物访谈、如何撰写职场人物访谈报告,现选取一份职场人物访谈报告模板,示范如下:

(一)访谈背景

访谈者姓名:贾某某

访谈对象姓名:韩某某

与访谈者关系:表兄弟

访谈时间:2017年10月

访谈方式:微信访谈

访谈人物简介:韩某某,男,汉族,25岁,新疆和田人,中共党员。2015年毕业于延安大学,专业是应用物理学,在校期间成绩一般,但人际交往能力、组织管理能力、语言表达能力较强。在校期间先后担任班长、社团负责人等职务,毕业前参加国家公务员考试,顺利考取国家公务员。

(二)访谈内容

问:表哥,你大学学的是应用物理学专业,为什么毕业后选择考公务员?

答:应用物理学本科阶段是一门纯理论学科,本科就业情况不是很乐观。继续深造的话,考研方向就细分为光学、声学、无线电物理等,就业情况相对好一些。简单来说,就是物理学专业对口的工作很少,本科四年让很多人知难而退,部分热爱科研的人选择了继续深造。基本上本科毕业选择就业的学生,最后都没有从事专业对口的工作。但物理专业的学生也有得天独厚的优势,比如优秀的数理基础、缜密的逻辑思维等,因此还有很多行业是适合物理专业的学生去做的。不过具体做什么工作,还需要学生自己发挥主观能动性去寻找和尝试。找工作的过程也是发掘自身能力和兴趣的过程。物理学的背景让我在应对公务员考试的行测部分,有了很大的优势。经过不懈的努力,我顺利考上了公务员。

问:你觉得公务员的薪资待遇怎么样?

答:公务员工资包括基本工资和各类补贴。基本工资(全国统一),本科毕业考取公务员后,每月实际到手基本在5 000元左右。有些地区年底有绩效考核奖,标准不定,不同地区差别很大。总体来说,待遇挺好,我挺满意的。

问:这个发展前景怎么样?

答:公务员的发展与个人能力有很大关系,职务晋升有五种类型:考试晋升制,即采用竞争考试的方式,以考试成绩作为晋升依据的制度;功绩晋升制,以公务员工作成绩大小为标准的晋升制度;年资晋升制,以工作年限为晋升标准,任职人员的工作达到一定年限,如无重大过失,即获晋级和提职的制度;学历晋升制,以学历作为主要晋升标准的制度;越级晋升制,指对工作成绩特别突出、贡献卓越、社会影响大或能力特别强的公务员,不受学历和资历的限制,及时给予越级晋升的制度。《公务员法》第四十五条规定:"公务员晋升职务,应当具备拟任职务所要求的政治素质、工作能力、文化程度和任职经历等方面的条件和资格。"所以,好好干,前途无量。

问:你们日常工作都做什么?

答:我们面对大众,处理实际事情较多,主要去基层。就我而言,辖区范围2平方公里,15个居民小区,常住和流动人口共计26 000人,而工作人员只有5人。按照上级部门出具的任务清单,我们应该做好社会保障、社会事务、公共服务、社区党建、文体活动等大大小小40多项工作。由于工作人员少、服务范围大,这个工作量其实也挺大的了。不过好在同事都是精兵强将,而且大部分群众都积极支持我们的工作,所以我们还是很享受,乐在其中。

问:有没有突发性事件要处理?

答:我们平时挺忙的,一天的工作基本上都是安排计划好的,工作做在平时,效果也很好。偶尔出现一些突发性工作,但都能合理妥善解决。

问:单位对于新公务员有培训吗?

答:我工作以来先后参加了很多场专题培训,这使我们更加专业化。刚工作时的第一个培训,我印象很深刻。培训15天,培训内容包括《公务员法》《行政机关公务员处分条例》、公务礼仪、机关公文写作与处理、党风廉政教育等,还专门邀请知名教授来做《打造高效执行力》的专题讲座,并组织我们观看《周恩来的党性之光》等专题片,实地考察县内重大项目,开展宣誓活动,夯实理想信念、牢记党的宗旨、加强党性修养,与优秀公务员交流从政实践经验等。每次培训都让我受益匪浅。

问:大学所学的专业对你现在的工作有帮助吗?

答:大学学习的知识和我的工作没有直接关系,但四年的学习能力的培养、组织能力的锻炼对我有很大帮助。我的很多思维方式、办事方法都深受专业影响,比如我的数据处理能力很强,这得益于学物理时经常要处理实验数据。我们有一个对接农民工子弟小学的助学活动,我在那里当了孩子们的物理老师,与他们分享一些有趣的物理现象。助学效果很好,孩子们对物理知识产生了浓厚的兴趣,这也算是间接的学以致用了。

问:你觉得从事目前的工作,还需要具备哪些能力?

答:公务员是一个需要各方面素质都很突出的工作,你代表了政府,面对的是广大群众,可能会遇到各种各样的状况。因此你需要有统筹协调各项事务的能力,需要有较强的抗压能力,需要有不错的文字功底,需要有创新的想法并且努力将其实现,需要有良好的语言表达能力,需要有足够的耐心,需要有满怀的热情……

问：你最初期盼的职业是什么？

答：我刚开始对职业没有过多的期盼，也希望能够从事应用物理方面的工作，但是就像前面说的那样，找份合适的、对口的工作很困难。开始我还想着在新疆工作，毕竟家在新疆，但新疆没有合适的岗位。我曾经也考虑过考研，但想了想，由于家庭经济情况不太好，三年下来花费很大。综合考虑后，最后就选择了报考公务员。

问：家人对你选择这份工作有什么想法？

答：家人十分理解我所学专业的就业情况，也知道考研耗费的时间成本、人力成本都很大，因此他们也很支持我去考公务员。在父母眼里，他们认为公务员是"铁饭碗"，工作稳定，收入也稳定，所以他们对我现在的工作非常满意。

问：在学校里你觉得最重要的应该学会什么？

答：感觉大方面就有两点：一是学好专业知识，做学生时能把学习学好，工作时就能把工作做好。其实大学学习的最终目的是培养学习的能力，而且说不定什么时候你的专业知识就能发挥作用了；二是学好与人交往，大学里有很多的老师和学生，会遇到形形色色的人，其实这里就是社会的缩影，在这里学会应对不同的人，步入社会后就更容易适应社会法则。

问：毕业时尝试过哪几种求职方式？

答：比如校园招聘、网上求职等。不过我觉得参加校园招聘是直接高效的求职方式。因为到学校办招聘会的公司都已经通过了学校的审核，公司的软硬件条件普遍不错，而且学生是"主场"作战，有很多先天优势。但是只靠校园招聘也不够，毕竟现在的就业局面是"僧多粥少"，还要同步在网络上找，坚持"两条腿走路"，才能发现更多的机会。

（三）访谈总结

在访谈过程中，我明白了大学生活虽然很舒服，但决不能居安不思危，要想尽方法充实自己的校园生活，合理安排学习、实践、工作、休闲时间，正确处理好生活、学习之间的事情，多参加校内校外工作，增长见识，扩展视野，积极争取学习和进步的机会。

1. 个人态度

你以什么样的态度去对待工作和生活，那么你就会得到什么样的回报。作为一个正在求学的大学生，应该保持好心态，谦虚、上进、踏实、努力。在自身定位方面，需要结合自身实际，全面权衡内外部环境，有一个合理的自我定位，要切实明白自己想干什么，能干什么，适合干什么。我们去应聘工作岗位，是想施展自己的实力，更是想为所在公司创造利润和价值，而不是"三天打鱼，两天晒网"，成为公司的负担。在人才市场竞争如此激烈的当今社会，任何一个公司都不会接受一个心高气傲、做事磨蹭、对工作不认真负责的员工。

2. 知识培养

信息化社会知识不断更新，我们要积极争取学习进步的机会，跟上时代的步伐。在学校，要充分利用学习时间不断夯实专业基础知识，提高专业技能，要肯去学、肯去钻、肯去精益求精。要勤动手,多多培养动手能力,广泛涉猎各方面报刊书籍,关注行业动态,确定自己的研究方向,提高自己的综合业务素质和专业竞争实力,不断拓展自己的优势和成功渠道。

3. 人际关系

大学不仅是学习的乐园,更是育人的圣地。学会做人是大学生必修的一门课程。如今在校学习的我们,交际圈局限于亲人、部分同学和少许的朋友,非常狭窄,对我们今后生涯的顺利发展非常不利。作为新世纪的大学生,我们应该懂得与社会上各方面的人交往的技巧,会处理各方面的事情,这就要求我们重视培养自己的为人处世能力,经营并维护好自己的人脉资源。这不是纸上谈兵就能得到的,需要我们加倍努力。

4. 实践学习

不论是哪个行业,都需要在实践中逐步积累知识和经验。积极投身到实践中去,去经历,去感受,去领会。你会发现生活或工作不是想象中的那么难,很多事情不是能不能做到的问题,而是想不想去做的问题。你若想做,就会去找方法;你若不想做,就会去找理由。实践不仅能锻炼你的技能,考验你的专业知识,还可以锻炼你的勇气。不论结果成功与否,实践过程中所获得的体会和阅历是你一生受用不尽的财富。

第三节 职场典型一日

一 必要性分析

大学是人生的转折点,是学生进入社会前的重要成长期。从学生转变为职场人士,不仅仅是身份的变化,更有认知水平、处事能力等多方面的跃迁。学校学习与社会就业之间隔着一道分水岭,象牙塔内风和日丽,象牙塔外风起云涌。有的学生跨得好,他们未雨绸缪,进入社会能充分地学以致用、发光发热;有的学生跨得不好,他们故步自封,进入社会后发现现实与理想脱节,喟叹世事不公。南宋诗人陆游说:"纸上得来终觉浅,绝知此事要躬行。"清初思想家、教育家颜元说:"口中说,纸上作,不从身上习过,皆无用也。"实践出真知,学生需要通过实践去切实感受分水岭两边的不同风景。

"职场典型一日"是引导学生以意向从事的职业为探索目标,对意向职业的实际工作岗位进行两个星期以上的观察或实践,最后总结工作体会和实践感悟。这是学生体验职场、匹配需求、发现问题、明确定位的重要渠道,是最直接、最有效、最准确的自我探索和职业探索的方法。在经过生涯规划期和职业世界探索的相关积累以后,学生可以通过"职场典型一日"这种实践方法来进一步推进生涯发展,其必要性在于:

(一)有助于了解实际工作内容

通过听别人说、在网上查的方式获得的职业信息是间接的、不完整的,大部分学生并不能真正清楚相关岗位在实际工作中的情况是什么样的。在"职场典型一日"的过程中,学生可以亲身体验这个工作每天是做什么的、要与哪些人打交道、核心能力是什么,在了解工作内容后,进行实际操作,在实践中进一步发现自己适合什么、擅长什么、缺乏什么。

(二) 有助于修正职业选择

当学生通过分析,选择了感兴趣的职业方向后,到相关单位进行"职场典型一日"实践活动,有助于检验自己是否真正喜欢这个职业,是否真正喜欢这个行业。由于学生对职场的了解普遍不足,很多时候只看到了工作的某个方面,而没有全面的认识,从而对职业有过于理想化的期待,定位有所偏差。借助"职场典型一日"实践活动,可以让学生更加科学地选择职业。

(三) 有助于发现自身不足

"职场典型一日"是对学生学到的知识、技能进行实践检验的过程,能够促使学生发现自己的不足,以便于在接下来的学习阶段里有意识地去弥补不足,结合社会实际需要,对知识能力体系进行完善。同时,实践中发现的问题,也为学校人才培养工作提供了重要的参考。

(四) 有助于提高综合能力

职场对学生的综合能力要求比学校更高,容错率更低。学生在"职场典型一日"实践过程中,可以快速提升心理承受能力、团队合作能力、人际交往能力、思考解决问题能力、统筹协调能力、语言表达能力等。真实的职场环境,为学生提供了快速成长的平台。

(五) 有助于快速适应社会

学生从学校走向职场,需要转变和过渡的时间,有的人需要一两个月,有的人需要半年到一年。"职场典型一日"可以有效缩短这一时间周期,降低学生的试错成本,提高他们的职业心理调适能力,促进其更快适应社会。"职场典型一日"实践时间越长,效果越明显。

二 过程实施

"职场典型一日"的实施过程包括以下五个步骤:

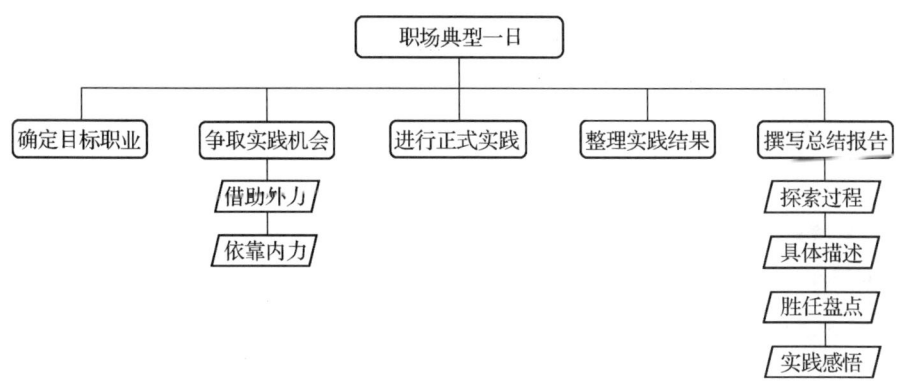

图 4-5 "职场典型一日"实施过程示意图

(一)确定目标职业

根据前期撰写的职业发展规划书和职场人物访谈报告,定位未来想要从事的目标职业,匹配社会实际需求后,具体到单位名称、部门分工、职位要求等。因为职业信息的不对等,很多学生对用人单位只有一个模糊的印象:不知道一个行业有无数个企业,不知道一个企业有多个职能不同的部门,不知道一个部门有多个分工不同的员工。这时候主动出击比被动等待要靠谱得多。互联网时代,学生可以充分利用网络信息的公开透明性,通过专业的求职网站,如高校就业信息网、中华英才网、应届生求职网、前程无忧网等,了解目标职业的具体情况。比如,你想从事化工研发类工作,首先要先物色化工类企业,综合考虑企业的产品线、员工文化、地理位置、有无实践名额等方面的情况,再选择企业内的研发部门,具体到研发小组。有了具体的目标后,再围绕目标做好充分的准备。

(二)争取实践机会

有了目标单位、目标岗位之后,主要可以通过两个途径去取得宝贵的实践机会,借助外力,依靠内力,形成合力。

1. 借助外力

第一个外力来自学校资源。大部分学校都与一些用人单位签署了共建协议,长期稳定地向用人单位输送优秀生源,同时用人单位为学生提供实践学习的机会。另一方面,部分教师有校企合作项目,他们有熟识的用人单位,有迫切的合作需求,学生可借此机会进入用人单位开展认识学习。这类用人单位的优势在于有学校的官方认证与支持,与专业相关性高、录取成功率高。第二个外力来自人脉资源。学生可以借助父母、亲戚、朋友的推荐,拿到实践机会。这类用人单位的优势在于"熟人效应",有人力上的坚实保障。

2. 依靠内力

依靠内力即运用学生本身的能量去争取实践的机会,按照公司招聘的一般流程:投简历、笔试、面试。学生需要准备一份用心制作的简历,内容翔实,努力将自己推销出去;需要熟悉面试的形式,包括无领导小组讨论、结构化面试、压力面试等,靠临场发挥不切实际,机会永远只留给有准备的人。找实践机会和求职是一样的,简历和面试不只是找工作时的事,要提前重视,提前准备,提前进步。想要在各个环节脱颖而出,修炼内力是唯一的方法。学生需要有强大的韧性面对一次次拒绝,需要坚定的决心接受一次次挑战,需要必胜的信念战胜一次次失败。

【训练工坊】

无领导小组讨论(一)

2020年1月,"新冠肺炎"疫情形势严峻,口罩、消毒酒精、防护服、护目镜等防护用品价格上涨,且供不应求。目前,很多企业增加生产线,生产防护用品,在支援防疫工作的同时,也创造了可观的利润。

A公司是一家食品企业,主要产品有保健营养品、矿泉水、烹调产品、谷物食品、咖啡、巧克力、糖果。面对新形势,公司负责人既想赚钱又想赢得口碑。有人提出口罩生产设备成本不高(100万左右),可增设口罩生长线;有人提出大众居家隔离期间市场上需要大量的食品,可策划普适的营销方案。无论是上线新的生产线,还是主推公司的主流产品,都各有利弊。

如果你是负责人,你会如何应对"新冠肺炎"带来的机遇与挑战,实现公司利益最大化?

要求:小组讨论(20分钟),形成一致意见;汇报(5分钟)。

无领导小组讨论(二)

B公司是一家汽车生产与销售企业。B公司考察团赴德国考察,考察期间在很多超市里看到了一种塑料瓶回收机,大小与饮料自助售卖机差不多,人们在回收机上自助回收塑料瓶,可兑换现金,或超市购物抵用券。塑料瓶进入回收机后被真空压缩保存,大大降低了所需的储存空间。回收的塑料瓶被回收加工成纺织品(化纤)、燃料(原油)、复合材料(木塑复合材料用于建筑行业、交通运输行业)。

考察团里的刘总认为这是一个对环保有利、能为公司锦上添花的好项目。全国都在号召"绿水青山就是金山银山",针对群众对环保的自觉性、积极性不高等问题,引进塑料回收机,建立投放、回收、生产、销售的流水线,既能响应国家对环保的号召,树立良好的企业形象,又能为公司创造一定的利润,值得引进推广。而徐总则认为这与公司的主流业务不相关,没有必要在这上面花费过多的财力、物力、人力,弊大于利。

徐总认为可将引进该项目所需花费的资金,用到年底购车节的营销中,见效快、收益大。刘总则认为如果引进该项目,有了政府和群众的认可,无疑是对汽车最好的宣传。

如果你是B公司的高层,会如何决策,实现公司利益最大化?

要求:小组讨论(20分钟),形成一致意见;汇报(5分钟)。

(三)进行正式实践

进入实践阶段,学生需要准确定位自己的身份,严格按照用人单位的工作要求,遵守相应的规章制度,切实做到"三心二意":对工作内容有好奇心,对学习知识有热心,对执行任务有责任心,对克服困难有坚定的意志,对收获成长有美好的意愿。在实践的时间里,要用心体验职业历程,仔细比对现实与想象之间的差距,将所见所闻真实地记录在工作日志中,切忌"三天打鱼,两天晒网",要珍惜来之不易的实践机会。学有所思,思有所悟,悟有所得,得有所用。每一天看似平凡的实践经历,都将在你的职业生涯中留下深刻的印记。

(四)整理实践结果

在完成两周以上的职场实践体验活动后,应及时整理工作日志和心得体会,将相同的部分进行总结凝练,对不同的部分进行分类归纳。整理实践结果的过程,也是重温实践经历、深度思考职业选择的过程,为撰写《职场典型一日》总结报告做好充分的准备。

（五）撰写总结报告

《职场典型一日》总结报告主要包括：一是探索过程，包括通过何种方式找到实践单位、如何获得实践资格、职业体验历程、实践期间遇到的挑战及应对的方法等信息；二是具体描述，对核心工作任务、运用什么能力和工具开展工作进行描述；三是胜任盘点，盘点出意向职业工作岗位对知识、能力、经验与性格的要求；四是实践感悟，对职业探索过程中的所感所悟进行总结凝练。

三 报告分享

为更客观地展示如何进行《职场典型一日》活动、如何撰写《职场典型一日》总结报告，现选取一份《职场典型一日》总结报告模板，分享如下：

（一）探索过程

进入大学后，就业成了校园生活的主题词，刻苦学习知识、努力提升能力都是为了未来的"好工作"。当我们参加招聘会时，总会发现招聘公告上写着这样一句话"有经验者优先"。一直处在象牙塔的我们，能拥有多少社会经验呢？为了拓展自身的知识面，扩大与社会的接触面，增加个人在社会竞争中的经验，锻炼和提高自己的综合能力，以便在毕业后能快速适应社会，我在研究生二年级的暑假找了一份实习工作，去深入体验"职场典型一日"。

1. 锁定目标

根据职业发展规划书和职场人物访谈报告，我确定的目标职业是金融行业从业人员。为此，我格外关注银行、证券公司、保险公司的实习生招聘信息。应届生求职网是我关注最多的求职网站，在这里我发现了三家目标公司，分别是招商银行、华泰证券和华夏保险。在综合考虑了地理位置、实习岗位、实习要求后，我选择去参加招商银行和华夏保险两家公司的面试。

2. 过五关，斩六将

在招商银行的面试中，我遇到的是一对一面试，招聘人员围绕简历向我进行提问。由于事先做了充分的准备，因此我能从容应对。面试后半段的开放性问题主要围绕招商银行的有关知识，事先也要多做功课。面试时间大约10分钟。总的来说，做到两点面试就很容易过关：一是真实，宁可无，不可骗；二是有逻辑，不说废话，切中要点。在华夏保险的面试中，我遇到的是无领导小组讨论，题目是策划一场保险公司的募捐活动。6个人的小组中，我第一个跳出来抢了"领导者"的角色。这得益于我本科期间的学生会经历，策划活动对我来说简直就是"小菜一碟"。除了把控全局，我还注意倾听、关注他人感受。无领导小组讨论有很多小技巧，所以要利用各种机会多加练习。招商银行提供的岗位是个人信贷部实习生，华夏保险提供的岗位是银行保险部实习生。最后，我选择了招商银行。

图 4-6 该同学在招商银行的获奖证书

3. 从零开始

我想象中的银行个人信贷部工作是穿着正装,踩着高跟鞋,拿着公文包,给各种人放贷款。而实际上,我的主要工作任务是推销"收付易"POS 机,顺带推销信用卡,需穿正装、拎公文包,但是没有高跟鞋,因为走路太多只能穿平底鞋。在这个岗位上,我的专业知识没有发挥作用,知识归零、学历归零,我勤勤恳恳地从零开始。两个月的实践体验期,我从完全不熟悉业务,到斩获实习生中"收付易"业绩第一名。我的信念是,既然来了,就要好好做;既然做了,就要做最好。从零开始,是对心态的挑战,也是对工作的期待。

(二)具体描述

现实和想象的差异,给我敲响了警钟,把我从象牙塔里拉出来。我在跑业务的过程中,状况百出。从一开始的手足无措,到后来的成竹在胸,看似平凡又重复的每一天,其实我都有收获。

1. 学会开口

实习时,我遇到的第一个挑战是如何向陌生的顾客介绍"收付易"产品。广告单的介绍简单粗暴,"不收手续费,不收押金,只需绑定招行卡",但每位顾客的接受度不一样,这时我们需要"察言观色",甄别顾客的类型:是已经安装了其他银行的 POS 机,或是对银行工作人员不信任,还是动心了想要深入了解,等等。我努力抓取顾客的兴趣点,各个击破。我记得当时有位 40 多岁的女老板在门店里辅导孩子的作业,当我进门推销时,她完全没有搭理我。刚准备悻悻离开时,我看到孩子在解一元二次方程,就好心帮忙了几句。意外的是我因此获得了老板的关注和好感,这让我很惊喜,也让我很有感触。

2. 吃苦耐劳

游走在各大批发市场,推销的对象形形色色,我深深地感受到了"热脸贴冷屁股"的无奈,明明一腔热情、一脸笑容地走进门店,却被无情冷漠地赶出来。我一次又一次重整旗鼓,然后又偃旗息鼓,终于到达了一个濒临崩溃的点,我觉得自己很委屈,一个研究生,在近40度的夏天跑到这个满是"恶意"的市场,而"客人"不听我的介绍就算了,还一脸嫌弃。我的导师经理对我说"这是我们的工作,银行雇佣我们,是为了创造利益,不是为了听我们说有多难"。我看她一次次扬起笑脸、一次次呼气吸气,她的侧脸始终印在我的脑海里。是啊,工作与校园生活不同,没有人会在意你委不委屈、高不高兴,要学会调试自己的心理状态。从此,在路边遇到发传单的人,我都欣然收下,对他们说一句"谢谢"。

3. 重视合规

银行的协议材料容不得半点涂改、模糊,这是一条红线。我记得有一个客户是板桥红太阳装饰城的,当时她同意安装POS机,并填写了安装协议。在填写地址时,她误写了家庭地址,就顺手划掉,重新写了门店的地址。因为核对了营业执照的所有人、身份证等信息,我确认填写的是商户本人,就觉得涂改没有问题。我喜滋滋地把材料带回支行,完善后交给支行行长签字,又喜滋滋地送到分行,分行也愉快地收下了。但从分行回支行的路上,我接到了分行的电话,说合规不通过,需要在涂改处让商户签上名字,或者重新提交一份协议替换。无奈之下,我只能坐地铁转公交跨越20公里,让客户签了字。客户看着我满头大汗,皮肤晒得红红的,好心地给我买了一支雪糕。那份凉爽,我现在还记得。如此颠簸,让我深刻地记住了:合规是严肃的事情,不能越界。

4. 统筹协调

实习期间的工作,繁忙而琐碎;白天在装饰城、百货批发市场跑业务,下午三四点回到支行,整理一天的成果,对POS机的协议单进行完善、核查和统计;要支行、分行、商户到处跑,有时我在城东接到城西商户的电话,又要跨越大半个南京城;支行要开早会,分行要开培训会;跑10家商户,运气好的话有1家愿意安装,有几家会观望观望,这些潜在的客户都需要后期维护;刚开始的两个星期,我像一只无头苍蝇,每天只能机械地跟着安排走,身心俱疲。经过不断的摸索和适应,我渐渐学会了合并、借力、协调等,这让我事半功倍,也让我体会到了乱中有序的美好。

(三)胜任盘点

两个月的实践和观察,我积极配合、努力上进,最终获得了招商银行的认可。总的来说,要想胜任招商银行的工作,需要从以下4个方面入手:

1. 知识

招商银行的不同部门对专业知识的要求不一样,比如法务部需要法律专业知识,审计部需要审计专业知识,业务部对专业就没有太过严格的要求。我所去的个人信贷部,有金融专业背景是锦上添花,没有也没关系。很多业务知识,都是到岗后重新学习的,因此要有较强的学习能力和接受度。是否具有良好的学习能力,主要看的是在校期间课业成绩的好坏。在学校期间能把学习学好,在单位就能把业务学好。

2. 能力

进入招商银行真实的工作环境后,我才发现校园生活与工作生活的差异。在招行的岗位上,我锻炼了人际交往能力、语言表达能力、统筹协调能力、团队合作能力、情绪管理能力、发现问题解决问题的能力等。这些能力是胜任每份工作都需要的。我们应该争取尽可能多的机会去锻炼和提升这些能力,以便在面对问题时能不急不躁。

3. 经验

招商银行的招聘分为校园招聘和社会招聘。校园招聘是面向没有太多经验的应届生,社会招聘是面向有丰富经验的社会人士。作为学生,经验是宝贵的财富,是求职时的加分项。没有经验,推进工作会比较辛苦,但这是每个人在爬坡阶段都必须经历的过程,或早或晚。由于我之前没有经验,在面对"收付易"销售工作时很慌乱,走了很多弯路,白费了很多力气。我们应该争取更多的实践机会,积攒经验,为未来的求职添光添彩。

4. 性格

银行的工作是和钱打交道,涉及钱,人们总是很敏感、很戒备。因此对待银行的工作,需要:认真,一字之差可能就会产生巨大的影响;坚韧,有足够的韧性拓展客户资源;乐观,服务行业总有很多身不由己的事;热情、沉着……性格不是一日养成的。我们要努力锤炼自己的职业性格,让工作的每一天都是享受。

(四)实践感悟

在实践过程中,招商银行安排了有经验的前辈做我的实习指导,她带领我熟悉业务和流程,并将个人的工作心得与我分享。与我同行的还有20多位小伙伴,我们一起顶着烈日在南京城里走街串巷。这两个月的时间,我受益匪浅,感悟颇深:

1. 保持耐心细心

银行工作头绪多,复杂棘手的事情时常会使人心生烦闷、厌倦,导致错漏百出,越错越烦,越烦越错。因此,要调整好心态,正确认识自己的工作职责,用足够的耐心和细心去安排好每件事、每位顾客、每份材料、每个数据。这样差错少了,就会越做越起劲,越做越有成就感,形成一个良性循环。

2. 坚持自主学习

工作不像在学校那样按部就班,有老师督促、有作业、有考试。这里的一切,都要依靠自己主动去学、去做。只要你想学习,学习的机会是很多的:前辈们乐于向你传授经验,让你少走弯路;公司有各种各样的培训来帮助你提高自己。你所要做的只是甄别哪些是你需要了解的,哪些是你感兴趣的。这都需要我们保持对知识的好奇心,自发自主地去学习。

3. 培养社会礼仪

步入社会就需要了解基本礼仪,无论是着装还是待人接物,都应该合乎礼仪,才不会影响工作的有效进行。但学生在这一方面往往反应迟钝且不重视。我的实习指导老师用身体力行,向我示范了完美的社会礼仪,比如,工作时化淡妆,不艳丽、不夸张;招呼同事有礼貌,即使是新来的,也给予绝对的尊重;开会时总是提前到,任何发言都认真倾听等。我们平时要多观察、多学习,以较好的社会礼仪展现自己的精神风貌。

4. 学习为人处事

作为学生,面对的无非是同学、老师、家长,而工作后就要面对更为复杂的人群。无论是和领导、同事还是和客户接触,都要做到妥善处理,多看、多听、多学习、多积累,学会设身处地地从对方角度换位思考。敏于事,慎于言,保持冷静的头脑,提升办事效率是一门学问,其中控制好节奏非常重要。

参考文献:

[1] 孙学江,金钢,褚必海.大学生职业生涯规划与就业创业指导[M].北京:中国科学技术大学出版社,2017.

[2] 刘慧.高校生涯教育精准化管理与实务[M].南京:南京大学出版社,2019.

[3] 黄素菲.叙事治疗的精神与实践[M].台北:心灵工坊,2018.

• 创业基础篇

第五章　创业基础概述

第一节　创业内涵

一　创业的意义

创业是创业者对自己拥有的资源或对通过努力能够拥有的资源进行优化整合,从而创造出更大的经济或社会价值的过程。具体而言,这是以点滴成就点滴喜悦致力于理解创造新事物(新产品,新市场,新生产过程或原材料,组织现有技能的新方法)的时机,如何出现并被特定个体发现或创造,这些人如何应用各类方法去利用和开发它们,然后产生各种成果。类别包括领导者创业,企业家创业,技术人员创业等等。创业是一种需要创业者组织经营管理、应用服务、技能、器物的思考、推理和判断的行为。创业是一种思考、品德素质,杰出本领的行为方式,需要在方式上全盘考虑并具有协调的领导能力。

如今,我国综合实力正不断增强,人民思想道德素质水平日益提升。针对大学生而言,社会教育的主题正在从"精英教育"向"大众教育"的模式转变,高校毕业生就业形势日趋严峻,社会空缺岗位的数目远远不能匹配大学毕业生的庞大数量。在2020年2月12日召开的国务院联防联控机制发布会上,教育部高校学生司司长王辉表示,2020年应届高校毕业生有874万,同比增长40万。因此,在今后的很长一段时间内,大学生就业的严峻形势依旧是一个不容忽视的重大社会问题。也正是因为这一现实状况,应届大学毕业生需要更多的就业岗位,于是,创业对于大学生而言就有着更加举足轻重的意义。

（一）创业有利于缓解大学生就业压力

上文提到,2020年的应届毕业生数量同过去相比,涨幅较大。如今大学生毕业后,面临着就业岗位少、机会少、竞争者多、压力大的困局。而创业的能力正有利于解决大学毕业生的这些问题。大学生的创业能力是他们在创业实践的过程中的自我生存、自我发展的能力。一个成功创业的大学应届毕业生如果能够通过自主创业活动来增加就业岗位,那么既可以解决自身就业问题,同时还可以帮助缓解严峻的社会就业形势。

（二）创业有利于帮助大学生实现自我价值，提升社会责任感

大学毕业生通过自主创业，选择自己感兴趣的领域，并将其与自己所从事的行业相结合。如果一个人可以做自己最感兴趣、最愿意做和自己认为最值得做的事情，最大限度地发挥自己的才能，那么他就有较大的可能性在五彩缤纷的社会舞台中寻得机会大显身手。创业并非容易之事，既然如此，为什么还有那么多的人义无反顾地选择了这条路径呢？除了创业本身切实的优势以外，自我价值的实现是创业最主要的原动力。

（三）创业有利于帮助大学生实现致富梦想

刚刚离开校园的大学生，不仅就业机会少，哪怕有幸获得就业机会，其薪资水平也很难完全满足日常需求。大学生要想获得较高的收益，开创自己的事业是最有希望实现致富目标的一种途径。当前，我国的产业结构调整为大学生带来了众多的创业机会。与此同时，政府出台了"创业带动就业"的政策，鼓励大学生创业，大学生通过自主创业将有可能实现致富梦想。

（四）创业有利于培养大学生勤俭节约、艰苦奋斗的作风

勤俭节约、艰苦奋斗不仅是一名大学生生活中应当具备的优良品德，更是大学生在自主创业的过程中自强不息的意志品质的体现。在创业成功之前，困难和挫折，甚至失败都在所难免。这就要求自主创业的大学毕业生具备顽强的意志和良好的品格，勇于承担风险，自立自强，艰苦拼搏。因此，通过创业，大学生培养了自立自强意识、风险意识、拼搏精神和艰苦奋斗的作风。无论创业最终成功与否，好的道德品质都会是一生的财富。

（五）创业有利于提高大学生的创新精神

创新是一个民族的灵魂，是一个国家兴旺发达的不竭动力。中华民族的蓬勃发展，必然离不开最具有朝气的一代——青年大学生的努力。创新精神激发创业行动，而创业行动，更加有利于提高大学生在实践中勇于开拓创新的精神，并借由此将就业的压力转化为创业的动力，成为各行各业的创业者。

二 创业的规律

（一）创业阶段

1. 最初的生存阶段

凭借优质的产品和先进的技术占领市场，重要的是抓住每一个可贵的思想闪光点。

2. 公司化阶段

在这一阶段创业者需要通过规范管理来增加企业效益。在这一阶段创业者的思维应当从想法提升到思考的高度，公司的销售需要依靠之前预铺好的渠道来完成，企业的核心团队也初步形成。

3. 集团化阶段

此时，自身产业化的核心竞争力是硬实力的产品或技术。在集团化阶段，整个集团与子

公司之间的系统平台已经初步形成,通过系统平台完成一个团队的管理(人治变成了公司治理)。销售变成市场营销,区域渠道变成区域网络,从而形成了系统。思维从平面到三维。届时,技术将占主导地位,人力只起辅助作用,创业者有了现金流,这是许多创业者梦想达到的理想状态。

4. 集团总部阶段

在这一阶段整个企业实现无国界的经营,或者称作跨国公司。这也是创业者可达到的最高阶段。集团总部的整个体系由集团总部的系统平台和各子集团的运营系统构成。在该阶段集团总部具有可跨越行业边界的无边界核心竞争力,即该企业的软实力;子集团也逐步形成了自身的行业核心竞争力,即硬实力。这样将使集团内的各行各业的合作与融合获得"1+1>2"的效果,取得在单兵作战的情况下所无法取得的业绩水平和速度,创业者思维已从三维到多维,这才是企业发展所能追求和达到的最高境界。

(二) 创业规律

1. 享受创业的过程

创业应该是一种生活方式,而不仅仅是为了财富。有些人天生就是创业者,其共同的特质就是把创业当成事业,直到成功为止。

聚美优品的老板陈欧大学刚毕业的时候一无所有,为创业吃了很多苦。但是在那种情况下,他始终坚持不懈,所以后来当他已经成长起来,有了更好的平台、更棒的团队和更多资源的支持后,再创业,对他来说,就是一种享受。

2. 选择优秀的人,尤其是合伙人

合伙人选择不恰当很可能会给创业公司造成无法挽回的损失。糟糕的联合创始人,彼此无法弥补短板,更有甚者会造成严重内耗。因此,创业前,请先找到你的"左膀右臂"。

李彦宏一毕业就回国创业,马化腾之前是个程序员,马云也只是个教书先生,但他们在互联网领域里的创业都成功了。除了机遇之外(机遇只能让你一时成功),更重要的就是优秀的人才队伍,尤其是联合创始人。

3. 执行力永远是第一要素

马云说:"很多年轻人晚上想千条路,早上起来走原路。"5%的人创业,只有1%的人能够成功。而这1%成功的人一定有一个很强的团队,他们互相支持、共同努力,他们乐观,改变自己,执行力超强。如果你有一个好的想法,请立即执行,然后在运动中调整姿态,不断迭代你的产品和服务。

4. 差异化制胜

当人人都能看到某一行业充满机遇的时候,你再进入绝对是"死路"一条。唯有差异化,你才能胜出。差异化意味着人无我有。创业公司永远不要去追求更好的产品、更好的服务,因为更好的产品、更好的服务只在成熟公司当中。创业初期,应做努力创办一个小而美的独特的企业。

5. 专注产品,快速迭代

商业竞争的基本元素不是企业,而是企业提供的产品,最终的投票权在用户手中。作为创业公司,你只需要专注你的产品,不断迭代,为用户创造更好的产品体验和服务。

6. 用户价值很重要

在互联网时代,人致力于为用户创造价值才能带来收益。

7. 瞄准"互联网"大方向

随着科学技术和经济社会的急速发展,创业时把商品和服务转移为以互联网为承载平台来提供是大势所趋。因为互联网经济是一门以电脑字节为基础上的经济学,这是数字化时代一个独有特征。只要是技术驱动,商品或服务的价格就是普遍呈降势的。借助互联网这一平台,更多的产品和服务能够实现低成本甚至零成本,从而更好地推动创业行为的实施和成功。

(三)创业原则

1. 重视项目的选择

选择个人感兴趣或者擅长领域的项目;选择市场消耗速率快或者顾客购买频次高的项目;选择投资成本低的项目;选择承担风险相对较小的项目;选择受众广、客户认知度较高的项目;可以先选择虚拟网络创业(无实体店面成本)后进入实体创业项目;选择教育行业创业项目;选择"足不出户"便捷的创业项目;选择新兴产业、新机遇的创业项目或者在一定的生活范围内没有实现广泛覆盖的商业项目。

2. 选择合适的地理位置

地理位置的选择是房地产行业能否取得成功的重要因素之一,在创业过程中,这也是一条应当纳入考虑的重要因素。如果创业者想要让新成立的公司快速地吸引到目标顾客,那么该公司的选址就要放在与客户群相关的区域内。而如果创业者想要让自己的公司获得竞争力,能够与行业中的大企业抗衡,那么在创业初期,将公司设在大企业未覆盖到的小城内是个理想的选择。

3. 积极利用现有资源

当有一定工作经验的在职人员选择未来的创业领域时,大多数人会选择与之前工作密切相关的领域。前期工作积累的经验和资源是创业最大的财富,充分利用前期的积累,这样以便抓住第一时机来获取资源。在创业的过程中,优先考虑那些能帮助你生存下来的项目,而不是把大量的钱花在那些能改善你的形象或带来更多便利的项目上。但必须注意,积极利用资源并不意味着唯利是图。道德是一切的根本。一旦道德的标准倒下,任何事情都不会取得成功。

4. 积极做好准备

创业是一项庞大的工程,在前期要做好融资、项目选择、公司选址、市场营销等诸多方面的细致的准备工作。例如,通过各种方式增加自身的基础知识;依据已有的事实和社会导向选择合适的创业项目,为创业开一个好头;撰写一份详细的商业策划书,包括市场机会评估等内容,并摸清市场情况,知己知彼,打有准备之仗;及时反思自己的产品或服务需要什么样的宣传渠道的辅助,以及是否有足够的条件,如资金、人力等来满足这样的需求。

5. 尽量用足相关政策

为了支持和鼓励大学生创业,各地政府部门有很多鼓励创业的政策。在创业前,大学生可以通过多种渠道进行透彻的了解,创业时一定要注意"用足"这些政策。这些政策,包括某地区优惠税率,甚至是免税优惠等,可为刚刚建立的公司节省初期的运营成本,帮助大学生降低创业的风险。

6. 谨慎决策,及时止损

作为创业者或者企业家,要时刻谨慎。决策失误时,不要对失误过于敏感,不要过分拘泥于一时的得失。如果出现失误,要接受失误,并从中吸取教训,及时止损。

7. 保持冷静,头脑清醒

在创业刚起步阶段,可能由于创意新颖、政策支持、时机合适,会获得一时的成功。不过,创业具有一定的风险,市场千变万化。因此,这一切随时都可能离自己而去。所以不要太过自信,更加不能盲目地投入过量的资金,否则就有可能使自己陷入泥沼之中。

(四)创业投资企划书

1. 内容明确细致

企划书要包括所创办企业的名称、企业规模大小、营业项目或主要产品名称等,即所创企业为何。先确定企业的规模及营业内容,这是创业评估的基础。创业计划书要给投资者提供企业对目标市场的深入分析和理解。要将地理位置、职业特色、心理因素等纳入考虑范围,细致分析这些因素对消费者选择购买该公司产品这一行为的影响,以及各个因素所起
的作用。创业计划书中还应包括一个主要的营销计划,计划书中应详细标明该公司未来预计进行广告宣传、促销活动以及公共关系活动的地区,计算好每一项活动的预计支出和利润收益。

2. 分析具体到位

要对所创企业的相关环境进行分析。了解该行业相关的法律法规是首要之举。除此之外,对于所创企业的目标客户人群、行业竞争对手、行业形态等都需要认真了解,早做准备。还要了解这一个行业服务或产品的市场价格是多少、一般的毛利率怎样等。在创业计划书中,需要清晰规划好创业公司所提供的产品或服务的细节,包括:产品或服务的发展前景,自身优势及其独特性是否有足够的吸引力,企业进行市场营销的方式有哪些,产品的生产成本及预计销售单价、预期总利润的金额是多少等。

在撰写创业计划书时,还需要注意把投资者置于该项目产品或服务中来,以此来激发投资者的兴趣。在创业计划书中,创业者应尽量用朴实、简洁的词语来描述每一要点。因为商品及其属性的定义对企业家,或者是从事该行业的从业者来说是非常明确的,但不从属于该行业的人或许难以理解。

3. 行动方针切实

创业公司的行动方针必须切实可行、毫无漏洞、无懈可击。以下问题必须在创业计划书中进行明确的陈述:企业该运用何种方式将产品向市场推广,产品的生产流程该如何规范统一;生产该产品的原料、已有资源、暂缺资源该通过何种渠道进行获取和补给;生产产品或服务以及总的生产设备的成本总额是多少等等,尤其是资金这一环节。创业的资金可能包括个人与他人出资金额比例、银行贷款等,这会影响整个企业的股份与红利分配多寡。而对产品及服务的成本、收益的预估是为了让创业者对创业公司的发展前途有所预期,更是为了对达到收支平衡的时间做到心中有数。这关系到企业最终能否有利润以及能否在行业中长久地立足。

4. 经营过程完整

在创业计划书中,创业者应细致分析竞争对手的情况。要明确同行业竞争者的销售额、毛利润、收入以及市场份额,然后再讨论该公司相对于每个竞争者所具有的竞争优势,而且要向投资者展示自身的优势。创业计划书要使它的读者相信,该公司不仅是行业中的有力竞争者,而且将来还会是确定行业标准的领先者。在创业计划书中,创业者还应阐明竞争者给该公司带来的风险以及该公司所采取的对策。社会环境变化快,营业目标的设立大多不超过一年。新创企业应参考相同规模同业之月营业额,定出自己的营业目标。

5. 营销策略多样

营销策略包括但不局限于:了解创业公司所生产的服务或产品的市场针对性、销售方式的合理性、同行业内自身的竞争性等。创业者应尽自身所能去挖掘更多的营销手法,例如,电话采访、现场问卷、网络营销等。

6. 企业风险评估

创业者在创业的过程中会遇到许多挑战,必须承担相应的责任。例如,市场状况的变动、同行业竞争者水平的起伏、股东意见不合、执行业务的危险性等等,这些风险甚至会导致创业失败。因此,尽早地列出该创业行为可能碰到的风险及相应的解决办法,做好前期的风险评估,是将风险降至最低程度的有效手段。

7. 其他

包括公司概况、组成成员以及特别要向投资者说明的一切事项。

三 创业类型

表 5-1 创业的分类

分类方法	按照创业的观念分类	按照创业的方法分类	按照投资的多少分类	按照创业的方式分类
具体类别	传统创业	实业创业	无本创业	自主创业
	新兴创业	网络创业	小本创业	加盟创业
	微创业		微创业	体验式培训创业
				创业方案指导创业

注:自主创业需要前期进行充分的准备工作,对资金链、人员、场地、产品等多项内容进行系统的规划,起步较高,风险较大。加盟是当前比较普遍的一种创业方式,具有正统、专业、规模化的特征,但同时也要求创业者基于资金和经验客观地考虑选择加盟项目。体验式培训创业类似于一个创业模拟,从中可以得到创业经验,以应用至之后的成熟的创业项目中去。

第二节 创业的机遇与挑战

一 创业的机遇

首先,国家为大学生创业提供了有力的政策和制度保障。

党的十九大报告指出,要深化供给侧结构性改革。激发和保护企业家精神,鼓励更多社会主体投身创新创业。建设知识型、技能型、创新型劳动者大军,弘扬劳模精神和工匠精神,营造劳动光荣的社会风尚和精益求精的敬业风气。在国家出台的诸多促发展、保增长、保就业的政策中,鼓励创业的政策十分突出,为创业提供了包括融资、税收、行政服务等相应的政策支持。创业是国家经济活力的体现,是高新技术产业化的重要途径,是新兴产业培育发展的增长点,是失业人员和新就业人员的重要从业渠道。各级地方政府也采取了一系列扶持政策与措施。如京、沪、深三地政府均出台了一系列扶持高新技术发展的地方性法规和文件,明确制定了企业可以享受的优惠政策,特别对高新技术成果转化为企业的项目,做出了扶持的明文规定。虽然各种创业所采取的途径、方式各有不同,但殊途同归的是:尽其所能扶持中小型科技企业的发展。此外,不少地方政府在结合本地经济形势和特点的前提下,制定了有针对性的创业促进政策,以鼓励更多的大学生创业,壮大创业的队伍。这些举措一方面能够有效缓解大学生就业难的问题,另一方面也为其他社会成员创造了就业机会。

其次,国家经济转型为大学生创业提供机遇。当前,在经济全球化的大背景下,我国正在加快经济结构改革,国家为了发展有潜力的、有较高核心能力的经济产业,必须大力推进新兴产业的进程。在这样的战略指导下,大学生创业者获得了更难得的机会。随着创业门槛的降低,成本的减少,大学生创办的新兴企业能够获得更多的支持,即使是缺乏资金的大学生也能获得创业的机遇。人们的消费习惯会随着经济危机的影响有所改变,但是这一背景,更加有利于创业者积累经验和资金。并且,失业率会受多种因素的影响而增加,因此更多的人渴望获得就业机会和就业岗位。对于业主来说,他们的选择常常是降低人力成本,提高工作效率。而对于创业者而言,企业运作中较大的成本往往是人力成本,而创业者初期恰恰可以通过人力成本的降低来积蓄自身力量。因此,在因产业结构、技术更新所导致的转岗和低碳产业、高技术产业大力兴起过程中,大学生创业除了具有自身已有的知识和技术的优势外,还能够从人才市场上以相对比较低的人力成本获得有经验的员工。因此,国家经济转型为大学生创业提供了机遇。

再次,大学生接受过系统完整的基础知识教育,且普遍具有一定的专业技术。

大学教授学生更多的理论知识,所以大学生有更高水平的技术优势,而最有前途的职业是建立高科技企业。科技的重要性不言而喻,高科技含量和利用知识资本是大学生创业的特点和必然路径。一些风险投资者愿意资助大学生的商业计划,正是因为他们看重大学生拥有先进技术。现代大学生有强烈的创新精神和信心来挑战传统观念和传统行业,这一渴望通常可以促进大学生的创业实践,成为大学生创业的动力来源,也是奠定大学生成功创业的精神基础。大学生最大的优势是他们可以提高自己的能力,增加自己的经验和知识。而创业能给他们带来的最宝贵的财富就是实现自己的理想,证明自己的价值。

二 创业的挑战

在当前背景下,国家形势、政府政策都为大学生创业提供了不小的机遇,经济与社会的发展始终处在激烈竞争之中,大学生创业所面临的挑战与机遇并存。

第一,大学生创业的经济环境有待改善。当前的国际市场上,许多国家采保护政策,贸易保护主义蔓延。中国出口贸易中受到的阻碍与限制使得中国的大小企业都遭受不同程度的打击,包括虚拟经济和实体经济。银行贷款、资产通缩、无助的投资和疲弱的消费尚未完全消除。在这种情况下,创业还需要面对国内汇率、成本、信贷、税收调整等诸多矛盾,创业形势依然严峻。

第二,大学生缺乏社会经验,面对问题常常会犯盲目乐观的错误,没有充足的心理准备。面对创业过程中不断出现的挑战和挫折,很多创业者感到很痛苦和空虚,甚至一蹶不振。在创业之前,大学生怀揣着满腔的热血,受到的都是成功例子的鼓舞。事实上,在我们未曾了解的背后,还有更多的失败。看到成功,同时也能够看到失败,这才是真正的市场。只有这样,才能让年轻的创业者变得更加理性和冷静。

第三,大学生在步入社会之初,急于求成,缺乏市场意识,也欠缺商业管理经验。这些都是影响大学生成功创业的重要因素。虽然大学生已经掌握了一定的书本知识,但终究缺乏必要的实践能力和管理经验。另外,由于大学生对市场、营销等方面缺乏足够的了解,很难胜任企业管理者的角色。

第四,比起其他成熟的创业者,大学生的市场观念较为淡薄,许多大学生乐于与投资者谈论他们的技术有多么先进和独特,但很少谈论这些技术或产品的市场空间有多大。甚至当涉及营销时,他们中的大多数人计划把钱花在广告上,而不知道目标和营销组合的重要方面。事实上,能引起投资者兴趣的不一定是那些极其先进的东西。相反,那些技术含量一般、能够满足市场需求的产品或服务往往会受到投资者的青睐。与此同时,创业者应该有一个非常清晰的营销计划,能够有力地展示盈利的潜力。

三 抓住机遇,迎接挑战

习近平总书记在中国共产党第十九次全国代表大会上的报告中说:"青年兴则国家兴,青年强则国家强。青年一代有理想、有本领、有担当,国家就有前途,民族就有希望。中国梦是历史的、现实的,也是未来的;是我们这一代的,更是青年一代的。中华民族伟大复兴的中国梦终将在一代代青年的接力奋斗中变为现实。"每一个发展时期,每一个发展阶段,都是机遇与挑战并存。我们在这个机遇与挑战并存的时期里,我们除了明确自己的目标外,更要及时地抓住机遇,迎接挑战。为了更好地认识大学生在创业过程中的机遇和挑战,更全面地理解和运用二者的辩证关系,创业者需要做到以下几点:

(一)掌握时代趋势

要创业,首先要会观察与审视这个时代的趋势。在众多的条件之中,审时度势是创业者最要做好的基础性功课。全球化和区域化的融合、科技的升级、新兴市场的蓬勃发展,是当今世界进步的重要因素。当我们创业时,我们必须跟上世界的主流,特别是当今的科学包含了太多的前沿技术,都在与时俱进,这必然蕴含着巨大的商机。

(二)学会寻找机会

机会不是等来的,每个企业家都应该积极地去寻找机会。通常,机会的来源可以极大地促进创业的成功。首先,要了解客户的需求,以及他们消费的痛点、甜蜜点和盲点是什么。只有了解客户承受的极限和心理盲点,才能对自己的产品进行更准确的定价。其次,要善于了解政府的新政策和新的行业标准,这也可以指导大学生选择正确的创业方向。具有敏锐社会嗅觉的经济人往往能够获得良好的回报。

(三)懂得机会评估

机会的存在并不意味着它就必然有执行的价值。机会的再次评估同样值得创业者深思熟虑。热情是创业的基础之一,能达到忘我、忘时、忘记回报的境界的人才算得上投入。同时,创新是企业生存的灵魂,一成不变的运作模式早晚会被市场所淘汰。

(四)有承担风险的能力

创业有风险,也十分艰辛。绝大多数的创业者会在最困难的前两年遭遇失败。因此,选择好的团队,拥有良好的承担风险的能力,不断地从失败中吸取教训,才能为自己的创业开个好头。

第三节　创业精神

一　了解创新创业精神

习近平总书记在党的十九大报告中指出,"建设教育强国是中华民族伟大复兴的基础工程"。在全国教育大会上,习总书记进一步提出了"加快推进教育现代化、建设教育强国"的新要求。创新创业教育成为我国教育改革的一个新热点。但在创新创业教育热中也存在一些模糊认识,比如,有人以为加强创新创业教育是要让人人都成为创业者,有人以为开展创新创业教育就是在高校开设几门相关课程。这是对创新创业教育缺乏深入了解、理性认识的表现。因此,对创新创业精神进行一定的了解就显得更为必要。

世界上最早的创业课程是1947年美国哈佛大学商学院开设的,至今在国外已有70多年的历史。20世纪80年代以来,在美国、英国、日本等国家以及联合国教科文组织、经济合作与发展组织等国际组织的推动下,创新创业教育逐渐演变成为一种世界性热潮,各国都逐步开始了创新创业的教育改革。在国外,"创新教育"和"创业教育"这两个概念,既相互联系但又有明显的区别。而我国,则将创新看作创业的基础和核心,把创新教育与创业教育相融合,提出了"创新创业教育"的概念。近年来,我国创新创业教育发展比较迅速,创新教育、创业实践逐步成为我国教育改革的重要方向和重点工作之一。

需要明确的是,创新创业教育并不是让人人都成为创业者,德国出版商布罗克豪斯认为:"教一个人成为创业者,就如同教一个人成为艺术家一样。我们不能使他成为另一个凡·高,但是我们却可以教给他色彩、构图等成为艺术家必备的技能。同样,我们不能使他成为另一个布朗森,但是成为一个成功的创业者所必需的技能、创造力等却能通过创业教育而得到提升。"我国高校开展创新创业教育,目的不是使每个学生都去创业,更重要的是培养学生的创业精神和创业能力。一旦具备这样的能力,无论学生将来从事什么样的职业,选择就业或是创业,都能够比其他的竞争者获得强有力的竞争优势。国外有研究表明,创新创业教育不但可以提高学生的就业能力,其工作能力、实践品质更有显著的提升。

其实,创新创业教育不应该只局限于在高校范围内开展,因为其主要培养的是创新精神和创业能力,它是一个持续不断的过程,应贯穿于学前教育、初等教育、中等教育、高等教育、继续教育等各阶段。国际上,英国、法国、日本、印度等国家都重视从孩提时代就培养学生的领导能力、沟通能力、商业和经济意识等,中小学阶段就已经配备有基础的创业教育。可见,我国不仅应在高等教育阶段开设创新创业教育课程,而且应实行系统化、体系化的创新创业教育,把创新创业教育贯穿于各级各类教育之中,并对不同阶段、不同类型学校的创新创业教育进行分工,有计划、有重点、有层次、有目的地开展创新创业教育。

此外,还应认识到,创新创业教育可以通过课程来实施,应建立健全创新创业教育课程体系,建设依次递进、有机衔接、科学合理的创新创业教育专门课程群。但是,仅有理论知识的简单普及是不够的。更为关键的是要把创新创业教育落到实处,并且应探索多样化、新形式的创新创业教育模式,开展丰富多彩的创新创业实践教育活动。创新创业教育课程既应是建立在学科基础上的学科课程,也应是建立在实践基础上的活动课程。创新创业教育的实践性不仅要在学校内推行,社会更应是推进创新创业教育的课堂。高校作为此项工作的奠基者和主体部分,应加强专业实验室、虚拟仿真实验室、创业实验室和训练中心的建设,促进实验教学平台共享。同时,创新创业教育离不开政府部门、社会各界特别是产业界的支持。政府相关部门应加强政策支持,鼓励企业和高校联合建设大学生校外实践教育基地、创业示范基地、科技创业实习基地和职业院校实训基地等创新创业教育实践平台,鼓励各种科技创新资源向在校学生开放,鼓励教师与产业界技术人才双向流动,鼓励社会资金以多种形式支持创新创业教育活动和大学生自主创业。

总之,创业精神是指在创业者的主观世界中那些具有开创性的思想、观念、个性、意志、作风和品质等。激情、积极性、适应性、领导力和雄心壮志是创业精神的五大要素。创业精神具有高度的综合性、三维整体性、超越历史的先进性、鲜明的时代特征这些基本特征。

以下表格对创业精神进行更加系统地总结:

表5-2 创业精神的内容

层次分类	精神内涵	主题	具体内容	特征	意义
哲学层次	创业思想和创业观念——理性认识	对机会的追求	追求环境的趋势和变化,而且往往是尚未被人们注意的趋势和变化	高度的综合性	创新精神、拼搏精神、进取精神、合作精神等等都是形成创业精神的特质精神
心理学层次	创业个性和创业意志——心理基础	创新	包含变革、革新、转换和引入新方法——即新产品、新服务或者是做生意的新方式	三维整体性	由哲学层次的创业思想和创业观念,心理学层次的创业个性和创业意志,行为学层次的创业作风和创业品质三个层面所构成的整体
行为学层次	创业作风——追求机会	增长	不断寻找新趋势和机会,不断地创新,不断地推出新产品和新的经营方式	超越历史的先进性	创业精神的最终体现就是开创前无古人的事业

要特别注意的是,创业精神还具有最鲜明的时代特征。不同时代的人拥有不同的物质生活和精神生活条件,因此创业精神的物质基础和精神营养也就因人而异,因时代而异,创业精神的具体内涵也就不同。创业精神是创业行为的基础和前提,是创业成功的重要保证,是对创业实践有着重要意义的保障因素。

二 培养创新创业精神

创新创业是一个国家、一个民族兴盛发展的关键。一个国家有创新才可以屹立于世界民族之林,一个个体有创新才可以有一个良好的生存环境。我国高校毕业人数每年以五六十万的速度往前增长。现有的企业和机构,能够提供的新的就业岗位十分有限,尤其是技术进步使一些企业的岗位在减少。在这种情况下,出现了一定程度的就业难的问题。所以,对一个国家,一个民族来讲,创新创业也是一种社会责任。

因此,大学更加应该成为大学生的创新创业基地,培养学生的创新创业精神。创新创业精神的形成是一个复杂的过程,但总体来说应该是:通过完整科学的教育教学环节和一个与之内核相匹配的文化氛围,使学生形成创新创业的一系列一整套的意识。我们的创新创业精神的培养就是要使学生树立一种思想,具备一种精神。这种精神的培养、意识的建立是要在教育的全过程和教学的各个环节中长久地、按层级地不断渗透。

大学培养创新创业精神的具体措施主要可以分为以下几点:

第一,提升大学生创新创业思想认识高度,营造整体创新创业环境氛围。

培养创新创业意识,首先要具备基础的社会责任感,明确创业精神能够为社会创造财富、为社会做贡献、为自我实现价值的意义。其次要从观念上树立广泛的创业教育意识,而不是单纯地对准备创业的学生进行创业教育,不是只对少数人进行创业教育,而要真正把创业教育作为促进大学生素质全面提高的助推器,使得创业教育作为一门基础教育而独立且长久地存在,并且把创业教育的思想渗透贯穿到高校教育的全过程中去。此外,要建立合理的评价制度和奖励机制,激发广大师生参与创业教育的热情,提高师生的积极性。

培养创新创业意识的具体途径有:通过传统媒体甚至是对青年一代有吸引力的自媒体方式,对成功企业家和自主创业的先进典型进行广泛宣传,通过他们的事迹坚定大学生创新创业的信心;开展各种大学生创新创业大赛,为大学生创新创业搭建舞台;建立完整的培养体系,鼓励有想法、有信心的大学生凭借自身具备的知识和能力去开创能发挥一己之长的事业;在校园内组织建设"创业教育"实践群体,例如学生社团、小组队伍等来激发大学生的创新意识和创业精神,让大学生的创业动力在实践活动中找到巧妙的契合点,使其形成自主创新创业的理念。

第二,充分利用社会资源为大学生创新创业提供服务,重视相关师资建设。

从目前环境看,我国大学生创新创业普遍存在师资环境差、学生有想法却苦于缺乏有针对性的科学指导、缺乏具有人际关系和商业网络的社会舞台等现象。因此,要想使得学生真正能够体悟实践真谛,成功完成创业活动,配备一支优秀的师资队伍是此项工作的重中之重。优秀的导师能够为高校的创新人才培养提供精神保障,导师能够身体力行地帮助大学生培养良好的创业品质。同时,除了不断加强和改善高校内部的教师队伍建设,学校、社会还要注重开发社会教育资源,聘请创业上取得成功的、具有社会责任感、奉献意识和相应的实际水平的企业家来担任大学生创业实践导师,充分利用他们的创新创业思想与实践平台、创新教育模式,有计划、有逻辑、有层次地对大学生进行创新创业与实践能力培养和教育。只有这样,高校的创新创业教育才能得到保障,才能由此培养出真正具有个性特质、品德特质、能力特质的创业复合型人才。

师资建设的具体途径有:聘请创业上有建树的,品德高尚、乐于奉献、责任心强的成功企业家来担任大学生创业实践导师,以"校企结对合作"的新形式,鼓励企业家(导师)与学生的定期交流和沟通。这有助于利用企业家自身所携带的机会和资源给学生提供创业实践的场所。

此外,导师还可以带领学生走进企业,亲临现场,感受成功企业的文化内核,体悟成功人士的心得。在丰富多彩的实践活动中充分调动学生在学习中的主动性、积极性和创造性,促使学生从课堂的被动接受转变为实地的主动吸取,真正做到学有所得、学有所用。

第三,积极搭建平台,重视实践活动,提升大学生创新创业实际操作能力。

创新创业能力教育包括让大学生掌握创新创业的基本技能、具备职业技术和经营管理能力、具备一定的社会实践能力等。培养大学生创新创业能力,实践是最好的课堂。只有将在学校里、课堂上、书本上学来的死知识灵活地运用到实践中去,接受实践的检验,才能使学生的创新能力得到质的提升。学校应积极搭建实践活动平台,合理增加实验和实践的时间,培养学生的科研能力和动手能力。一方面,学校要积极创建创业实践基地,为学生提供创业实践的机会。另一方面,学校要鼓励和引导大学生加入校办企业中去,使学生得到锻炼,提升能力。

提升大学生实际操作能力的具体途径有:组织开展社会实践竞赛活动,吸引更多的学生去认真思考创新与创业,为更多有想法、有行动力、有实践能力的创新型人才提供一个展示自我才华的舞台;开展创新性实践比赛、研究性学习,推出实验室创新项目,从而引导大学生自主探索的行为,强化大学生自主创新意识,提高其综合能力;组织大学生加入校办企业,建立孵化器,从资金上支持大学生创业,尽量为大学生提供最多的亲身参加创业实践的各种机会,通过不断实践积累丰富的经验,最终将创业理想付诸实践。

第四,从政策上鼓励、支持和扶助大学生创新创业。

2017年,习近平总书记在党的十九大报告中指出,创新是引领发展的第一动力,是建设现代化经济体系的战略支撑。因此大学生创新创业意识与能力的培养,不仅仅是单纯的学校行为,还是政府、社会和学校的共同行为,它的实施是一项系统工程。因此,在强化学校对大学生进行创业教育的同时,还必须加强学校、政府、社会之间的协调和配合。政府与社会应当从各种政策和规定上为大学生创新创业提供法律保障和社会支持,真正建构起三位一体的创业教育体系。

三 创业与就业的关系

人们常说:"创就(一番)事业。""创就事业"这四个字无论是字面还是内涵,都反映了当代大学生的创业趋向,"创"是创业,"就"是就业,"事"是事业,"业"是"职业"。这就是说,创业与就业既有共同的特点又有实质性的区别,换一句话说就是:创中有就,就中有创,二者的关系可以用"职业""事业"两个参照物来加以分析:创业:开创事业;就业:参加工作,有了职业;事业:人们所从事的并有一定目标、规模和系统的对社会发展有影响的经常性的活动;职业:个人在社会中所从事的并作为主要生活来源的工作。

(一)第一参照物"职业"

首先,创业与职业是什么关系?严格地讲,职业是不能与创业画等号的。然而,职业与创业又是有联系的。大多数情况下,创业总是从依附某个职业开始的,犹如飞船借助火箭起飞一样,一旦起飞成功,无论是价值还是意义,就远远大于依附体了。从人员数量上讲,职业远远大于自主创业的人数,因为依赖于职业的人占大多数;从人员流动上讲,在某个单位上工作几十年乃至终生的人居多;从创新的角度讲,职业无法产生创新,而创业必须有创新并且其本身就是创新。创业是职业产生的前提和基础,已经存在的职业仍然可以继续给创业提供平台。有了职业的个人,仍然可以以现有的职业为基础,进一步创新创业。

其次,创业与就业以职业为"参照物",创业属于就业的范畴。因为创业的目的与就业一样,都是为了谋个职业,都是为了获得劳动收入,就是为了有个基本的"生活来源",这种创业处于就业的中、低层次。在这个层次的创业行为,创业者表现的和就业者一样都是被动的,基本上听命于人,而且做出的很多东西可能并不是其最原始的想法。

最后,以创业的心态去就业。"先就业,再择业,择业之后再创业",这种提法对大学生就业是有积极意义的,但对有创业意识和激情的大学生来说,又在无意中起到了负面暗示。即便是倡导学生先就业,也应"以创业的心态去就业"为导向。以这种心态去就业才会珍惜自己的岗位,才会注重在实践中积累创业经验。

(二)第二参照物"事业"

以事业为"参照物",创业与就业的关系就发生了变化。这里的创业与就业的高级阶段相同,都作为一种事业,作为为人类做出贡献的手段。所以,就业属于创业的范畴。以事业为"参照物"的创业者承担着一份社会责任。这样的创业者懂得对每个人都有所交代、对每个家庭有所交代、对社会有所交代。事业背景下的创业远远大于就业,这时的创业和就业是不等值的。

这种情况突出表现在七个方面:创业是创造岗位群,就业是担心岗位消失;创业是在造钟,就业是在守这种不等值时;创业是在造无限的椅子,就业是在抢有限的椅子;创业的心态是破釜沉舟,就业的心态是三心二意;创业行为是主动的,就业行为是被动的;创业是在创造财富,就业是在分享财富;创业是"平面镜",就业是"哈哈镜"。

总的来说,创业是一项极富挑战性的活动,是指创业者投入一定的资本、智力、精力和时间等去创办独属于自己的企业的行为。在这一过程中,创业者需要承担更多的责任,面临更多的风险。当然,如果能够取得长足的成功,其收益也是相当乐观的。而与此相对的就业是指从业者为别人的公司服务,以谋求一份分工细致、相对稳定的工作岗位的行为。而对大学生而言,创业与就业相比较具有以下本质区别:

1. 从创业与就业之间的关系看

创业和就业是相互依存的。但创业是主动的,就业是被动的;创业是就业的前提,就业取决于创业。没有创业精神,就没有就业。如果创业的人少了,社会上就会有大量的失业者。

2. 从解决社会就业的角度看

企业家不仅解决自己的就业问题,还提供就业机会来解决别人的就业问题,从而解决国家的就业困难问题;然而,员工只能依靠企业家来解决就业问题。在社会劳动力供过于求的情况下,职工也增加了社会就业的负担,增加了国家解决就业问题的压力。例如,2020年应届高校毕业生有874万人,如果今年的应届毕业生中有10%的人去经营自己的企业,那么创业的大学毕业生将有87万人,如果一位创业者可以提供10位应届大学生的就业岗位,那么870万大学毕业生的就业问题就可以得到解决。而相反,如果没有应届大学生选择创业,而是所有人都在等待国家解决就业问题,等待社会提供就业岗位,那么可想而知,800多万的就业岗位需要社会、国家来提供,其压力和负担是多么大。调查显示,2016届全国高校毕业生创业率为2.93%,而一些发达国家高校毕业生创业率却能够达到20%~30%。各省市大学生创业成功率,以比例最高的浙江省来看,也仅有4%,明显低于国际大学生平均创业率。

3. 从自主权和才华施展的角度看

创业者拥有较大的自主权,因此,他们的才华有机会得到充分施展。因为企业是属于创业者自己的,他们有权对自己的企业进行自主的管理和经营。在这样的背景下,企业给了创业者一个施展自身能力的平台,他们的才华能够得以充分展现。相比较而言,就业者的自主权就相对较小,施展才华的机会也会受到很大的限制。这是因为企业是不属于就业者的,他们没有权利让企业按照自己的意志进行自主经营管理,而只能够在个人分工的岗位上发挥自己有限的作用。同样,在经营管理方面,哪怕就业者有很多好的金点子,也常常不能为别人认同和采纳,没有途径发声,"千里马"遇不到属于自己的"伯乐"。因此,就业者的知识和才华常常会没有用武之地,这种情况在家族企业里尤为突出。

4. 从社会贡献的角度看

如果将一个创业者和一个就业者进行比较,那么一个成功的创业者比一个就业者对社会的贡献要大得多。

(1) 创业者创办企业帮助推动我国经济社会发展

我国在改革开放的初始阶段,多数人只知道去就业而不知道去创业。这是因为以前在计划经济体制下,创业者是国家,作为个人只能去就业,因此,人们缺乏创业的意识。为解决中国众多劳动力的就业问题,邓小平力推改革开放,制定各种优惠政策吸引外资到中国来投资开办企业。从全国总体上看,除了浙江省采取以创业为主的经济发展模式外,全国各地大都是以依赖引进外资为主的经济,而自主创业的民族经济占的比重都很少。然而随着中国经济的发展,劳动力的工资水平在不断地提高,土地价格也在不断地上涨,税收等优惠政策也逐渐地被取消。这样一来,外资企业的生产成本也就在不断地上升,利润水平也就会随之不断地下降。这时,外国资本就会将企业转移。这样就会影响中国经济的健康发展和中国劳动力的就业问题。要想改善这一困局,就需要号召、动员和鼓励中国人,特别是中国的大学毕业生去自主创业,去创办属于中国人自己的民族企业,让企业的根深深地扎在中华大地的沃土之中。这样中国经济的发展就可以逐渐地摆脱对引进外资的依赖,进而抗击外资大规模出逃给国家经济、政治、社会带来动荡的风险,使中国经济立于不败之地。

(2) 创业者创办企业可以为国家创造更多的社会财富

创业者有能力、有机会、有资金为国家创造更多的社会财富。例如,腾讯控股有限公司(简称"腾讯公司")创业之初的资本仅有50万元,只有一间10多平方米的办公室。而现在,腾讯控股有限公司的深圳总部位于一座高190多米,面积达8.8万平方米的腾讯大楼里;2013年,腾讯公司的总营收为604.37亿元,按通用会计准则计算,净利润为156.63亿元。2013年9月4日腾讯控股有限公司公司股票每股为417港元,市值达7 749.82亿港元,约1 000亿美元,成为中国首个市值超1 000亿美元的互联网公司。从2004年每股股价3.7港元至今,腾讯股价累计上涨超过100倍。2014年3月7日,腾讯每股最高价为646港元,市值达到12 002.63亿港元。又如,马云创办的淘宝网,在2019年11月11日当天,交易额就超过2684亿元。

(3) 创业者创办企业可以大量解决就业问题

如今,就业形势严峻,大量的劳动力无法获得就业岗位和就业机会。而创业者创办企业正可以有效缓解严峻的就业问题,从而为国家排忧解难,维持社会稳定。还以腾讯公司为例,1998年创立之时,员工仅5人。而如今,腾讯公司的员工人数数以万计,服务数亿网民,成为全球市值名列第三的新型互联网企业。又如阿里巴巴平台,为1 096万电子商务专业人员提供了岗位。淘宝网购平台创造37.3万个直接就业岗位、106.3万个间接就业岗位;淘宝网购平台为物流业创造10.8万个就业岗位。由此可见,规模大、产业链完整的企业明显有助于缓解社会就业压力,为更多的人提供了宝贵的就业机会。

(4) 创业者如能把创新和创业结合起来,就可以起到引领社会发展的作用

创业者如能把创新和创业结合起来,就可以引领社会发展,使人类社会向更高层次发展。比尔·盖茨自1975年创立微软公司至今,他和他的团队缔造了一个庞大的微软帝国,引领了全球软件业的发展。随着Windows操作系统走进千家万户,微软公司推动了个人电脑业的迅速发展,推动互联网蓬勃兴起,开创并引领人类社会迈进全新的信息时代。又如,

腾讯公司董事长马化腾把英文界面的 ICQ 开发成一个中文的 ICQ 软件,从此,把创新与创业相结合踏上了创业的征途。马化腾创立的即时通信软件 QQ 改变了人们的通信方式和生活方式,使中国互联网在全球的发展中,已经不仅仅是跟随者,在一些方面已经成为领导者。马云创立的淘宝网,已在很大程度上改变了传统的商业模式,让人们真的实现"足不出户"的便捷生活。可见,创业者若能把创新与创业相结合,并取得成功,就能促使整个社会向前进步,引领人类社会向更高层次发展。

5. 从经济收入的角度看

创业成功者的收入一般高于就业者,他们更容易通过创业达到致富的目标。根据麦可思研究院《2018 年中国大学生就业报告》(就业蓝皮书)显示,相较全国平均水平,自主创业的毕业生月收入优势明显:2017 届本科毕业生半年后自主创业人群的月收入为 5 785 元,比 2017 届本科毕业生半年后平均月收入(4 774 元)高 1 011 元;2017 届高职高专毕业生半年后自主创业人群的月收入为 4 880 元,比 2017 届高职高专毕业生半年后平均月收入(3 860 元)高 1 020 元。

6. 从抗挫折能力的角度看

由于受到主客观因素变化的影响,人们在职业生涯的过程中,无论是创业还是就业都不可能总是一帆风顺的,经受某些挫折是不可避免的。但是,在抗挫折的能力方面,创业者一般都比就业者更强。这是因为创业者具有不怕风险和挫折的胆量和勇气,更具有丰富知识和经验的聪慧头脑和不屈不挠的拼搏精神,他们在困难面前敢于勇往直前,绝不退却,千方百计地去寻找摆脱困境的办法,从而渡过难关,最终到达成功的彼岸。

例如,比尔·盖茨从借来的几百美元开始艰难起家,在事业发展过程中,也发生了十次大的失误和挫折,但是比尔·盖茨都能把它们化解了。又如,乔布斯在苹果公司临近破产时,力挽狂澜,使苹果又重新走向了辉煌。再如,马化腾在创立腾讯公司后,开发中文 QQ 产品后不久就遇到了资金困境,几经挫折找到投资,才使腾讯公司走上了快速发展的轨道,现跃身为世界级知名企业。而就业者在社会分工细化的当今,已失去了劳动的独立性,一旦失业就很难就业。

7. 从综合素质和能力要求来看

创业对创业者的综合素质和能力要求较高,而就业对就业者的综合素质和能力要求较低。这是因为,企业家不仅要掌握与创业相关的专业知识和技能,还要学习企业内部人员的管理、财务和物质资源的管理、外部市场的运营活动,熟悉财务、税务、谈判等方面的知识和技能。可见,企业家所需的综合素质和能力要求都比较高,企业家应该是通才。正如原中国科学院大学经济与管理学院院长成思危所说:"企业家应该有一个四维的知识结构。"创业者也是一样:必须脚踏实地,避免骄傲自大;善于处理人际关系,具备一定的沟通能力;不要害怕失败,要有百折不挠的精神和强大的心理承受力。因此,如果一个大学毕业生想要创业,就应该在未来的创业知识和能力的基础上全面学习,从而为创业做好充分的准备。而对就业者来说,固定从事某一项工作比较简单,只要自己掌握了适合工作要求的专业知识和技能就可以胜任。正因为如此,许多就业的大学毕业生在学校学到了很多知识,而到单位工作只运用了很少的知识。

8. 从风险的角度来看

创业者的风险远大于员工的风险。在创业的过程中,创业者需要付出资金、智力、时间等无数成本,一旦创业失败,这些成本都会付诸东流。与创业者相比,如果遭遇失业,就业者失去的只是一时的经济收入。一旦重新就业后,失业风险也就得以化解。因此,创业者的风险比员工的风险更大。当然,根据市场经济的一般规律,风险与收益往往是正相关的。这也正告诉我们:机遇与挑战并存,勇敢抓住机会,敢于直面风险,才有可能实现自己的创业目标。

第六章 大学生创新创业大赛

大学生创新创业大赛的目的是为了深化高等教育综合改革,激发大学生的创造力,培养"大众创业、万众创新"的生力军,推动赛事成果转化和高校产学研用紧密结合,以创新引领创业、创业带动就业。通过大赛引导高校主动服务国家创新驱动发展战略,积极开展教学改革探索,把创新创业教育纳入课程体系,把创新创业教育融入人才培养全过程,切实提高高校学生的创新精神、创业意识和创新创业能力。

第一节 赛事简介

一 "互联网+"大学生创新创业大赛

"互联网+"大学生创新创业大赛是国家主席习近平批示、国务院总理李克强于2015年倡导发起的,由教育部、中央网络安全和信息化委员会办公室、国家发展和改革委员会、工业和信息化部、人力资源和社会保障部、中国工程院、国家知识产权局、共青团中央等多个中央部委和地方省级人民政府共同主办的重大创新创业赛事。近几年每年总决赛期间国务院副总理孙春兰都会莅临指导。大赛旨在深化高等教育综合改革,激发大学生的创造力,培养造就"大众创业、万众创新"的生力军,推动赛事成果转化,促进"互联网+"新业态形成,主动服务经济提质增效升级,以创新引领创业、创业带动就业,推动高校毕业生更高质量的创业就业。

截至2019年11月,此赛事已经在吉林(吉林大学)、湖北(华中科技大学)、陕西(西安电子科技大学)、深圳(厦门大学)、浙江(浙江大学)等地举办5届。教育部高等教育司司长吴岩介绍说,5届大赛累计有947万名大学生、230万个大学生团队参赛,孵化了一大批高质量创业项目。

【案例】 爆炸实验室。

爆炸实验室由南京林业大学信息科学技术学院2016届电气信息工程专业学生水鹏飞于2016年11月创办,是中国领先的亲子科学实验教育品牌,至今已经自主研发600多个科学实验,是中国目前最大的科学实验内容库。它在全网拥有超过300万的粉丝,科学实验视频累计播放量超过8亿次。爆炸实验室研发团队成员均来自"双一流"高校博士、硕士研究生,由院士、科学家担任顾问。它成立至今累计研发超过300种实验材料产品,40个主题实验盒子,用户口碑极佳。爆炸实验室受众为有3～15岁孩子的亲子家庭用户,家长和孩子通过爆炸实验室自媒体学习科学实验,购买爆炸实验室科学实验材料盒子,来进行实验操作和学习。爆炸实验室线上通过"爆炸实验室亲子课堂"公众号、"爆炸实验室材料商城"小程序和淘宝旗舰店进行产品销售;线下与政府深度合作,赋能教育机构和学校出售产品和课程体系。爆炸实验室还推出科学学堂训练营课程,来满足家长和孩子进行更多更深入实验学习的愿望。爆炸实验室希望通过继续努力,让每个孩子都能学到简单有趣的科学,为中国的基础科学教育做出一定的贡献。爆炸实验室项目于2019年代表南京林业大学参加第五届中国"互联网+"大学生创新创业大赛,经过激烈的角逐,最终获得银奖,实现南京林业大学参加该项大赛以来的历史性突破。

(一)高教主赛道参赛方案

本科高校的参赛项目能够将移动互联网、云计算、大数据、人工智能、物联网、下一代通信技术等新一代信息技术与经济社会各领域紧密结合,培育新产品、新服务、新业态、新模式;发挥互联网在促进产业升级以及信息化和工业化深度融合中的作用,促进制造业、农业、能源、环保等产业转型升级;发挥互联网在社会服务中的作用,创新网络化服务模式,促进互联网与教育、医疗、交通、金融、消费生活等深度融合。

1. 参赛项目主要包括以下类型

(1)"互联网+"现代农业,包括农、林、牧、渔等;

(2)"互联网+"制造业,包括先进制造、智能硬件、工业自动化、生物医药、节能环保、新材料、军工等;

(3)"互联网+"信息技术服务,包括人工智能技术、物联网技术、网络空间安全技术、大数据、云计算、工具软件、社交网络、媒体门户、企业服务、下一代通信技术等;

(4)"互联网+"文化创意服务,包括广播影视、设计服务、文化艺术、旅游休闲、艺术品交易、广告会展、动漫娱乐、体育竞技等;

(5)"互联网+"社会服务,包括电子商务、消费生活、金融、财经法务、房产家居、高效物流、教育培训、医疗健康、交通、人力资源服务等。

参赛项目不只限于"互联网+"项目,鼓励各类创新创业项目参赛,且可根据行业背景选择以上五种相应类型。

2. 参赛项目要求

(1)参赛项目须真实、健康、合法,无任何不良信息,项目立意应弘扬正能量,践行社会主义核心价值观。参赛项目不得侵犯他人知识产权;所涉及的发明创造、专利技术、资源等必须拥有清晰合法的知识产权或物权;抄袭、盗用、提供虚假材料或违反相关法律法规一经发现即刻丧失参赛相关权利并自负一切法律责任。

(2)参赛项目涉及他人知识产权的,报名时须提交完整的具有法律效力的所有人书面授权许可书、专利证书等;已完成工商登记注册的创业项目,报名时须提交营业执照及统一社会信用代码等相关复印件、单位概况、法定代表人情况、股权结构等。参赛项目可提供当前财务数据、已获投资情况、带动就业情况等相关证明材料。已获投资(或收入)1 000万元以上的参赛项目,请在全国总决赛时提供相应佐证材料。

(3) 以团队为单位报名参赛。允许跨校组建团队,每个团队的参赛成员不少于3人,须为项目的实际成员。参赛团队所报参赛创业项目,须为本团队策划或经营的项目,不得借用他人项目参赛。

(4) 参赛项目根据各赛道相应的要求,只能选择一个符合要求的赛道参赛。已获往届中国"互联网＋"大学生创新创业大赛全国总决赛各赛道金奖和银奖的项目,不可报名参加下一届大赛。

(5) 各省(区、市)教育厅(教委),新疆生产建设兵团教育局,各有关学校负责审核参赛对象资格。

3. 参赛组别和对象

根据参赛项目所处的创业阶段、已获投资情况和项目特点,分为创意组、初创组、成长组、师生共创组。具体参赛条件如下:

1) 创意组

参赛项目具有较好的创意和较为成型的产品原型或服务模式,在规定时间之前尚未完成工商登记注册,并符合以下条件:

(1) 参赛申报人须为团队负责人,须为普通高等学校在校生(可为本专科生、研究生,不含在职生)。

(2) 高校教师科技成果转化的参赛项目不能参加创意组(科技成果的完成人、所有人中有参赛申报人的除外)。

2) 初创组

参赛项目工商登记注册未满3年,且获机构或个人股权投资不超过1轮次,并符合以下条件:

(1) 参赛申报人须为初创企业法人代表,须为普通高等学校在校生(可为本专科生、研究生,不含在职生),或毕业5年以内的毕业生。企业法人代表在大赛通知发布之日后进行变更的不予认可。

(2) 初创组项目的股权结构中,参赛企业法人代表的股权不得少于10%,参赛成员股权合计不得少于1/3。

(3) 高校教师科技成果转化的项目可以参加初创组,允许将拥有科研成果的教师的股权与学生所持股权合并计算,合并计算的股权不得少于51%(学生团队所持股权比例不得低于26%)。

3) 成长组

参赛项目工商登记注册3年以上,或工商登记注册未满3年,获机构或个人股权投资2

轮次以上(含2轮次),并符合以下条件：

(1) 参赛申报人须为企业法人代表,须为普通高等学校在校生(可为本专科生、研究生,不含在职生),或毕业5年以内的毕业生。企业法人代表在大赛通知发布之日后进行变更的不予认可。

(2) 成长组项目的股权结构中,参赛企业法人代表的股权不得少于10%,参赛成员股权合计不得少于1/3。

(3) 高校教师科技成果转化的项目可以参加成长组,允许将拥有科研成果的教师的股权与学生所持股权合并计算,合并计算的股权不得少于51%(学生团队所持股权比例不得低于26%)。

4) 师生共创组

参赛项目中高校教师持股比例大于学生持股比例的只能参加师生共创组,并符合以下条件：

(1) 参赛项目必须注册成立公司,且公司注册年限不超过5年,师生均可为公司法人代表,企业法人代表在大赛通知发布之日后进行变更的不予认可。

(2) 参赛申报人须为普通高等学校在校生(可为本专科生、研究生,不含在职生),或毕业5年以内的毕业生。

(3) 参赛项目中的教师须为高校在编教师。参赛项目的股权结构中,师生股权合并计算不低于51%,且学生参赛成员合计股份不低于10%。

(二)"青年红色筑梦之旅"参赛方案

为全面贯彻落实习近平总书记重要回信精神,持续推动形成"延安一把火,全国一片红"的发展态势,弘扬开天辟地的"红船精神",立足红色传承、立足实际需求、立足强国建设,大赛主办单位组织百万名大学生参与"青年红色筑梦之旅"(以下简称"红旅")活动,他们深入革命老区、贫困地区和城乡社区,接受思想洗礼,助力精准扶贫、乡村振兴和社区治理,用创新创业的生动实践汇聚起民族复兴的磅礴力量。

参加"青年红色筑梦之旅"活动的项目,符合大赛参赛要求的,可自主选择参加大赛"青年红色筑梦之旅"赛道或其他赛道比赛(只能选择参加一个赛道)。"青年红色筑梦之旅"赛道单列奖项、单独设置评审指标,突出项目的社会贡献和公益价值。

【附件】

习近平总书记给第三届中国"互联网+"大学生创新创业大赛
"青年红色筑梦之旅"的大学生的回信

第三届中国"互联网+"大学生创新创业大赛"青年红色筑梦之旅"的同学们：

来信收悉。得知全国150万大学生参加本届大赛,其中上百支大学生创新创业团队参加了走进延安、服务革命老区的"青年红色筑梦之旅"活动,帮助老区人民脱贫致富奔小康,既取得了积极成效,又受到了思想洗礼,我感到十分高兴。

延安是革命圣地,你们奔赴延安,追寻革命前辈伟大而艰辛的历史足迹,学习延安精神,坚定理想信念,锤炼意志品质,把激昂的青春梦融入伟大的中国梦,体现了当代中国青年奋发有为的精神风貌。

实现全面建成小康社会奋斗目标,实现社会主义现代化,实现中华民族伟大复兴,需要一批又一批德才兼备的有为人才为之奋斗。艰难困苦,玉汝于成。今天,我们比历史上任何时期都更接近实现中华民族伟大复兴的光辉目标。祖国的青年一代有理想、有追求、有担当,实现中华民族伟大复兴就有源源不断的青春力量。希望你们扎根中国大地了解国情民情,在创新创业中增长智慧才干,在艰苦奋斗中锤炼意志品质,在亿万人民为实现中国梦而进行的伟大奋斗中实现人生价值,用青春书写无愧于时代、无愧于历史的华彩篇章。

习近平

2017 年 8 月 15 日

1. 参赛项目要求

(1) 参加"青年红色筑梦之旅"赛道的项目要在推进革命老区、贫困地区、城乡社区经济社会发展等方面有创新性、实效性和可持续性。

(2) 参赛项目须真实、健康、合法,无任何不良信息,项目立意应弘扬正能量,践行社会主义核心价值观。参赛项目不得侵犯他人知识产权;所涉及的发明创造、专利技术、资源等必须拥有清晰合法的知识产权或物权;抄袭、盗用、提供虚假材料或违反相关法律法规一经发现即刻丧失参赛相关权利并自负一切法律责任。

(3) 参赛项目涉及他人知识产权的,报名时须提交完整的具有法律效力的所有人书面授权许可书、专利证书等;已完成工商登记注册的创业项目,报名时须提交营业执照及统一社会信用代码等相关复印件、单位概况、法定代表人情况、股权结构等。参赛项目可提供当前财务数据、已获投资情况、带动就业情况等相关证明材料。已获投资(或收入)1 000 万元以上的参赛项目,请在全国总决赛时提供相应佐证材料。

(4) 以团队为单位报名参赛。允许跨校组建团队,每个团队的参赛成员不少于 3 人,须为项目的实际成员。参赛团队所报参赛创业项目,须为本团队策划或经营的项目,不得借用他人项目参赛。

(5) 各省(区、市)教育厅(教委),新疆生产建设兵团教育局,各有关学校负责审核参赛对象资格。

2. 参赛组别和对象

参加大赛"青年红色筑梦之旅"赛道的项目须为参加"青年红色筑梦之旅"活动的项目。根据项目性质和特点,分为公益组、商业组。

1) 公益组

参赛项目以社会价值为导向,在公益服务领域具有较好的创意、产品或服务模式的创业计划和实践,并符合以下条件:

(1) 参赛申报主体为独立的公益项目或者社会组织,注册或未注册成立公益机构(或社会组织)的项目均可参赛。

(2) 参赛申报人须为项目实际负责人,须为普通高等学校在校生(可为本专科生、研究生,不含在职生),或毕业5年以内的毕业生。企业法人代表在大赛通知发布之日后进行变更的不予认可。

(3) 师生共创的公益项目,若符合"青年红色筑梦之旅"赛道要求,可以参加该组。

2) 商业组

参赛项目以商业手段解决农业农村和城乡社区发展的痛点问题、助力精准扶贫和乡村振兴,实现经济价值和社会价值的融合,并符合以下条件:

(1) 参赛申报人须为项目实际负责人,须为普通高等学校在校生(可为本专科生、研究生,不含在职生),或毕业5年以内的毕业生。企业法人代表在大赛通知发布之日后进行变更的不予认可。

(2) 注册或未注册成立公司的项目均可参赛。已完成工商登记注册参赛项目的股权结构中,企业法人代表的股权不得少于10%,参赛成员股权合计不得少于1/3。如已注册成立机构或公司,学生须为法人代表。

(3) 师生共创的商业组项目只能参加高教主赛道,不能报名参加"青年红色筑梦之旅"赛道。

3. 赛制

大赛采用校级初赛、省级复赛、全国总决赛三级赛制。校级初赛由各高校负责组织,省级复赛由各地负责组织,全国总决赛由各地按照大赛组委会确定的配额择优遴选推荐项目。大赛组委会将综合考虑各地报名团队数、参赛学校数和创新创业教育工作情况等因素分配全国总决赛名额。

高教主赛道每所学校入选全国总决赛项目总数不超过4个,"青年红色筑梦之旅"赛道每所学校入选全国总决赛团队总数不超过2个,国内外双学籍类高校入选总决赛国际赛道项目总数不超过2个。

4. 评审规则

1) 高教主赛道创意组项目评审要点

表6-1 高教主赛道创意组项目评审要点

评审要点	评审内容	分值
创新性	突出原始创新和技术突破的价值,不鼓励模仿;在商业模式、产品服务、管理运营、市场营销、工艺流程、应用场景等方面寻求突破和创新;鼓励项目与高校科技成果转移转化相结合,取得一定数量和质量的创新成果(专利、创新奖励、行业认可等)	40
团队情况	团队成员的教育和工作背景、创新思想、价值观念、分工协作和能力互补情况;项目拟成立公司的组织构架、股权结构与人员配置安排合理;创业顾问、潜在投资人以及战略合作伙伴等外部资源的使用计划和有关情况	30

续表

评审要点	评审内容	分值
商业性	商业模式设计完整、可行,项目盈利能力推导过程合理;在商业机会识别与利用、竞争与合作、技术基础、产品或服务设计、资金及人员需求、现行法律法规限制等方面具有可行性;行业调查研究深入翔实,项目市场、技术等调查工作形成一手资料,强调田野调查和实际操作检验;项目目标市场容量及市场前景,未来对相关产业升级或颠覆的可能性,近期融资需求及资金使用规划是否合理	20
社会效益	项目发展战略和规模扩张策略的合理性和可行性,预判项目可能带动社会就业的能力	10

2)"青年红色筑梦之旅"赛道公益组项目评审要点

表6-2 "青年红色筑梦之旅"赛道公益组项目评审要点

评审要点	评审内容	分值
公益性	项目以社会价值为导向,以解决社会问题为使命,不以营利为目的,有可预见的公益成果,公益受众的覆盖面广;在公益服务领域有良好产品或服务模式	20
项目团队	团队成员的基本素质、业务能力、奉献意愿和价值观与项目需求相匹配;团队或公司组织架构与分工协作合理;团队权益结构或公司股权结构合理;团队的延续性或接替性	20
实效性	项目对精准扶贫、乡村振兴和社区治理等社会问题的贡献度;在引入社会资源方面对农村组织和农民增收、地方产业结构优化的效果;项目对促进就业、教育、医疗、养老、环境保护与生态建设等方面的效果	20
创新性	鼓励技术或服务创新、引入或运用新技术;鼓励高校科研成果转化;鼓励组织模式创新或进行资源整合	20
可持续性	项目的持续生存能力;创新研发、生产销售、资源整合等持续运营能力;项目模式可复制、可推广、具有示范效应等	20
必要条件	参加由学校、省市或全国组织的"青年红色筑梦之旅"活动,符合公益性要求	

二 "创青春"全国大学生创业大赛

2013年11月8日,习近平总书记向全球创业周中国站活动组委会专门致贺信,特别强调了青年学生在创新创业中的重要作用,并指出全社会都应当重视和支持青年创新创业。党的十八届三中全会对"健全促进就业创业体制机制"做出专门部署,指出了明确方向。为贯彻落实习近平总书记系列重要讲话和党中央有关指示精神,适应大学生创业发展的形势需要,在原有"挑战杯"中国大学生创业计划竞赛的基础上,共青团中央、教育部、人力资源和社会保障部、中国科协、全国学联决定,自2014年起共同组织开展"创青春"全国大学生创业大赛,每两年举办一次。

【案例】"聚爱之家"。

"聚爱之家"戏剧公益项目源于该组织坚持12年的"一小时轻松阳光"志愿服务微公益项目,并结合坚持11年的校园戏剧志愿服务项目,致力于解决社区空巢老人及新市民的精神陪伴问题,提升大学生艺术素养和社会责任意识,以"公益需求"+"戏剧需求"积极响应社会养老需求,推行戏剧陪伴与疏导、戏剧教育、戏剧帮扶的先进理念。从2008年至今,"聚爱之家"公益团队在江苏、安徽、江西等地建立了23个公益基地,参与支教志愿者累计500余人,受益人数超15 000人。

根据前期调研,在全国范围内,以戏剧为主题的相关公益教育机构屈指可数;在江苏省范围内,"聚爱之家"是唯一一家集结全省大学生戏剧教育资源的团队,将已有的60余所戏剧社团整合成为首个具有创业能力的戏剧资源平台,并依托江苏省戏剧家协会的强大艺术指导、创作资源,聘请了全省6名资深戏剧专家作为项目的艺术指导,有效保障了项目的权威性、专业性。该项目为空巢老人点燃艺术的激情,为新市民点亮艺术的梦想,将丰富空巢老人生活、缓解新市民的孤独心理、提供优质文化服务、引导前期服务对象回馈社会作为主要发展方向,鼓励他们加入"聚爱之家"中,在获得自身生活和精神改善的同时,回馈社会,用戏剧文化帮助更多需要帮助的人,从而实现"扶贫"到"扶心"的转变。聚爱之家项目代表南京林业大学参加2018年"创青春"全国大学生创业大赛,最终获得银奖,实现南京林业大学参加该项大赛以来的历史性突破。

(一)大赛宗旨

培养创新意识、启迪创意思维、提升创造能力、造就创业人才。

(二)大赛类别

面向高等学校在校学生或毕业未满3年的高校毕业生,且已投入实际创业3个月以上,以商业计划书评审、现场答辩等作为参赛项目的主要评价内容。大赛下设大学生创业计划竞赛(即"挑战杯"中国大学生创业计划竞赛)、创业实践挑战赛、公益创业赛等3项主体赛事。

大学生创业计划竞赛面向高等学校在校学生,以商业计划书评审、现场答辩等作为参赛项目的主要评价内容。

创业实践挑战赛面向高等学校在校学生或毕业未满3年的高校毕业生,且已投入实际创业3个月以上,以经营状况、发展前景等作为参赛项目的主要评价内容。

公益创业赛面向高等学校在校学生,以创办非营利性质社会组织的计划和实践等作为参赛项目的主要评价内容。

(三)参赛对象

当年7月1日以前正式注册的全日制非成人教育的各类高等院校在校专科生、本科生、硕士研究生和博士研究生(均不含在职研究生)可参加全部3项主体赛事;毕业3年以内的专科生、本科生、硕士研究生和博士研究生可代表原所在高校参加创业实践挑战赛(须提供毕业证证明,仅可代表最终学历颁发高校参赛)。

(四) 参赛项目形式

1. 大学生创业计划竞赛

参加竞赛项目分为已创业与未创业两类;分为农林、畜牧、食品及相关产业,生物医药、化工技术和环境科学、信息技术和电子商务、材料、机械能源、文化创意和服务咨询等7个组别。

拥有或授权拥有产品或服务,并已在工商、民政等政府部门注册登记为企业、个体工商户、民办非企业单位等组织形式,且法人代表或经营者为符合参赛对象规定的在校学生,运营时间在3个月以上的项目,可申报已创业类。

拥有或授权拥有产品或服务,具有核心团队,具备实施创业的基本条件,但尚未在工商、民政等政府部门注册登记或注册登记时间在3个月以下的项目,可申报未创业类。

2. 创业实践挑战赛

拥有或授权拥有产品或服务,并已在工商、民政等政府部门注册登记为企业、个体工商户、民办非企业单位等组织形式,且法人代表或经营者符合参赛对象规定,运营时间在3个月以上的项目,可申报该赛事。

3. 公益创业赛

拥有较强的公益特征(有效解决社会问题,项目收益主要用于进一步扩大项目的范围、规模或水平)、创业特征(通过商业运作的方式,运用前期的少量资源撬动外界更广大的资源来解决社会问题,并形成可自身维持的商业模式)、实践特征(团队须实践其公益创业计划,形成可衡量的项目成果,部分或完全实现其计划的目标成果)的项目,且参赛学生符合参赛对象规定,可申报该赛事。

(五) 评价标准

1. 创业计划竞赛参考评审标准

(1) 创业机会(20%):项目的产业背景和市场竞争环境;项目的市场机会和有效的市场需求、所面对的目标顾客;项目的独创性、领先性以及实现产业化的途径等。

(2) 发展战略(20%):项目的商业模式、研发方向、扩张策略,主要合作伙伴与竞争对手等;面临的技术、市场、财务等关键问题,提出合理可行的规避计划。

(3) 营销策略(20%):结合项目特点制定合适的市场营销策略,包括对自身产品、技术或服务的价格定位、渠道建设、推广策略等。

(4) 财务管理(20%):股本结构与规模、资金来源与运用;盈利能力分析;风险资金退出策略等。

(5) 管理团队(20%):管理团队各成员有关的教育和工作背景、成员的分工和互补;公司的组织构架以及领导层成员;创业顾问,主要投资人和持股情况。

2. 创业实践挑战赛参考评审标准

(1) 经营状况(25%):项目的营业收入、税收上缴、现金流量、持续盈利能力、市场份额等情况;主营业务利润、总资产收益、净资产收益、销售收入增长等情况。

(2) 发展前景(25%):项目的产业背景和市场竞争环境;项目的市场机会和有效的市场需求、所面对的目标顾客;项目的独创性、领先性以及实现产业化的途径等;项目的商业模式、研发方向、扩张策略,主要合作伙伴与竞争对手等;面临的技术、市场、财务等关键问题,提出合理可行的规避计划。

(3) 营销策略(25%):结合项目特点制定合适的市场营销策略,包括对自身产品、技术或服务的价格定位、渠道建设、推广策略等。

(4) 财务管理(25%):股本结构与规模、资金来源与运用;盈利能力分析;风险资金退出策略等。

3. 公益创业赛参考评审标准

(1) 公益性(35%):项目以公益为目的,基于对社会的充分了解和关注,瞄准某一具体社会问题进行立项,进而设计方案、付诸行动来加以解决;项目的受益者应为普通大众或弱势群体;项目商业运作产生的收益,主要用于进一步推进项目进展,扩大项目规模。

(2) 创业性(35%):项目应采用商业运作来解决瞄准的社会问题,运用相对少量的启动资源,来撬动社会各界的相对大量的发展资源;项目运行状态应该在消耗资源的过程中通过某一商业模式不断引入新的资源,使项目可自身维持、可持续发展;项目充分考虑投入、吸收资源与所产生的社会效益的比例,具有普适性、可推广性的运作模式。

(3) 实践性(30%):项目执行计划的设计充分考虑可行性,即需要考虑在预定的时间、人力、资源范围内,综合当地实际情况,设定切实可行的项目进度及目标。

4. 创业大赛及其报名方式

中国"互联网+"大学生创新创业大赛,https://cy.ncss.org.cn/+.

"创青春"全国大学生创业大赛,http://www.chuangqingchun.net/.

"挑战杯"全国大学生课外学术科技作品竞赛,http://www.tiaozhanbei.net/.

中国创新创业大赛,http://www.cxcyds.com/.

"创青春"中国青年创业大赛,http://cqc.casicloud.com/youthCmpe/common/home.do+.

创客中国中小企业创新创业大赛,http://www.cnmaker.org.cn/.

全国大学生电子商务"创新、创意及创业"挑战赛,http://www.3chuang.net/.

"学创杯"全国大学生创业综合模拟大赛,http://cyds.monilab.com/cyds/index.

中华职业教育创新创业大赛,https://www.zhzicxcy.com/#.

中国大学生服务外包创新创业大赛,http://www.fwwb.org.cn/.

全国大学生生命科学创新创业大赛,公众号:mkxc.

全国高校智能交通创新与创业大赛,http://itsc.cqitu.edu.cn/trafficcompetition/index.html.

全国大学生体育产业创新创业大赛,http:/swmh.tysc.net.cn/+.

"能源·智慧·未来"全国大学生创新创业大赛,http://e-future.upc.edu.cn/web/index.html.

中国大学生高分子材料创新创业大赛,http:/pmc.rubbervalley.com+.

中国大学生跨境电子商务创新创业大赛,http://www.e-bizer.org/+.

全国中医药高等院校大学生创新创业大赛,http://pkwlziedu.com/cmsw.

全国财经院校创新创业大赛,http://cicy.Zuel.edu.cn/.

全国林业创新创业大赛,http://yds.sallingon.cn/.

中国杭州大学生创业大赛,http://o.hzrc.com/cv/.

全国"互联网+"快递大学生创新创业大赛,http://kdcxcy.spbosta.org/+.

全国大学生网络创新创业大赛,http://www.yiban.cn/project/2015idea/index.ph.

中国大学生公共关系策划创业大赛,http://cusprpc2019.cipra.org.cn/#/home.

第二节 参赛须知

一 "互联网+"大学生创新创业大赛

（一）校赛

1. 报名时间

每年10月中旬至12月。

2. 报名方式

参赛选手登录南京林业大学创新创业服务网(http://chuangye.njfu.edu.cn)了解本次比赛详细情况,下载报名表和项目计划书模板。通过专家评选和现场展示的方式,评出名次与奖项。大赛共设一等奖1名,二等奖2名,三等奖3名,优秀奖6名,优秀指导教师奖6名,学院最佳组织奖3项。

3. 奖项设置

(1) 优秀组织奖3项。大赛组委会根据各学院组织、宣传和推动情况结合参赛学生数量、成绩等因素评选优秀组织奖。

(2) 优秀指导教师奖6名。根据指导团队的参赛数量、组织培训情况、最终成绩等因素评选优秀指导教师奖。

(3) 奖项类别。

一等奖1名,奖励:获奖证书,奖金3 000元。

二等奖2名,奖励:获奖证书,奖金2 000元。

三等奖 3 名,奖励:获奖证书,奖金 1 000 元。

优秀奖 6 名,奖励:获奖证书,奖金 500 元。

进入大赛决赛的项目,如果落户到宝华大学生创业园内或句容人才科技工作站内的,每个项目将给予 1 万元落户扶持资金。创业项目入选"福地英才"计划后,可再享受 60 万元、150 万元和 300 万元的项目资助。

(二)省赛

1. 省赛时间

每年的 6 月—8 月。

2. 省赛流程安排

每所高校根据省教育厅计划分配项目名额参加省赛,省赛初赛采取网络评审,评选出部分项目参加省赛决赛,被淘汰的项目获得省三等奖,晋级的项目可以角逐省赛一等奖,没有获得一等奖的项目自然获得二等奖。决赛分为大赛分组、项目抽签、奖项设定、项目路演、评委打分等流程。

3. 省赛决赛答辩注意事项

参加决赛的高校指定领队 1 名,每个入围决赛的团队指导教师 1 名,参赛队员 3~5 名。参赛队员凭参赛证进入答辩现场。进入答辩教室时,需现场提交 8 份纸质创业计划书。抽签结束确定比赛教室后,提交并拷贝参赛 PPT,并进行现场测试。各赛道组别陈述和回答问题时间要求如下:

(1) 高教主赛道:创意组、初创组、成长组和师生共创组 10 分钟的陈述和 5 分钟的回答问题。

(2) "青年红色筑梦之旅"赛道:公益组和商业组 10 分钟的陈述和 5 分钟的回答问题。

4. 省赛训练营

江苏省教育厅为了更好地营造大赛氛围,进一步提升大学生创新创业能力和教师创新创业教育教学能力,更好地指导和帮助获得江苏"互联网+"大学生创新创业大赛一等奖项目备战国赛,助推项目成功创业并且发展壮大,举办三期训练营,并且实行淘汰制度,要求项目组学生团队和第一指导教师必须全程参与辅导,如不能参加需要履行请假手续(第一指导教师写出书面申请并由高校主管部门主要领导签字确认),并指派一位其他指导教师全程参加。从 7 月中旬到 8 月底,安排三期训练营,分别对 PPT、计划书、路演汇报进行深度辅导,每一期的要求都非常严苛,最终根据三次辅导汇报总成绩进行排位,成绩优异的项目获得晋级国赛资格。江苏省第五届中国"互联网+"大学生创新创业大赛推荐参加国赛的项目数量见表 6-3。

表6-3 第五届"互联网+"大学生创新创业大赛江苏省推荐国赛项目数量

序号	赛道及推荐名额	组别	教育部计划分配名额
1	高教主赛道(35)	创意组	12
2		初创组	15
3		成长组	4
4		师生共创组	4
5	"红旅"赛道(7)	公益组	3
6		商业组	4
7	职教赛道(9)	创意组	5
8		创业组	4

（三）国赛

1. 国赛的时间

每年9月至10月。

2. 国赛的流程安排

每个省份根据教育部计划分配项目名额参加国赛，国赛初赛采取网络评审，评选出部分项目参加国赛决赛，被淘汰的项目获得国赛铜奖，晋级的项目可以角逐国赛金奖，没有获得金奖的项目自然获得银奖。决赛分为赛前准备、现场确认、决赛答辩环节、成绩确认、晋级赛等流程。

3. 国赛注意事项

国赛答辩时间，每个项目展示时间不超过10分钟，问答时间不超过5分钟，每阶段结束前1分钟会有工作人员提示，时间结束将立即终止答辩。参赛者在金奖争夺赛小组未获得金奖，但是排名领先可以参加复活赛。

4. 复活赛安排

"铜奖晋银奖"复活赛项目展示时间5分钟，答辩2分钟，每阶段结束前1分钟有工作人员提示，时间结束将立即终止答辩。

"银奖晋金奖"复活赛项目展示时间5分钟，答辩2分钟，每阶段结束前1分钟有工作人员提示，时间结束将立即终止答辩。

二 "创青春"全国大学生创业大赛

"创青春"全国大学生创业大赛的3项主体赛事分预赛、复赛和决赛3个阶段进行。各阶段比赛具体事宜参见大赛官方网站(http://www.chuangqingchun.net/)的通知。

（一）校赛

每两年举办一次，一般为举办年前一年的 11 月至次年的 3 月。

（二）省赛

在比赛当年的 4 月至 5 月，各省（自治区、直辖市）针对各高校评审推荐的作品，按照大赛下设的 3 项主体赛事，组织本地预赛或评审，并在大赛官方网站进行校级、省级参赛项目网络报备和申报。其中，大学生创业计划竞赛实行项目分类申报，即分为已创业与未创业两类（具体标准另行通知）。各省（自治区、直辖市）在推荐复赛项目时，两类项目的比例不作限制。评委会将在复赛、决赛阶段，针对两类项目实行相同的评审规则；计算总分时，将视已创业项目实际运营情况，在其实得总分基础上给予 1% 至 5% 的加分。

（三）国赛

各省（自治区、直辖市）汇总经预赛产生的参加复赛项目，对项目申报表及相关材料的填写情况进行把关，按照统一要求，报送至组委会办公室。在 3 项主体赛事中，组委会不接受学校或个人的申报。报送项目的数量不得超过该省份项目名额分配表中规定的数量。

比赛当年 7 月至 8 月，举行全国大赛复赛。评委会对项目进行评审，选出若干优秀项目进入决赛，并书面通知各省（自治区、直辖市）及相关高校。11 月，举行全国大赛决赛。评委会将通过相应评审环节，对 3 项主体赛事分别评出若干金奖、银奖、铜奖。

三 参与大赛扶持和奖励政策

2015 年国务院办公厅《关于深化高等学校创新创业教育改革的实施意见》要求："各高校要设置合理的创新创业学分，建立创新创业学分积累与转换制度，探索将学生开展创新实验、发表论文、获得专利和自主创业等情况折算为学分，将学生参加与课题研究、项目试验等有关的实践活动认定为课堂学习，为有意愿有潜质的学生制订创新创业能力培养计划，建立创新创业档案和成绩单，客观记录并量化评价学生开展创新创业活动情况。优先支持参与创新创业的学生转入相关专业学习。实施弹性学制，放宽学生修业年限，允许调整学业进程、保留学籍休学创新创业。设立创新创业奖学金，并在现有相关评优评先项目中拿出一定比例用于表彰优秀创新创业的学生。"

2015 年江苏省政府办公厅《江苏省深化高等学校创新创业教育改革实施方案》的精神要求注重对师生创新创业及其教育教学的激励支持，主要分为：

1. **鼓励全体教师开展创新创业教育**

定期遴选创新创业优秀教学团队、创新创业教学名师、优秀青年导师，同时把创新创业教学成果作为高等教育教学成果评选表彰的重要内容。到 2020 年，评选 100 个省级创新创业教育优秀教学团队、100 名省级创新创业教育教学名师、100 名创新创业优秀青年导师。

2. **激励大学生创新创业**

有条件的高校要资助在校大学生开展创新科研工作，设立创新创业奖学金，并在现有相关"评先评优"项目中拿出一定比例用于表彰在创新创业方面表现突出的学生。探索将学生开展创新创业训练、发表论文、获得专利和自主创业等情况折算为学分,优先支持参与创新创业的学生转入相关专业学习。自2016年开始,省里每年评选150名创新创业标兵,省级创新创业标兵可直接被推荐为免试研究生或专升本生;评选100个省级大学生创新创业优秀俱乐部(协会)。

根据以上两个文件精神,南京林业大学制定了四大学科竞赛文件,其中激励措施涉及教师、学生和学院,比如"互联网+"大学生创新创业大赛激励措施分别如下:

(1) 教师激励措施

获奖项目指导教师的奖励按照《南京林业大学绩效工资实施办法》执行,每支参赛团队指导教师最多为2人。

(2) 学生激励措施

对获得国家金奖的学生创业团队,进行鼓励和表彰。获得"国赛"金奖,奖励10万元;获得"国赛"银奖,奖励8万元;获得"国赛"铜奖,奖励6万元;给予获奖团队学生素质拓展学分和相应公选课减免;给予获奖团队奖励;团队内优秀的成员在评选"十佳大学生"与"优秀校友"时享有优先权。

(3) 学院激励措施

具体奖励实施由创新创业学院会同有关部门,根据参赛及获奖情况按照学校绩效奖励办法进行绩点分配。

第三节　参赛准备

一　撰写商业计划书

商业计划书(Business Plan),简称为BP。同学们可不要小看这一份BP,它是企业"行走江湖"的必备工具,一份优质的商业计划书可以说是一块敲门砖,可以帮助企业(项目)在创新创业大赛中获得评委的认可,更重要的是优质的商业计划书可以帮助创业者打开资本市场的大门,改变企业的未来。商业计划书主要包含公司(项目)简介、公司管理层、产品(服务)、市场营销、管理团队、股权结构、组织人事、财务、运营情况、融资方案、附件等内容。只有内容翔实、数据丰富、体系完整、装订精致的商业计划书才能吸引创业大赛评委和投资商。

（一）商业计划书的内容

一份完整的大学生创业计划书一般由以下板块构成:项目概述、项目背景、产品技术或服务、市场分析、营销策略、项目管理、融资分析、财务分析、风险分析、风险资本的退出和附录。

1. 项目概述

项目概述是整个创业计划书的梗概,一般为500字左右,尽量用最简短简练的语言表述。项目概述撰写得好坏,直接决定大学生创业的决心和信心,该部分以2~3页纸为主要描述创业者提出创意的原因,解决什么行业痛点;评价所在行业的基本特征,描述该行业当前的现状及存在的问题、对三家左右竞争对手的分析、本项目的优势所在等等。

2. 项目背景

主要描述项目的提出原因:你准备进入的是一个什么样的行业?评价所选行业的基本特征,描述该行业的现状及存在的问题、行业竞争状况、该行业的发展方向、我国发展该行业的政策导向,亦包括:① 市场结构分析;② 行业的性质分析;③ 行业的寿命周期分析;④ 行业稳定性分析及其他有关因素分析。注意项目背景描述一定要结合你的产品技术(服务)、目标市场、竞争对手及竞争优势而展开。

3. 产品技术与服务

主要对产品技术(服务)做出详细说明,说明要准确,也要通俗易懂,使非专业人员(投资者、其他行业的管理人等)也能看得明白,听得明白。对产品技术类项目一般可从 6 个方面加以论述:① 产品技术的概念、性能、特性及应用领域;产品定位清晰。② 产品的核心技术及由来,技术的成熟度[处于研发阶段(样品、小试、中试)、工业化还是商业化阶段]。③ 产品技术的先进性(在国内或国际处于先进、领先水平及创新性、唯一性等)。④ 产品技术的市场核心竞争力、竞争优势、在产业链上所处位置等。⑤ 产品技术的市场前景。⑥ 产品技术的知识产权要清晰。对于文化创意与服务咨询类项目可从 4 个方面阐述:① 对公司的服务性质、对象、特点、领域进行介绍。② 提供的服务满足了客户的什么需求?为被服务者创造了什么价值?③ 你的服务具有什么独特性、创新性?市场竞争力与核心竞争优势是什么?服务目标的市场前景如何?④ 涉及知识产权的,如商标权、软件著作权等要清晰。

4. 市场分析

做市场调研和分析,细分市场是关键,要聚焦细分市场的初期目标、客户群、市场切入点等。市场特点分析要包含对新兴市场、竞争市场、垄断市场等的特点。要从项目所在市场处于何种状态、未来市场的变化趋势怎样、项目优势所在等方面做详细科学的市场分析。

5. 营销策略

针对不同的市场、不同的客户项目产品技术(服务)会有不同的营销策略。根据目标客户的需求量、购买能力、对手产品及所在市场特点,制定有特色的营销策略。传统营销策略主要有:产品策略、价格策略、渠道策略、促销策略、线上线下策略等。随着互联网的发展日趋成熟,新型营销模式百花齐放,主要有:微博、微信、QQ、社群社区、社区贴吧、陌陌、客服等。实际上,企业在制定营销策略的时候往往是传统和新型营销策略混合使用的。

6. 项目管理

大学生在撰写该部分内容时,应该从以下几方面展开:① 公司战略,包括总体战略,初期、中期、长期战略;② 项目管理,包含公司选址、组织架构;③ 人力资源、薪酬与激励;④ 供应链(采供、物流与仓储);⑤ 厂房设备安排、工艺流程与质量管理、生产计划(产能扩张);⑥ 如果产品是代工生产,简述如何保证外加工的质量与交期、结算等;⑦ 企业内外部的物流、信息流、资金流、人员流的管理;⑧ 企业文化。

7. 融资与财务分析

融资分析主要包括资金来源和使用、投资成本和营收预测等。财务分析主要是各种财务报表和财务指标分析。财务报表主要由成本费用表、资产负债表、损益表、利润分配表、现金流量表等构成,财务指标主要分析偿债能力、运营能力、盈利能力、发展规划等。

8. 风险分析与风险资本的退出

风险分析是进入目标市场将面临的最主要风险与防范措施的描述。例如,市场风险、技术风险、管理风险、财务风险、政策风险、进出口汇兑的风险等。风险资本的退出,主要是指退出的时间与方式,如注册资金里没有风险资本就无须描述。

9. 附录

附录部分就是为创业计划书提供必备的补充资料,不必把所有东西都放入附录,只放那些能真正增强正文说服力的资料,例如:① 专利证书;② 技术鉴定;③ 结题(项)报告;④ 查新报告;⑤ 市场实际调查结果;⑥ 荣誉证明;⑦ 已创企业还需要工商注册、税务登记等相关材料;⑧ 表目录、图目录等;⑨ 国家、省竞赛规则里的具体要求。

(二)大学生商业计划书的撰写原则

1. 主题鲜明

项目名称:能够体现创业投资的主旨或目标。

封面:精心设计,体现项目特色;简洁规范,避免过于花哨。

公司概述:开门见山,1~2页,主要为项目的名称、特点和优势、行业趋势、市场需求及趋势、投资逻辑思路和分析架构。

正文:分"章—节—小目"论述,主题明确,依序论述,循序渐进。

附录:科研成果获奖、专利、发明证书、营业执照等;市场调研的方案和问卷等资料。

参考文献:按照参考文献标准规范标注。

2. 内容充实,重点突出

1) 报告摘要

产品(服务)的名称及特征、所属产业、趋势及特征;

项目的市场需求和趋势、营销的基本策略;

公司的组织和管理;

项目的筹资、投资计划和效益评价结果;

项目的风险投资者的撤出方式和预计效益;

项目的基本结论和建议。

2) 产品(服务)和公司简介

产品(服务)简介:技术价值和应用价值;

公司简介:公司组建、注册资本和股权结构、发展战略。

3) 市场需求和所属行业的竞争和发展趋势

市场客流量调查和预测过程及结果;

产品(服务)的生命周期、产业的特征和生命周期;

3家行业的竞争对手情况对比分析。

4) 市场营销方案

4P的组合:几种主要的营销策略;

所选营销策略的利弊分析和调整。

5) 生产和运作模式

生产组织方案(采购、生产、仓储、运输、销售);

生产工艺流程;

人员和设备的配备。

6) 企业管理方案

企业的组织结构设置和调整;

董事会、总经理、部门经理等的职能(权责利);

中层经理的职责;

部门管理(人事、财务、生产、采购、销售等);

职工管理。

7) 融资方案

资金来源和比例:技术入股、风险资本投资入股、管理者出资入股、银行贷款;

计算资本成本:各种资本的成本、加权平均资本成本。

8) 投资(财务)效益可行性

编制:损益表、经营性现金流量表、资产负债表、还贷计划表;

测算投资效益指标:静态和动态回收期(PBP)、净现值(NPV)、内含报酬率(IRR)、保本点(BEP)等。

9) 风险及其防范

技术风险和防范:技术创新性和成熟度、技术更新、R&D的后续能力;

市场风险和防范:目标市场的实际需求、价格变动与需求变化;

竞争对手的能力和市场竞争态势、产品更新换代或替代品的出现。

10) 撤出机制

股权转让:部分转让或全部转让股权,预计的股权转让价值;

股权价格＝每股净资产×(1＋溢价率);

公司上市:发行股票(出售股份或继续持股),预计的股票价值。

11) 结论和决策建议

技术价值:该项技术和产品(服务)是否成熟和具有应用前景?

市场价值:基于该项技术的产品(服务)是否具有较大和稳定的市场需求?
投资价值:该项投资是否具有经济效益?风险投资是否具有经济效益?
决策建议:是否具有投资价值?投资管理中应注意的关键问题是什么?

3. 论据充分,论证严谨

市场调研分析部分:资料翔实、可信度高,潜在需求现实;

技术工艺部分:技术成熟,后续 R&D 有保障;

财务效益部分:销售、价格和成本合理,NPV>0,回收期短;

营销策略:可操作性强,有特色和创意;

风险评价:客观,可解决;

撤出方式:可行。

(三)商业计划书的作用

1. 明确创业的方向和目标

创业者将自己的创意以商业计划书的形式表现出来,可以冷静地分析自己的创业理想是否真正切实可行,以清醒地认识自己的创业机会,明确自己的方向和目标,进而规划创业蓝图。

2. 便于有计划安排创业活动

商业计划书的内容涉及创业的类型、资金规划、阶段目标、财务预估、行销策略、可能风险评估、内部管理规划等所有的创业活动。制订创业计划,可以使创业者对产品开发、市场开拓、投资回收等一些重大的战略决策进行全面的思考,并在此基础上制订翔实清楚的营运计划,周密安排创业活动,为有效的日常管理提供科学依据。

3. 达到企业融资的目的

一个好的商业计划书是获得贷款和投资的关键因素之一。如何吸引投资者,特别是风险投资家参与创业投资项目?一份高质量且内容丰富的商业计划书,将会使投资者更快、更有效地了解投资项目,将会使投资者对项目充满信心,并投资参与该项目,最终达到为项目筹集资金的作用。商业计划书是争取项目融资投资的敲门砖。投资者每天会接收到很多商业计划书,商业计划书的质量和专业性就成了企业需求投资的关键点。企业家在争取获得风险投资之初,首先应该将商业计划书的制作列为头等大事。

4. 帮助创业者全面了解自己的企业

通过制订相应的商业计划书,创业者会对自己企业的各个方面有一个全面的了解。它可以更好地帮助创业者分析目标客户,规划市场范畴形成定价策略,并对竞争性的环境做出界定,在其中开展业务以求成功。商业计划书的制订保证了这些方方面面的考虑能够协调一致。此外,在制订计划书的时候,还能及时发现企业的优劣势,提前作出应对。只有将计划书付诸纸上,这样才能确保提高创业者管理企业的能力。创业者也可以集中精力,抢在情况恶化之前处理计划书中出现的任何偏差。同样,创业者将有足够的时间为未来做打算,做到防患于未然。

【附件】

商业计划书模板

1. 项目概况

1.1 项目名称：

1.2 启动时间：

1.3 准备注册资本：

1.4 项目进展：（说明自项目启动以来至目前的进展情况）

1.5 主要股东：（列表说明目前股东的名称、出资额、出资形式、单位和联系电话）

1.6 组织机构：（用图来表示）

1.7 主要业务：（准备经营的主要业务）

1.8 盈利模式：（详细说明本项目的商业盈利模式）

1.9 未来3年的发展战略和经营目标：（行业地位、销售收入、市场占有率、产品品牌等）

2. 项目介绍

2.1 项目简介：（简单介绍项目内容）

2.2 项目创新点：（介绍项目新颖性及创新性）

2.3 产业化基础：（介绍产品成熟度）

2.4 知识产权情况介绍：（介绍项目来源与项目涉及知识产权情况）

3. 团队介绍

3.1 项目骨干简介：主要技术负责人、主要营销负责人、主要财务负责人（姓名、性别、年龄、学历、专业、职称、毕业院校、联系电话、主要经历和业绩）

3.2 激励和约束机制：（公司对管理层及关键人员将采取怎样的激励机制和奖励措施）

3.3 退出机制：（请说明投资者有什么样的退出方式，以保证投资者或本项目的长远利益）

4. 发展计划

4.1 商业模式及收入来源：（介绍项目的产品与服务，以及市场及收入来源）

4.2 项目满足及解决的问题：（说明项目所达到的经济或社会效益，或其解决了什么样的产业或社会问题）

4.3 行业状况业内发展潜力：（说明为保证产品性能、产品升级换代和保持技术先进水平，项目的研发重点、正在或未来3年内拟研发的新产品）

4.4 市场前景与预测：（全行业销售发展预测并注明资料来源或依据，预测公司未来3年的销售收入和市场份额）

5. 产品生产

5.1 产品生产:(产品的生产方式、生产规模、生产场地、工艺流程、生产设备、质量管理、原材料采购及库存管理等)

5.2 生产人员配备及管理:

6. 营销策略

6.1 价格策略:(销售成本的构成、销售价格制定的依据和折扣政策)

6.2 行销策略:(说明在建立销售网络、销售渠道、广告促销、设立代理商、分销商和售后服务方面的策略与实施办法)

6.3 激励机制:(说明建立一支素质良好的销售队伍的策略与办法,对销售人员采取什么样的激励和约束机制)

7. 财务计划

7.1 股权融资数量和权益:(希望大学生科技创业基金参股本项目的数量,其他资金来源和额度,以及各投资参与者在公司中所占的权益)

7.2 资金用途和使用计划:(列表说明融资后项目实施计划,包括资金投入进度、效果和起止时间等)

7.3 投资回报:(说明融资后未来3~5年平均年投资回报率及有关依据)

7.4 财务预测:(提供融资后3年内项目预测的资产负债表、损益表、现金流量表,并说明财务预测数据编制的依据)

8. 风险及对策

8.1 主要竞争对手:(说明行业内主要竞争对手的情况,主要描述在销售市场中的竞争对手)

8.2 SWOT 分析:(产品/服务与竞争者相比的优势与劣势,面临的机会与威胁)

8.3 对策:(说明控制和防范风险的对策)

9. 附录

9.1 项目其他信息:(有关项目及产品的其他资料、专利技术等信息)

9.2 申请人资料证明:(团队成员学历及经历证明材料)

申请人承诺:

本人承诺:以上陈述属实,若有任何虚假信息,愿承担相应法律责任。

承诺人签字:

二 制作路演PPT

(一)路演PPT的要点

(1) 图片+数据+关键词(多图、多数据、少文字);

(2) 字体30号,页数[有效页15P,无效页(如封面、目录页、过渡页)5P]20P左右;

(3) 模板选择简洁大气的,不要太多特效(5分钟展示时间很宝贵,不要浪费任何时间在

无意义的事情上);

(4)色彩搭配不要红配绿,不要红配紫,整体风格不要超出 3 种颜色(五颜六色的 PPT 看起来眼花缭乱,重点不突出,不利于讲解)。

(二)路演 PPT 的内容

对需要详细介绍项目情况的文字版商业计划书来说,这样的框架逻辑清晰、内容完整,但是如果用到 PPT 上的话,就难免过于平铺直叙、缺乏爆点了。那么,商业计划书应该注意些什么呢?要知道,在项目路演的时候,PPT 是用来辅助你向投资人讲故事的道具,一般来讲,内容上只需要取精华部分就可以了,多加赘述反而不好;另外,在视觉设计上,要注意用视觉语言吸引注意力,因为好的版面设计也会为你的项目增色不少,具体框架如下:答好 5 个问题,讲好 1 个故事

1. 我是谁?
- 团队
- 项目理念

2. 我要做什么?
- 核心业务
- 行业痛点及解决方案

3. 我要怎样做?
- 商业模式
- 盈利模式
- 近期规划

4. 我需要什么?
- 融资方案

5. 我能做到
- 市场环境
- 项目核心竞争力

(三)制作高质量的路演 PPT

1. 路演 PPT 要介绍哪些内容(模块)

介绍清楚你为什么做这个项目,分析真正的市场痛点,配图附数据,营造视觉冲击力和感染力。不要介绍伪痛点,或者浅尝辄止地分析,这样自然吸引不了评委,同时也直接说明,你的项目立足点存在的问题。(为什么做)

2. 解决方案

你是怎么做的?用什么办法解决这个市场问题?讲清楚你的产品和商业模式。(怎么做)

3. 项目运营现状

以用户数量、销售金额、带动就业人数等实际数据以及图片进行说明。做到什么阶段了,是否可落地、可市场化、可持续化?如果是产品研发,且未投入实践,可从产品原图、产品研发阶段、产品市场推进程度、专利申请保护等方面进行说明(适合高教赛道)。如果是"红旅"赛道项目,可从当地农民在项目实施之前和项目实施之后发生的变化进行介绍说明,附图附数据,切莫"空口白话"。有关领导视察、项目获得荣誉、商标专利等能够佐证项目的材料可以放至说明中。

4. 核心竞争力(优势)

产品(项目)本身内在优势、壁垒(别人想模仿、抄袭没那么容易)。

同等产品竞争优势分析,从性价比着手(比市面上同品、替代品好)。

5. 财务分析

财务表格,不是财报里面的报表,而是简版的收入支出利润表;融资需求,预计融资多少钱,出让多少股份,这些钱用于何处等都要介绍明白。银行流水、交税证明等财务佐证材料可以附上,用以佐证。

6. 团队介绍

介绍主成员、重量级导师顾问即可,在这里不要像记流水账一样介绍所有成员,重点包装一两个即可,其他的成员可以一笔带过。

第七章　大学生创业实践

第一节　创业者与创业团队

创业者的综合能力直接决定创业的成败,创业团队的组建和磨合是创业之路能走多久的关键环节。归根结底,创业的核心是人,创业的灵魂是创业者和创业团队。创业过程中,人是主要资源。这个资源包括创业者和创业团队,也包括创业团队所具有的人脉资源。

一 人脉资源的寻找和拓展

人脉资源是资源整合的串珠线。资源整合是一种能力,是一个系统性行为。资源整合能力贯穿于任何项目的全过程,创业企业的任何一项计划、工作的完成都需要通过资源整合来提升效率和质量。

有效整合人脉资源。人是有感情的动物,人脉资源是各种良好人际关系的总和。有了良好甚至优质的人脉关系,初创型企业就可以方便地找到各类投资,找到核心技术或产品,找到优质的潜在客户,找到适宜的营销渠道等。人脉资源的获取和维护是创业成功与否的先决条件。

人脉资源具有以下特性:

1. 投资性

人脉和资金一样,都是需要投资的。事到临头才去找人帮忙,难免会处处碰壁。但如果平时就注意人脉资源的积累,多为他人考虑,急他人之所急,想他人之所想,所谓"我为人人",才能"人人为我"。从现在开始建立联系,扩大你的"朋友圈",画好你的"同心圆"。这种投资需要很多时间和精力,但回报也是相当诱人的。

2. 拓展性

一个好汉三个帮,一个篱笆三个桩。人脉资源可以通过亲情、友情、师生情,通过学习、生活、社会活动等中的合作、交流、关心、帮助等进行维护。通过拓展,不断壮大,不断巩固。在拓展中,通过维护,可以使原本的弱关系变成强关系,甚至成为团队关系。所以人脉资源需要经常性的维护,同时在维护中可以不断地发展新的人脉关系。

3. 辐射性

一个人一生中能认识多少人？随着微信、QQ等社交软件的风靡，一个人的微信朋友达到上千易如反掌。你的朋友帮不了你，但是你朋友的朋友可以帮你。"六人定律"告诉我们，父母、亲戚、老师、同学、同事、朋友、客户等都是我们的人脉资源，能通过他们辐射至更多的人，可以让我们的人脉资源更丰富。

【案例分析】

寿国梁是北京六合万通微电子技术有限公司（以下简称"六合万通"）的创业者，标准的浙商。1981年，寿国梁从浙江丝绸工学院毕业后，赴日本留学，他用18年时间在自己喜欢和擅长的无线局域网领域，整合了大量的人脉资源。回国后，这些人和他通过"六合万通"实现其创业价值。在他看来，大量人脉资源的聚集，就意味着找到了资本，拥有了核心竞争力，拓宽了销售渠道等各种创业资源。

"六合万通"成功开发无线局域网（WLAN）系列芯片——中国芯，这在当时属于国内首创。同时开发了国际首创的3G移动通信W—CDMA协议监视仪。

这些成绩的取得为我国微电子产业进入世界先进行列做出了重要贡献，同时也归功于丰富的人脉资源。寿国梁有条件有素质把自己理解的创业设计得精致而全面。也正因为如此，当大批创业者谈到创业血泪辛酸史时，寿国梁只有淡淡的五个字："我们很顺利。"

从一开始创业，"六合万通"就凭借多年的积累，整合到了让人羡慕的人脉资源。该创业团队都是留日归来的学子，都有着共同的创业情结和目标；除了共同的求学背景，在技术开发、经营管理等领域，大家各有所长，互相取长补短。"六合万通"这样的创始人和团队走到一起就是一个积聚人脉资源的过程。请问，从案例中我们能得到什么启示？

【案例启示】

人的时间和精力有限，整合资源要有的放矢，要互相融合，取长补短。这就需要在求学、职场、生活中精致而全面地通盘考虑。正是基于这种系统思维，才会产生寿国梁所说的"我们很顺利"的效果。该案例中寿国梁成功的做法值得我们仔细学习、模仿、借鉴。

"六人定律"是人脉资源中经常会用到的定律。"六人定律"是任意两人之间，通过不超过六个人就可以找到对方，形成相应人脉圈。"六人定律"告诉我们，平时要与人为善，多交朋友，通过各种社会关系积累自身的人脉，为创业积累人脉资源，打下人脉基础。

案例中寿国梁求学时的同学、工作的同事、家庭的资源，都是其人脉资源的一部分。作为创业的大学生，我们的资源集中在家庭、学校、实习场所，因此要与案例中的寿国梁一样，要处理好各种人际关系：在学习中多与老师、同学交流；在生活中，多与亲戚家人沟通；在工作中多与同事朋友聚会，找到志同道合、对自己创业有帮助、对自己思考未来有启迪的良师益友、亲朋好友等各种人脉资源。

人脉资源的开拓不容易，维护人脉网络更是需要创业者和创业团队合力解决的。创业者们在咖啡厅、快餐厅、小吃店等各种各样的地方进行着信息交流，建立并维护着人脉网络。

在硅谷，几乎所有的咖啡馆都有创业者聚集。南京珠江路的创业一条街、北京中关村科贸大厦、各个地方的创客空间等很多场所都是创业者扎堆的地方。"车库咖啡""车库创业"备受创业者们的青睐，这也说明了建立并维护人脉网络在创新创业中被广泛需求。网景的创始人马克·安德森、FACEBOOK的创始人马克·扎克伯格等经常会在斯坦福大学旁的咖啡馆吃饭。

二 创业团队的组建和管理

优秀团队的组建和管理需要像《西游记》中的组合，需要有明确的任务导向、系统的学习方法、团队式的组织形式、项目式的创业内容、行动式的解决问题，整合校内校外资源，最终达到创业最优。

（一）凝聚团队核心价值观

正确且共同的价值观是组建创业团队的核心要义。明确组织目标，确立团队的愿景，是初创型企业的顶层设计要考虑好的。团队凝聚了共同的核心价值观后，有如航行有了风向标，就能充分调动各方面的力量和激情，促使大家团结一心。每个团队成员都为团队的发展发光、发热，贡献自己的力量，实现团队的共同愿景。

（二）合理整合团队资源

团队资源，包括人力互补、资金互凑、技术互动等。人、财、物都需要合力整合，才能达到"1+1+1＞3"的效果。你有资金，我有技术；你有学识，我有人脉。团队的资源可以是自有的，也可以是他人的。自有是一种资源，不求所有但求所用是一种更强的能力。

（三）建立有效的考核机制

没有规矩不能成方圆，考核是规矩的一种形式。创业团队的管理离不开考核。建立合理的奖惩制度既可确保每个人明白自己的职责，又可保证企业内部的权利边界。这样才可以最大限度地激励成员努力奋进，将能力最大化展现。

三 企业文化的构建和完善

文化就是企业的基因，基因的好坏直接影响着企业后天的成长和发育。企业文化是企业发展过程中的串珠线。通过企业文化的构建和完善，间接解决企业怎样生存、运营以及如何获得较高的利润率和市场占有率的问题。企业文化从价值观层面解决企业的发展难题，从本质上使企业做大做强。

企业文化是企业的核心价值体系。企业文化和企业的核心价值体系对企业长期的经营业绩有着重大的作用。事实上，那些具有优秀文化的企业总收入平均增长速度明显高于缺乏文化的企业。很多优秀的公司认为公司的企业文化是公司最重要的财富，高于企业的任何无形资产和有形资产。

企业如何去构建企业文化？如何挖掘和利用企业文化？"串珠线"如何把企业的经营活动"串"起来呢？

（一）构建企业文化的表达体系

很多企业经历了数年的发展，已经形成了良好的文化底蕴，但是没有形成一套系统的管理体系，企业文化缺少表现形式，这种文化存在形式仅限于一个人或一个团队，当承载这些文化素质的人才流失后，企业文化就不能得到延续。造成这种现象的原因是，很多企业在日常管理过程中，忽视了对企业成功的经营管理实践的提炼与总结，没有把企业自身的、每个人都熟知的、习以为常的语言解析出来，整理、归纳、提升为企业的基本价值观、基本理念和行为准则。

因此，企业首先要根据发展的需要，进行企业文化体系的设计，提炼出企业文化的核心——企业理念。

首先，企业内部要组建企业文化战略委员会等相关部门，由专人负责(最好是企业最高领导)，并组建企业文化执行小组，在这一过程中最重要的是要全员参与。

其次，调查分析企业现状、行业态势、竞争状况、企业最终目标等，得出企业存在的必要性、企业发展要求、员工和管理层的实际需求，企业文化才能够真正被认同、被全体执行和传递。

最后，科学性、艺术性地归纳总结出企业远景、企业使命、企业精神、企业理念、企业战略、企业口号等。

要想建立一个适合本企业的企业文化，应该同时将执行力结合起来，共同推动企业文化的建设。比如，艰苦奋斗是华为文化的主旋律。面对挑战，华为既没有背景可以依靠，也不拥有任何资源。企业文化能对企业整体和企业成员的价值及行为取向起引导作用。正是因为华为人知道艰苦奋斗，所以他们才能与华为同甘共苦，创造辉煌。

此外，还需要进行企业文化的固化，构建企业文化的"血肉"——行为文化。制订新的企业理念，并不是把它形式化，停留在口号、标语层次，应依据已提炼出的理念层和企业实际需求，设计企业行为规范，包括员工行为规范、服务规范、生产规范、危机处理规范、典礼、仪式等；进行企业形象系统规划以确保设计符合艺术性、国际化、高识别性、行业要求等；需要用企业文化对员工的理想追求进行引导。

（二）扩大企业文化的传播领域

有了很好的表现形式还不够，还必须要建立企业文化的认知和推广体系，这样设计好的企业文化体系内容，才能被更多的员工所认知，才能为企业发展形成良好的文化氛围，从而成为支撑企业可持续成长的支柱。扩大企业文化的传播体系可以从以下几个方面来考虑：

典礼、仪式的文化传播：必不可少的各类典礼和仪式可以有效推广企业理念，丰富生动地贯彻到各个方面，展览、庆典、各类仪式和企业内部外部特殊节日等。

模范、榜样的文化传播：模范树立标杆，榜样带动成长。为了实施和贯彻企业理念，需要有各个部门及员工学习的榜样，树立典范或优秀人物，让所有的员工感受到身边的榜样。

会议、培训的文化传播：通过会议、培训等形式，有效的传播企业理念，共享价值体系，让员工切实参与到企业文化中,让员工在潜移默化中认同企业文化、传播企业文化。

(三)建立企业文化的评价体系

对团队成员的权利与义务进行合理的规定,做到有规可依、有规可循,团队的管理才能有条不紊地进行。对于一个创业团队而言,不仅要有规章制度的硬件,同时更应该具备团队文化发展的软件。塑造团队文化可以提升团队成员的凝聚力与向心力,增强成员之间的合作意识及心怀感恩之心,这对于成员的个人成长、企业的发展都有着至关重要的作用。

企业文化评价体系是企业文化建设的重要组成部分,是对企业文化建设过程的分析、成果的鉴定和工作流程的检验体系,是企业文化建设系统的策略和方法。只有建立了企业文化评价体系,才能保证企业文化建设沿着健康向上的方向发展。因此,企业文化评价体系必须成为企业文化建设中一个不可分割的整体。

在企业文化评价体系的建立与实践中,必须要遵循企业文化自身的规律来操作,这也是国内很多企业在建设企业文化的过程中缺失的一个重要部分:这就是以物化的装备、发展能力为基础,以非物化的规章制度为依据、以精神层面的理念价值为保障,采用定性和定量的方法去展开评论。

第二节 创业融资管理

一 创业融资的作用和形式

(一)创业融资的作用

创业融资是指初创型企业根据自身企业的成长要求,通过科学的分析和决策,借助企业自身价值而寻求内部或外部的资金来源,或为取得资产而集资所采取的货币手段。

资金对于企业犹如血液之于人体,起着核心作用。资金是企业所有经营活动和经济活动的必备条件和持续动力。企业能否获得稳定有效的资金来源,对整个企业的生产经营和发展壮大都至关重要。

在创业阶段,企业的80%以上的初始资金由主要所有者、创业团队成员及其家属提供,其他金融机构或非金融机构的银行贷款和贷款作用不大。融资可以很好地解决我国创业企业的资本问题。

无论是何种方式的企业融资,都要避免一个误区,即股权平均分配。学生创业,几个团队成员作为共同的创始人很容易平均分配股权。

4个合伙人股权平均分配,每人占比25%。看似每个人都能在不引发利益争论的情况下共同努力。而现实情况是,平均的股权,代表平均的话语权,背后折射的是低效的执行力。很多初创型公司之所以能在众多企业中生存下来,其最大的优势之一在于高效的执行力和灵活性,创始领导者往往在这一过程中处于中心位置。因此,核心领导者在整个股权配置中需要占有绝对的主导权,至少51%。

分析所有成功的企业,我们会发现,几乎所有的企业都有一个非常特殊的创始人,如微软、苹果、亚马逊等公司。在早期阶段,他们代表公司,他们主导融资,他们推动公司不断向前发展。

(二)创业融资的形式

创业融资是个过程,一般要经历融资准备、融资估算、寻找资金来源、融资项目展示、融资决策等环节。

融资金额的多少要根据"利润=收入-成本"这个会计公式进行估算,编制动态的利润表。在进行营业收入估算时,创业者要立足于项目所在市场的市场调研、行业分析、内外部环境、项目已有营业状况的分析,根据试销经验,利用时间序列分析法,合理确定公司未来利润。下图是某公益项目未来3年的利润表。

表7-1　某初创公司利润表　　　　单位:元

项目	第1年	第2年	第3年
一、收入			
营业收入	28 000.00	33 600.00	36 000.00
其中:提供服务收入	10 000.00	11 200.00	12 600.00
销售收入	18 000.00	22 400.00	23 400.00
收入合计	28 000.00	33 600.00	36 000.00
二、成本费用			
主营业务成本	18 000.00	20 000.00	22 680.00
其中:公益支出	12 500.00	19 530.00	19 800.00
管理费用	2 700.00	3 100.00	3 550.00
营业税金及附加	840.00	1 008.00	1 080.00
费用合计	21 540.00	24 108.00	27 310.00
三、利润总额	6 460.00	9 492.00	8 690.00
四、应缴纳所得税	1 615.00	2 373.00	2 172.50
五、净收入	4 845.00	7 119.00	6 517.50
六、累计净收入	4 845.00	11 964.00	18 481.50

资金来源从是否私有化角度分为私人资本融资和机构资金融资,从获取方式角度分为自筹资金金融机构贷款、信用担保、创业投资、天使投资和其他。

1. 团队自有资金和亲友融资

创业者在创业行动前或多或少都会有自有资金。创业者个人资金的投入对于初创企业来说具有非常重要的意义。从资金成本的角度来说,个人资金成本最为低廉。创业者自有资金是创业融资最根本的渠道,几乎所有创业者都向自己新创办的企业投入了个人积蓄。创业者向企业投入个人积蓄,是创业者对企业付出时间和精力的有效保障。

此外,向亲戚朋友融资也是初创企业比较常见的融资渠道。亲友融资是建立在亲情和友情的基础之上,而不是单纯为了获得高额利润回报。

在向亲友融资时,创业者必须用现代市场经济的游戏规则、契约原则和法律形式来规范融资行为,保障各方利益,减少不必要的纠纷。

2. 银行贷款

这是人们在资金筹措不足情况下首先想到的融资方式。银行贷款是最安全的方式,但也是壁垒比较高的方式。近几年,虽然银行也在不断扩大对个人创业的信贷支持力度,贷款种类越来越多,条件也不断放松,但如果没有合理的信用或固定资产作为抵押的话,融资也是有一定难度的。

3. 天使投资

天使投资是权益资本投资的一种形式。此词源于纽约百老汇,1978年在美国首次使用。指具有一定净财富的人士,对具有巨大发展潜力的高风险的初创企业进行早期的直接投资。属于自发而又分散的民间投资方式。这些进行投资的人士被称为"投资天使",用于投资的资本称为"天使资本"。

天使投资是风险投资的一种形式,一般根据天使投资人的投资数量以及对被投资企业可能提供的综合资源进行投资。

4. 创业投资

创业投资(Venture Capital,简称 VC),也称为风险投资,是指向不成熟的初创企业提供资金支持,并为其提供管理和经营服务,获取初创企业股权,以期望企业发展到相对成熟后,通过股权转让收取高额中长期收益的投资行为。其投资目的是希望取得企业的少部分股权,通过资金和管理等方面的援助,促进初创企业发展,使资本增值。一旦企业发展起来,股票可以上市,风险投资家便通过在股票市场出售股票,获取高额回报。

二 不同成长阶段创业融资的重点

创业者对不同阶段的创业融资进行分析,可以做到有计划有步骤地精准融资。对初创型的公司而言,资金显得尤为重要。

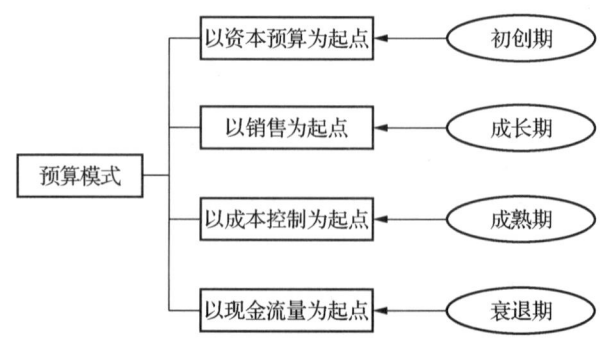

图 7-1 不同创业阶段融资预算模式

(1) 初创期在企业创立阶段,融资来源主要是创业者的自有资金,资本化程度较低。

(2) 成长期。企业运营进入正轨,企业生存问题已基本解决,企业发展中产品或服务的销售量趋于稳定。

(3) 成熟期。在成熟阶段,则包括了以上的全部融资来源,但投资回报趋于平衡。

(4) 衰退期,也叫转折期。在衰退阶段、成熟阶段和衰退阶段,可抵押资产的增加,资信程度的提高,企业的融资渠道不断扩大,获得的外源融资尤其是股权融资逐步上升。

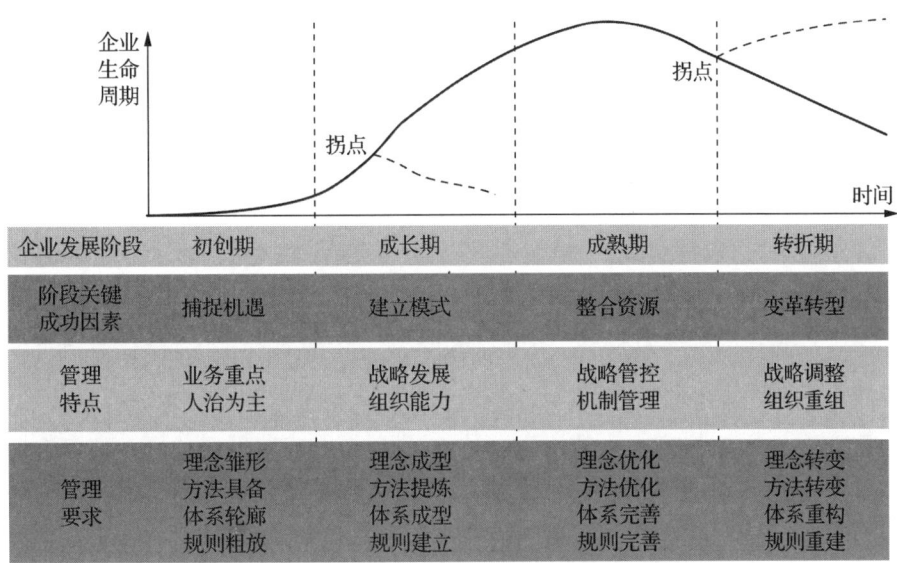

图7-2　企业不同发展阶段生命周期相关因素分析

第三节　商业模式创新

一　商业模式的内涵

管理学大师彼得·德鲁克曾预言:"当今企业之间的竞争,不是简单的产品和服务之间的竞争,而是商业模式之间的竞争。"近年来,随着互联网的飞速发展,商业模式越来越成为投资者了解初创企业未来发展的风向标。

那么,什么是商务模式?商业模式的本质是什么呢?其内涵体现在哪些方面呢?

商业模式是企业的顶层设计。商业模式的优劣直接决定创业成功与否。国内外学者对商业模式的定义五花八门,学者蒂莫斯于1998年提出,商业模式是一种产品、服务和信息流的架构,其本质在于阐明各种不同业务的参与者及其角色、参与者潜在的利益以及企业的收入来源。2002年,琼·玛格丽塔提出,商业模式是用以说明企业如何运营的概念。它回答管理者关心的如下问题:谁是用户,用户价值何在,如何获得收入,如何以合适的成本为用户提供价值。2004年,穆勒和莱希纳在此基础上,提出了商业模式是指用户、产品、销售渠道和企业的收入结构,企业在其价值网络和业务关系性质等方面的定位,以及企业的根本的经济逻辑。2007年,卓德和阿密特在前人的基础上,进一步强调商业盈利中的连接选择,指出商业模式是关于如何连接企业与用户、合作伙伴和供应商进行交易的结构模板,即要素市场和产品市场如何连接的选择。魏炜、朱武祥在前面的基础上把商业模式的本质凝炼为"利益相关者的交易结构"。

商业模式的本质是企业的盈利模式,具体指利益相关者的交易结构模型。通俗地说,就是创业企业的盈利模式是什么。创业企业之间、创业企业部门之间、企业与终端消费者之间、企业与中间渠道之间,各种利益相关者之间都存在各种各样的交易关系和连接方式,这种交易的结构就是商业模式的本质。

管理学上会把企业分为不同的类型,其中一流的企业做标准,这是制定行业标准的企业,这类企业一般都是行业的领头羊,对行业的标准有绝对的话语权,如华为、苹果;二流的企业做品牌,这是打造自身品牌、注重企业CI的企业;三流的企业做产品或服务,这类企业在大学生初创型企业中比较常见。无论企业所处的环境是红海还是蓝海,第三类做产品和服务的企业占到整个市场的80%。要想在众多企业中脱颖而出,适合企业自身的商业模式必不可少。下面关于小周的案例,是大学生创业中比较常见的。

小周是电子商务专业的学生,作为企业法人,他经营的企业项目获得了江苏省"'互联网+'大学生创新创业大赛"一等奖,同时他领导的团队项目"我的校园资讯与社交App平台"也赫然出现在学校创业园优秀项目之列。

说起小周,大家可能陌生,但说起"我的校园资讯"平台,该校不少学生还是非常熟悉的。该平台致力于打造包含学校学生社团活动、学习信息、兼职实践、生活交友等各类信息在内的平台。

小周从小就有创新意识,但真正的实践,还得从大一的社团活动说起。刚入学时小周就及时关注校内外创新活动。大一时,小周通过竞聘成为班级团支书。当别的班级集体活动组织吃喝玩乐的时候,小周组织班级参加创新创业大赛。大二时,小周成为学校的创新创业社团——未来企业家协会副会长,并注册南京风林轩网络科技有限公司,主营网络技术开发、电子商务技术服务等。

小周的公司营业收入主要来源于广告收入、流量等,每年利润大概2万元,虽然不多,但是初步检验了自身的创业能力及团队的合作。

二 成功商业模式的六大要素

商业模式是一种客观存在,它不一定能帮助你百分之百获得创业成功,但创业者建立自己的商业模式却是必要的,或者说没有商业模式就一定不会成功。

每一个成熟的商业模式背后,都包含着一些商业要素,比如产品开发,是实施单品战略还是多元化,是追求盈利能力还是规模化,是轻资产还是重资产,等等。商业模式的设计就是这些商业要素的组合。创业初始就是对自己所设计的商业模式不断试错和实践的过程,可以说商业模式设计没有一开始就成型的,是在市场环境下与其他产品的竞争中形成的,并逐渐从模糊到清晰完整地呈现。

不同商业要素的组合产生了不同的商业模式,并没有好坏之差,只是需要考量是否适合一个企业产品与服务。对投资者来说,他们更关心的是企业的商业模式创新的问题,甚至认为这比产品的技术创新更重要。举例来说,京东商城总是喜欢把淘宝当作自己的竞争对手。但实际上,二者的商业模式有本质的区别。淘宝的商业模式基本上是面对商家收费,而京东商城的商业模式是面对用户收费。同样是电子商务,京东商城的商业模式就是一种创新,所以即便是多年不赢利,仍能通过资本的力量越做越大。

一种成功的商业模式,必须包含六大要素:

1. 产品和服务

创业者必须回答,你的产品和服务解决了人类什么样的需求?简单说你的顾客群体是谁?是刚需还是改善性需求?比如吃饭就是人类的刚需,但具体吃什么也能分出刚需和改善性需求,回锅肉和鱼香肉丝是可以天天吃,但鲍鱼、海参就是一种改善型需求。是高频还是低频需求?滴滴打车几乎天天都需要,而e代驾却是一种低频需求。

2. 盈利模式

对初始创业企业来说,盈利模式几乎就等同于商业模式。任何不以赚钱为目的创业都是纸上谈兵,不切实际。商业模式的核心命脉就是成本支出在哪些方面,收入来源是什么,盈亏什么时候平衡,什么时候盈利。简单讲,给你100元,通过你的公司转一圈,然后变成101元,那么新增的1元钱是从何而来就是你的盈利模式。

3. 团队

事业毕竟都是人做出来的,每个领域的创业者都很多,同类项目也很多,凭什么你们做就能做成?团队整体组合与目标实现能否匹配?团队是偏管理还是偏技术?团队的领袖人物是谁?如果没有在团队里占绝对地位,甚至控股地位的核心领袖,对投资者来说,商业模式就存在重大的缺陷,没有做大的可能。因为往往是团队领袖人物决定了能进行怎样的资源整合,能将内部资源和外部资源整合到什么程度,即创业者能说服谁成为其合作伙伴,谁愿意为其项目背书并注入相应的资源。

4. 市场规模

市场需求的总量决定了商业模式的发展空间和回报。很多成功的创业往往都是在小市场中,通过商业模式的设计变成大生意。任何小的需求放在一个全国乃至全球市场来看,都有可能成为大生意,所以往往在看似规模不大的市场中,一旦出现创新的商业模式设计,就有可能取得颠覆性的成功。

5. 竞争对手

所谓知彼知己,百战不殆。你所提供的产品或服务,是一种新品类的创建,还是原有品类中的红海?如果是新品类的创建,短期内你没有竞争对手,从长远看,你的潜在竞争对手什么时候出现？他会有什么样的实力？竞争对手决定了你创业的难度和你的企业能存活多久。所以不能回答你的竞争对手是谁的商业模式就是在闭门造车。

6. 品类壁垒

你的商业模式能否让你的产品和服务迅速在行业里形成垄断地位？你的护城河是什么？品类壁垒往往是商业模式的核心竞争力。投资者更愿意投那些在各自品类做到第一的企业，所以品类壁垒就与定位有关，而定位就是如果你不能做到品类第一，就创建一个新品类。这意味着你的模式不容易被别人复制和抄袭。没有壁垒，就意味对投资者来说，你的创业风险过大。

三 当前常见的商业模式

商业模式是企业运营和盈利的模式。那具体来说当下常见的商业模式可以有 B2C, C2B, B2B, C2C, O2O, O2P 这么 6 种。B2C 简称为"商对客"，是 Business-to-Customer 的缩写，该模式直接面向消费者销售产品和服务，一般以网络零售业为主，主要借助于互联网开展在线销售活动。C2B 是消费者对企业(Customer to Business)，该模式的核心是先有消费者需求产生，再由需求倒逼生产，后有企业生产，C2B 通常情况为消费者根据自身需求定制产品和价格，或主动参与产品设计、生产和定价，产品、价格等 DIY 消费者的个性化需求，生产企业进行定制化生产。B2B 是指企业对企业之间的营销关系，它的核心是将企业内部网，通过 B2B 网站与客户紧密结合起来，通过网络的快速反应，为客户提供更好的服务，从而促进企业的业务发展。阿里巴巴等网站就是一个成功例子。C2C 是个人与个人之间的电子商务，一个消费者有一台旧电脑，通过网络进行交易，把它出售给另外一个消费者，此种商业模式就称为 C2C 电子商务。O2O 即 Online to Offline(在线离线/线上到线下)，是指将线下的商务机会与互联网结合，让互联网成为线下交易的前台，O2O 模式互联网思维核心是：跳过中间商，跳过中介，减少中间推介成本。O2P 是 Online to Partner，O2P 商业模式是针对移动互联网商业浪潮背景下，瞄准传统渠道将向"电商平台＋客户体验店＋社区门店＋物流配送"转型机会而推出的新型互联网商业模式。

图 7-3 爆炸实验室营销渠道

爆炸实验室项目是南京林业大学校友和在校生共同合作实现的创业项目。该项目在第五届中国"互联网＋"大学生创新创业大赛中获银奖。爆炸实验室这个项目是上述六种模式中第一种 B2C 和第五种 O2O 的融合。该模式借助互联网＋产生的连接功能,通过课程线下研发＋线上传播的方式,商家从网上直接售卖亲子科学课的产品和服务。

参考文献:

[1] 创业资源整合——人脉资源[J].科技创业,2005(2):25-27.

[2] 王德禄.从"创业主题咖啡馆"看人脉网络建立[J].中关村,2012(4):38.

[3] 刘光明.企业文化[M].北京:经济管理出版社,2004.

[4] 企业文化评价体系[EB/OL].[2008-04-20].http://baike.baidu.com/view/3437845.html.

[5] 孙洪义.创新创业基础[M].北京:机械工业出版社,2016.

[6] 马国学.基于价值创新理论的 JL 公司商业模式研究[D].长春:长春理工大学,2018.

第八章　创业风险与挑战

大学生创业是以在校大学生为创业主体的创业过程。随着社会就业压力的不断加剧，大学生创业开始成为就业的重要形式。大学生在创业过程中会遇到风险与挑战，需要对创业风险进行预测与规避。充分的创业心理准备，也有助于应对创业挑战。

第一节　创业风险预测

一 创业风险识别与评价

创业难免会遇到风险。创业者应当具备风险意识，做好风险预测，对风险有清醒的认知，将创业过程中的风险降到最低。

（一）创业风险预测要求

大学生创业一定要慎重思考，学会预测风险，做到理性创业和自我检查分析。

1. 理性创业

（1）创业的盈利模式应该清晰，务必挖掘出清晰的利润点，对于利润的来源必须明确。

（2）要做极端不利状态下的运营预算。理想化的预算不利于初创企业的风险应对，主要表现为成本估算、投资预算、市场预测的失准等现象。理想化的预算在遭遇问题时会产生不必要的慌乱。

（3）要掌握资源整合的方法。初次创业就是要学会整合可以利用的条件，塑造优势互补的利益体，从而降低成本，提高效率，企业运营将水到渠成。

（4）各种资源渠道保持通畅。这里的资源是指各种原料和辅助材料、人力、资金、产品等要素。企业应该降低对某些资源的依赖程度，或者具备调动、操纵相关资源的能力。

（5）产品具有生命力。无论产品是有形还是无形的状态，必须有生命力即市场潜力与市场价值，这关系到产品的市场成长性。如果产品成长性差，那么创业也就难于成功。

2. 自省创业

初创企业会遇到各种各样的风险，可以从以下几个方面进行检查分析，如客户风险、创新风险、法律风险等。

（1）客户风险。这是最关键的风险因素，例如有竞争力的对手出现，将会导致获客成本的提高或者是市场竞争形势的变化等。

(2) 创新风险。诸如企业创新研发产品、扩大经营规模、扩张经营领域、运行项目增量等方面产生的风险；不应该盲目扩张，而要保持企业实力和市场需求一致，以免产生创新风险。

(3) 法律风险。法律风险不仅表现在企业组织不能正常运作，还表现在员工违反商业道德，与竞争对手合作对企业产生威胁和损害等方面。

对创业风险的预测，需要创业者的自省态度，同时具备一些基本的素质，如行业背景知识、思考判断能力以及创业的信念。其中，创业的信念很重要，很多创业者历经艰难困苦，最终能够走出创业低谷，在这一过程中强大的信念支撑发挥着重要作用。

（二）创业风险识别评价

创业必然要面对诸多不确定的环境变量，但是风险的预测与识别仍然有规可依。对新创企业影响最大的三类风险分别是客户风险、创新风险和法律风险。

1. 客户风险的识别与评价

客户风险的识别与评估，主要来源于客户群体、商业模式、产品特征三个方面。

(1) 客户群体定位不清。企业在初创之初必须面对的事实是需要大量的客户群体，在客户不多的情况下，仍要注意防范"大客户陷阱"。因此，初创企业必须承认其新产品或新服务，仍然是处于一个"试行"的程度。客户群体和解决方案，都是基于创业者的想象，只是一个"可能的设想"，而不是"可能的现实"。能否真正找到客户和市场仍然是一个问题，尚待实际检验。

(2) 商业模式定义模糊很多。新创企业的定位是突破现有商业模式，所以没有针对新企业的现成商业模式。新的商业模式实际上来自创业者的假设，其可行性只能通过持续的市场反馈和测试来确定。但是，创始人实际上经常认为他们已经找到了可行的商业模式，因此专注于执行。商学院的创业教育课程有大量的篇幅都是在警告企业家关于执行力的问题，但是在关注执行力之前，企业家必须清楚地了解到，需要通过不断的市场试验来定位分析商业模式是否准确，否则将很难避免市场危机。

(3) 产品特征不够鲜明。即使一家初创公司可以清楚地定位客户群，它也不是第一个知道客户期望什么样性能的产品的公司。实际上在产品投入市场的过程中，可以发现成功的新产品开发很少提供全面的产品性能，而是定位于某一性能的改善或提升。在一般应用场景中，新产品或解决方案通常在某些方面存在"单点突破"的价值，以提供完美的体验。因此，重要的不是创业者所乐观预估的产品。创业者通常对新产品的功能有自己的想法，但他们常常忘记这只是自己本人的想法，而不是客户的想法。毕竟，产品的功能能否满足客户的期望，应该由市场检验。

2. 创新风险的识别与评价

创新风险是指新企业在技术成果商品化过程中，存在技术创新失败的可能性。

在这个过程中存在着研发周期长、投资成本高、产品性能不确定性大、投资成功回报率低等情况。创新的风险一般包括以下几类：一是技术本身的风险，如技术能否成功开发、其实际效果、是否存在技术副作用等；二是难以确定的风险，包括该项技术未来的发展前景，如是否会存在替代技术等情况。

新创企业一般选择使用成熟的技术，这从另一个方面反映了技术创新的高风险。由于创业环境和制度约束，我国大多数创业公司面临的创新风险并非来自革命性的技术更迭，而是主要来自技术的改良性发展。一些真正注力于技术改革的科技型初创企业，创新风险不仅存在于技术研发投入的未知性，外部环境中同样会存在风险，主要表现为政策变化和约束的风险，像开展医药制造研发、信息安全防控等行业的技术创新，研发的环节往往会涉及相关部门的审批和安检，与国家政策和财政支持密切相关。

3. 法律风险的识别与评价

新创企业很容易忽视法律风险，这一现象一定程度上与重视社会关系运作，但是轻视遵守相关法律法规有关。新创企业由于企业资源有限，运营规模架构较小，对于法律规范和法律咨询的投入自然少之又少，然而由此产生的法律风险，是新创企业经常遇到却又经常忽视的。新创企业的发展理念，在商业模式中经常需要面对打破常规的情况，所以在企业的运营过程中，面临未知的法律风险形势比成熟的大企业要更加严峻。新创企业在开拓经营领域、争取经营资格、办理市场准入许可、申请政府扶持与优惠政策等过程中，必然和政府部门存在密切联系，但是创业者在与相关部门的交往过程中容易因为大环境的影响通常更重视"关系"的运作而忽视法律要求的边界。这种行为存在巨大的法律风险，主要可以从以下三个方面进行识别与评估。

一是新创企业在技术研发投入、品牌战略实施、专利成果申购等过程中，需要面对大量的知识产权问题。法律知识的专业性很强，创业者通常不具备法律专业能力，乃至基本的法律常识，发生法律纠纷的可能性更大。

二是许多初创公司在行使决策权、财产权和收入分配，公司章程制度制定，天使投资或风险投资的引入，企业需要并购或上市时，会涉及大量的专业法律合同，没有专业法律从业者的科学决策，或者是专业的法律咨询和指导，创业者一般很难做出合法合规的正确决策。

三是新创企业的市场风险可能与法律风险重叠，对企业发展造成的不利后果将更加严重。尤其是在融资过程中，新成立的初创企业缺乏融资和投资方面的专业从业者，风险评估和并购议价的水平与能力有限，缺乏对融资陷阱的有效识别，甚至由于无知而违反法律。

以上三个方面都与新创企业的生存和发展有关，与创业者管理水平无关。但是与客户市场风险和创新风险不同，法律风险不能在短时间内得到纠正，而前两种类型风险仍然允许公司"尝试性地犯错"，这种"试错"可能只是影响企业正常运转的一部分，并且大多数的错误都可以得到纠正或弥补，最糟糕的结果就是企业宣布破产。创业者甚至在经历很多失败之后都可以重新开始，这种失败本身就是经验积累的过程，创业者将获得"面对挫折"的勇气和经验。

但是,初创企业陷入法律风险的纠纷之中的影响是全面的。创业者不仅会遭受商誉损失、灾难性的业务运营停止及财产损失,还甚至会影响创业者自身如因违反法律而失去人身自由等。尽管对于企业的发展造成的后果很严重,但是法律风险是风险预测中经常被忽略的问题。在大多数初创企业领导者眼中,企业的标准化管理仅限于运营和管理领域,与政府和政策执行部门打交道时,他们通常依赖于非契约化的所谓的"关系"。此外,新创企业的法律管理意识和水平,由于资源和规模的限制,很难做到像成熟企业那样,成立专门的法律事务部门也很困难,从而导致法律风险被忽视。

二 创业风险预警与防控

创业风险的预警和防控,是基于其对风险企业的分析、对市场的判断、对风险企业前景的展望基础上做出的理性判断与处置。

(一)创业风险预警信号

1. 延期偿付与财务亏损

如果初创公司延误应偿还的各种债务或资金,则这种延迟被认为是初创公司现金流量非常紧张的信号。虽然可以理解的是,创业公司会在短时间内将应偿款用作营运资金,但这只能引起他人对创业公司运营效率的怀疑,所以应采取必要的措施以期消除隐患。

密切关注创业公司的财务损失。尽管这种损失可能只是暂时现象,但应迅速判断并采取措施。如果创业者认为可以尽快摆脱损失,那么对这种认知应该保持怀疑。相反,创业团队应详细了解损失的原因,并在必要时对财务报表进行深入的分析和审查。如果一家初创公司连续几个月的财务报表处于亏损状态,则应引起注意。

2. 经营数据延误与造假

延迟交付应提交的财务报告或其他材料被认为是初创企业经营不善的相关信号。这可以理解为是初创企业试图掩盖某些不利消息,或者是经营该公司的创业者表现很差。财务报告没有及时提交,是一个非常明显的预警信号。

如果一家初创公司提交的财务报告很快,但是数据不准确,则意味着该原始编制的财务报告反映了该初创公司的不可靠运转。这是一个警告信号,应立即对创业公司的财务报告进行横向分析,以发现存在的问题,并及时对创业公司的运营状况进行调查分析。年报数据的重大调整表明公司业务状况不佳,如果一家初创公司冲销了很大一部分库存,这将对损益表产生重大影响,表明创业者未能有效管理该企业。这也是一个非常严重的预警信号。

如果应付账款滞留显著增加,则应怀疑初创公司是否可以准时付款,并应尽快找到原因。如果库存很大,生产的产品可能存在质量问题或市场问题。同样,应收账款的增加可能表示公司无法收回某些销售渠道的货款,但这种尚未完全实现的销售已被计入。这是一个预警信号。

3. 创业者失联与管理团队变动

给创业者打电话时,他们总是没有回应,或者总是回避,甚至创业者一直不在公司,这是初创公司出现问题的重要信号。因为创业者害怕被询问有关公司运营的问题,或者是因为公司面临更严重的困难。

创业者未能在预定日期按时召开董事会,也是一个明显的预警信号。由于小型企业的决策过程通常由少数人掌握,因此一旦这些决策者中的一人或多人离开创业公司,这显然表明该企业正陷入困境。公司内新兴行业的核心技术人员,或负责生产和销售的总经理离职,都是存在某些问题的预警信号。

创业团队的稳定性对于新创企业的运营至关重要,团队缺乏稳定性则是新创企业不能良性发展的预警信号。这种情况下有必要找出这些人员离职的原因。如果可能的话,应请当事各方查明这些人是否有正当理由离开。

4. 外部预警信号

初创公司外部的某些现象也可能表明该企业存在一定风险。

(1) 技术变更。新技术可能会改变该行业中初创企业的技术手段和地位。创业者应注意其行业中发生的变化,以确定它们将如何影响企业在该行业中的经营方式和营销策略。

(2) 行业衰落。企业所经营的业务有时会遭受行业大萧条。这是因为某些产品或行业的主要客户的市场需求发生变化,如不再像之前一样需要公司的产品或服务。这一现象遍及各个行业,创业者必须了解为什么会出现这种困境,以及从长远角度看是否有复苏的可能,初创企业可以采取哪些措施以使其产品适应市场,可以采取何种策略来开发另一个有前途的市场。

(3) 政策变化。政府对一些行业会实行严格的控制,但是对一些行业的监管也会相对宽松。无论情况如何,每个行业都或多或少会受到政府的政策影响。政府的管理政策不会一成不变,当政策改变时,某些行业将受到影响。因此,创业者需要密切注意政府颁布的新法规和政策及其对企业可能的风险影响。

(二)创业风险防控

创业风险防控可以从损失控制、管理咨询、投资监管、合同制约和严格执行计划书等方面开展。

1. 损失控制

风险损失控制是指在损失发生之前全面消除损失的根本来源,或者是努力降低造成损失的事故的可能性,降低损失的严重程度。创业风险损失控制是指在充分识别和分析创业风险因素的基础上,预先进行风险预测和控制,以减少风险发生的可能性和风险发生后的损失程度。

损失控制是风险预防中最积极的措施。风险转移只能将某些风险转移给其他人,而不能完全消除或减少整个社会的风险损失。保险和风险自留是基于损失后的经济补偿,在损失控制方面,可以说是被动接受风险后果的一种方法。

2. 管理咨询

投资机构在向风险企业派遣项目经理、财务主管或核心技术专业人员的基础之上,为初创企业提供管理风险咨询。风险投资机构派驻的管理咨询成员是技术、金融、业务管理等方面的专业人才,这些人才还具有很强的综合能力,可以提供有效的风险管理咨询。

管理咨询主要是通过任命风险资本家参加董事会和监事会来监督创业企业。具体而言,它可以通过评估创业者的业务绩效、营销计划,检查额外的融资并培养管理不对称性来有效地监督企业运营,为创业者提供更多服务,支持和促进企业的平稳发展,以及确保预防和控制创业风险。

3. 投资监管

在正常情况下,投资监管应至少任命一名创业风险投资人参加初创公司的董事会,以参与并监督董事会的决策。风险资本投资者或风险项目负责人可以监督、指导和掌握董事会决策和行为,从而充分发挥董事会对企业的监督职能。

4. 合同制约

投资协议中的限制性条款包括针对创业公司的肯定条款和否定条款。肯定条款是指风险投资注入企业后,企业及其管理层同意遵循的某些协议条款。在肯定条款中,通常约定在资本投资期间应承担企业风险的行为;否定条款强调,风险企业及其管理人员在一定期限内不得从事某种行为或具有类似效果的行为。

5. 严格执行计划书

创业风险投资人在审查业务计划时应非常严格。反复修订计划后,应确定利润目标和在一定时期内实现某个业务目标的要求。风险资本家或创业者应始终检查是否实现了这些分阶段的目标。如果发现企业的经营方向偏离了业务计划或企业家没有完成阶段目标,则应及时找到原因并解决问题,以控制风险。

三 创业风险案例

网络时代便捷的传播环境为集结、扩散、煽动公众对企业或品牌的敌对情绪提供了平台。风险事件已经成为企业管理中无法回避的一个重要命题。作为一家初创公司的负责人,必须予以足够的重视。公关咨询机构 In Case of Crisis 的调查显示,美国的创业公司,有近 40% 是因发生企业风险而倒闭的。尤其是在社交媒体时代,大到数据泄露、产品缺陷、行业负面新闻,小到客户投诉、用户评论,都有可能转化成汹涌的企业风险。当遭遇突发企业风险的时候,大型企业还可以第一时间调用专业公关团队以及第三方服务机构,而"没钱、没资源"的创业公司该怎么办呢?

【案例1】

员工误操作和系统故障

风险产生:2014 年的一天,AppFirst 创始人 David Roth 在凌晨 2 点接到了一个紧急电话。这是整个风险的开始。AppFirst 是一家为 IT 专业人员提供数据分析的 SaaS 服务商。

作为一家初创公司,在这个电话响起之前,公司正在尝试通过不同的收费形式,来进行客户服务。

在一次意外操作中,团队成员删除了所有免费用户的账户信息。更为头痛的是,这个操作导致一封自动电子邮件的发送,提醒所有免费用户他们的账户已不再活跃,并告知需要通过绑定信用卡账户付费,才能重新获得服务。听起来没有比这更恐怖的风险了吧?

应对方案:听完电话后,David Roth立即召集团队发布博客,详细解释了犯错的具体流程,并给每一位用户发送了致歉电子邮件。最后,为了表达诚意,David Roth在四天时间内,根据注册信息打电话给每一位受到影响的客户,解释原因并真诚道歉。"我相信每一位CEO都有责任为客户、合作伙伴、员工和投资者带来价值。我欠他们所有人,必须亲自采取迅速行动。"在这一系列动作之后,社交媒体上关于AppFirst的声讨也逐渐变成了对David Roth的支持。几乎每一位用户都重新启动了自己的服务账号。David Roth说:"给每一位用户道歉,这的确是一个令人不舒服和耗费时间的过程,但我希望我们的客户知道我真的很在乎他们。"

【案例2】

产品有硬伤

风险产生:一直以来,每一年新款iPhone的发布都令人瞩目。然而早在2010年,苹果公司创造性的产品iPhone 4发布之初,一切却并不顺利,"天线门"成了乔布斯需要应对的巨大风险。

当时,iPhone 4的外观设计采用了金属外壳,而这导致了手机信号异常的问题。随着手机上市,事件开始发酵并愈演愈烈。其实,早在研发过程中,这一问题便显现出来,尽管研发师们经过了反复测试,但"创新"总会带来一定的风险。

应对方案:面对媒体的质疑以及舆论的压力,在产品出现"无法挽回"的设计硬伤时,乔布斯以及苹果团队应对风险可以称得上是一个经典案例。就如人们一贯所认知的那样,行动派的"乔帮主"在得到状况后迅速结束假期,召集管理团队应对风险。一方面,他们没有模糊处理产品的问题,而是直接向消费者坦诚技术缺陷。同时,提出修复方案,并提供了适用于所有人的免Bumpers"保险杠"硅胶套,以解决信号衰减问题。此款产品此前在苹果公司官网售价为29美元。而对于那些已经购买了该胶套的消费者,苹果公司承诺退款。更为重要的是,当这一方案初步解决了人们手机的问题后,苹果公司也曾邀请媒体以及粉丝参观了其绝密无线测试实验室,以表明其认真进行了天线测试。苹果公司向消费者承诺,如果有人不满意可退货。在这番努力之下,最后的退货率只有1.7%。一般来讲,无论是产品或是服务难免存在漏洞,不够完美。这时高级和中级管理人员进行头脑风暴,评估漏洞非常必要,要了解哪些层面可能出现问题,并讨论出应对的方式。快速回应,提供所有的事实,才是风险管理的最好方法。

第二节 创业风险规避

一 创业风险来源

在创业过程中,无论是企业或者个人都要有风险意识,因为创业决策与风险相伴。创业风险主要来源于创业团队、创业项目以及创业环境等三个方面。

(一)创业团队方面

1. 团队素质不高

投资人看好一个创业项目,一个很重要的原因是看人,看这个项目的创始人的素质,是不是具备创业的能力。如果不适合创业,商业模式再好,产品品质再有优势,都会遭遇重重风险。创业者要具备一些基本素质,比如要有激情、有号召力、有口才、有情商、肯吃苦、创业企图心强、善于学习、意志坚定、富有主见、有强烈自律意识等。如果创业者素质低,创业风险迟早会爆发。

2. 团队意见分歧

一个创业公司能否成功,还要看团队。团队成员是不是能做到同心协力,是初创企业能否做大做强的重要因素。团队不和谐或分歧会带来巨大风险,一旦创业团队核心成员产生分歧,甚至离心离德,极有可能会对企业造成强烈冲击。团队成员之间多沟通交流,互相照顾,满足需要,增进情感,往往比研发一个新产品还重要。

3. 团队人才缺乏

创业说到底是一种能量的积累,而能量的积累不是看人手,而是看人才。只有人才才能爆发出超大能量,让创业公司尽快发生质变。例如,阿里巴巴的成功有蔡崇信的一份功劳,因为是他把公司的财务管理得井井有条,是他在阿里巴巴创业初期濒临失败的时候,引入了资本,这就是人才的力量。初创公司一般都缺乏人才,因为创业艰苦,待遇不好,成功希望渺茫,难以吸引优秀人才。

(二)创业项目方面

1. 定位盲目

创业者没有进行前期市场调研和论证,只是凭想象,一时心血来潮,或者看到别人创业成功,就决定创业方向,创业风险会迅速到来。"女怕嫁错郎,男怕入错行。"创业者也怕入错行,因为创业十分讲究"做熟不做生"。进入一个不了解的项目或行业,就像不知道水塘里有没有鳄鱼、食人鱼就跳进去游泳。每个市场、行业、项目都有特定的规则和经营模式,创业者不清楚这些必然会受到惩罚。

2. 模式不对

在商业模式中突围获利,可以理解为一个规则或者"玩法"。在市场参与者都不太会玩、玩的人很少、获利高的模式下,创业者可以轻松获得成功。但是在一个竞争对手遍地、花大量心血却获利不大的模式下,创业者想成功难度非常大。在商业模式上,创业是商业行为最有效的创新之一,这比产品的创新、营销模式的创新、推广方式的创新要更好、更彻底。如果选错了模式,相当于打开了商业游戏的"困难"模式,这将是一件残酷的事情,到处都是风险。

3. 核心竞争力缺乏

核心竞争力最能体现创业项目的价值,一个依赖别人的产品或市场来发展的企业不具备竞争力。在创业之初就要努力塑造核心竞争力,强调核心竞争力。作为创业者要思考能提供最好的产品是什么?最好的服务是什么?是不是能做到业内前沿甚至首屈一指?如果不是则会遇到创业风险。如果是则要保持核心竞争力,强化核心竞争力,这是发展的必由之路。

(三)创业环境方面

1. 市场薄弱

创业公司一般有两个很重要的部门,一个产品部,一个运营部。熟悉市场环境,得市场者得天下,懂运营者得市场。运营做得好,即便产品并不突出,也能做出一个大市场,产品卖出好价钱。但是,很多创业公司是以产品为更大权重,觉得有个好产品就可以打开市场,就可以吸引顾客。不注意市场运营的创业公司,推进缓慢,发展速度抵不过烧钱的速度,最后危机重重而失败。不是失败于没有好产品,而是败于没有市场运营。

2. 资金匮乏

把创业项目比作人,资金就像是人身体里的血液,人缺血会死,创业公司资金不足就会倒闭。资金问题是初创企业面临的最大问题。雷军说过:"有足够的资金和最好的人才,没有什么生意做不成。"如果融资环境不佳,创业项目没有足够的资金,或者没有充分的融资渠道,那创业很快就会遭遇危机。创业初始阶段,最好把资金留足余量,因为创业初期,有太多不经意的资金漏洞,这些不经意间漏掉的开销加起来也是不小的成本,而且创业初期总要留足资金支撑一定时间内不赢利时公司运转。

3. 家庭不支持

创业必须得全心全意,心无旁骛,而如果家庭不支持,或家庭负担太重,这也是不利的因素,会牵扯创业者的大量精力,甚至使其不得不中断创业。作为创业者,最好的创业环境是心无挂碍,这样创业才能轻松起步。家庭支持是助力和推力,而家庭不支持则会成为羁绊。作为创业者,要做好家庭成员的工作,争取家人的理解支持,营造和谐的家庭环境,而不是一意孤行。

二 创业风险分类

(一)按不同角度分类

创业风险从不同的角度,可以做出如下分类:按风险来源的主、客观性,可以把创业风险分为主观创业风险和客观创业风险。按创业过程,可以把风险分为机会的识别和评估风险、准备和计划风险、获取经营资源风险、经营管理风险。根据经营的技术和市场的关系,可以把风险分为改良型风险、杠杆型风险、跨越型风险和激进型风险。按风险对投资资金的影响,可以把创业风险分为安全性风险、收益性风险和流动性风险。按风险的内容分类,可以把风险分为资金风险、技术风险、管理风险、市场风险、生产风险、环境风险等。

(二)常见的创业风险分类

新创企业常见的创业风险,一般以内容为分类依据,主要有资金风险、技术风险、管理风险、市场风险等。

1. 资金风险

资金风险是新创企业资金不能适时供应,即通常说的资金链断裂而导致新创企业倒闭的风险。对新创企业而言,资金缺乏是一种常态。企业在创业之初都会面临一段亏损期,如果新创企业资金问题不能及时解决,企业倒闭是不可避免的。

由于客观原因,民营企业融资本来就比较困难,新创企业由于自身弱小,通常没有可抵押的资产,再加上创业团队个人信用通常也不足,融资更是困难。即便是对中型或大型企业而言,如果没有及时的资金支持,一个好的技术或者项目市场时机白白丧失也是非常常见的情况。例如史玉柱领导的巨人集团,在1997年销售额数亿的情况下,仅仅因为约1 000万元资金缺口就轰然倒闭,这是资金风险的经典案例。

2. 技术风险

技术风险是新创企业因技术因素而导致新创企业失败的风险。互联网时代的创业和以前的创业不同,很多新创企业是由于研发了某种新技术而成功的,但注重新技术的创新同时带来了大量的技术风险。

技术风险又分为技术是否成功的不确定性、技术前景的不确定性、技术效果的不确定性、技术寿命的不确定性和配套技术的不确定性等若干细分的技术风险,其中任何一个细分风险都可能导致新创企业经营失败。

3. 管理风险

管理风险是新创企业在经营过程中因管理因素而导致新创企业失败的风险。管理风险的范围太大,因为新创企业几乎所有的问题都可以归类到管理不足或失误上去。管理风险通常分为管理者素质风险、决策风险、组织和人力资源风险、管理团队组合风险等。其中,管理者素质风险又突出表现在创业者是否具有创业精神,创业者是否具备技术、管理、财务、营销等综合专业能力或创业团队是否具备以上专业能力的组合,创业团队是否能够诚信经营,创业团队是否能够合法经营等因素;决策风险突出表现在新创企业是否能够避免出现战略决策失误,避免出现过度扩张,避免出现不恰当的多元化经营等;组织和人力资源风险突出表现在新创企业是否出现权责不清、用人失误、缺乏激励机制、关键员工流失等因素;管理团队组合风险突出表现在创业团队没有共同的创业愿景,团队成员角色配置不合理,没有内部冲突调节机制等。

4. 市场风险

市场风险是新创企业在经营过程中因市场的不确定性因素而导致新创企业失败的风险。市场的不确定性很高,市场风险是永远存在的。市场风险又分为市场需求量的不确定性、市场接受时间的不确定性、市场竞争价格的不确定性、销售模式效能的不确定性、市场风险后果的不确定性等若干细分的表现因素。

此外,还有其他类型的创业风险,如环境风险、法律风险、信用风险、机会风险等,需要创业者对自己拥有的资源或通过努力对能够拥有的资源进行优化整合,运用服务、技术进行思考、推理和判断。

三 创业风险应对

(一)创业风险处理能力

创业风险处理能力是创业主体在科学进行风险识别和评价的基础上,灵活地根据风险性质、概率和预期损失的大小,选取适宜的风险处理方式的能力。

(二)创业风险规避方法

创业过程中一定要学会分析风险,善于评估风险,通过分析、预测风险可能会带来的负面影响,及早采取措施加以防范,从而规避风险。规避风险有如下 4 个方法:

1. 学会分析风险

创业者在创业前必须要考虑到家庭的一切正常开支,考虑一旦创业失败导致收入来源中断的风险。因此,创业者必须学会风险分析的方法,做好风险预测。风险分析包括项目风险分析、财务风险分析、市场风险分析、企业运营和管理风险分析,其中最重要的是财务风险分析。

2. 认真评估风险

通过客观分析,预测风险将会带来的破坏程度,如风险将造成的危害程度、货款回收的难度、资金周转可能会出现的不良性循环程度等,做到心中有数。

3. 慎重预防风险

一定要采取措施降低风险发生的可能性,如对客户进行详细的信用调查;制定周密的收款措施;加强保安措施,将当日收入现金及时存入银行;对周围环境进行调查,对可能发生的问题及早防范。

4. 设法转移风险

有一些风险是不可能避免的,购买财产保险是一个转移风险的良策,这样一些意外损失都会有保险企业赔偿。

(三)创业风险知识的运用

创业风险知识的运用和自我产生,是创业实体在创业阶段之前、之中和之后有意识地学习、实践、总结和再现创业风险知识的能力。这种能力对大学生创业者尤其重要,反映在创业之前对创业风险知识的系统学习中。

首先,它可以使创业者积极、全面地学习创业风险知识,形成风险意识,树立"创业带来高回报,但是也存在高风险"的理念。其次,它反映在创业过程中创业者有意识地使用社交网络获得信息和识别风险的可能性,积极"扫描"创业风险信息,并将其与原始存储的风险原型(知识结构)进行比较以识别风险,做出正确的决定。最后,它是企业风险发现、识别、评估、处理和其他操作的逐步总结,易于从失败中反映出来,使创业者集成和存储新的有价值的风险知识,扩展原始知识结构,并形成新的"知识走廊"用于将来解读和处理风险信息。

创业风险知识和自我生产能力的实际运用是主观的、情境的和复杂的。因此,作为不熟悉社会规则和商业运作经验的大学生创业者,他们应该善于学会倾听和处理社交网络成员之间的不一致观点或态度,尤其是"重要网络成员"的观点,防止信息的自我过滤和盲目自信,从而忽略潜在的风险。

第三节　创业者心理准备

一　创业者心理误区

创业心理障碍主要是指在面对创业时个体的认知、意志、情绪、动机、能力、人格等方面产生对创业不适应的心理。

（一）创业认知偏差

1. 创业不体面

尽管一些大学生喜欢比尔·盖茨和马云等创业明星,但他们也认为上大学的目的是找到一份好工作。他们认为选择创业意味着他们属于找不到工作的学生群体,觉得会在亲戚和朋友面前丢脸,而且创业是许多大学生都不容易做到的事情。

2. 学无用处

创业者感兴趣的创业方向可能与所学专业无关,或者所学的专业不适合创业。许多大学生担心他们将无法把学习的知识加以运用,而且所学的专业可能对未来的创业没有作用。

3. 惧怕风险

据统计,大学毕业生创业的成功率仅为2.4%。创业是有风险的,但创业精神的要求是可以冒险。在开始创业之前,创业者必须对产品或服务市场进行详细的调查,以便可以最大限度地避免风险,而不是盲目地惧怕风险。

4. 过于自卑

自卑感主要来源于大学生自身,他们低估自己,怀疑自己,无法正确对待自己。自卑的人经常会有紧张和不安的心理压力,他们宁愿把目标说低些以免承担无法完成的责任。自卑的人总是强调各种原因,例如,资金不足、缺乏帮助、技术不足、经验不足和信息不畅。他们总是认为自己不是创业的"材料"。自卑的人也会对未来失去信心,他们总是认为社会不公正会阻碍自己的创业发展。

（二）心理适应能力差

1. 担心失去自我

对于处于"心理断乳期"的大学生来说，创业意味着整日考虑自己的生意，并且会失去很多私人生活。一旦开始创业，就会非常忙碌，适应能力差的大学生很快就会迷失自我。

2. 习惯了被领导

大学生还没有太多的社会经验，没有太多机会锻炼自己的能力，他们的性格也处于成长期，他们的思想不是很独立。许多大学生在创办自己的企业时没有领导他人的经验。他们曾经由别人领导，但是他们不知道如何领导别人，因为社会上没有人会主动教他们做什么和不该做什么，他们自然很难适应这种变化。

3. 不善于应付突发事件

在每个公司成立之初，都会发生许多需要强大适应能力来应对的突发事件。随着社会竞争的加剧，人们面临着越来越多的变化和压力。在创业过程中，创业者将面临许多不确定因素，努力提高自身的适应能力，对于保持健康的心理状态非常有帮助。

（三）创业动机偏差

一些大学生将娱乐视为创业的理由，但在实际工作中，疲劳、压力和恐惧远超娱乐的体验，这是创业动机的偏差。有些创业者创业的目的只是为了缓解就业压力，但是创业并不是缓解就业压力的救命稻草。如果创业者以这种态度来创业，则真正的创业精神的价值将无法体现，创业者端正态度的持久性难以保证，成功的可能性就相对较小。当前，国家鼓励大学生创业与缓解就业压力所带来的社会问题是分不开的，但这远非大学生创业精神的核心。

二 创业者心理干预

（一）大学生创业心理障碍产生原因

面对全新的创业世界，大学生不可避免地会有心理障碍。

首先，虽然国家不断出台各种优惠政策，各地区也因地制宜出台了新政策，但形式上有些重复且宣传力度还不够。目前，大学生的创业环境还处于起步阶段，成功开展大学生创业活动的案例很少，相关政策的效果尚未显现。因此，大学生的创业热情不是很高。

其次，当前中国社会的许多家庭不支持大学生创业。许多父母认为，稳定的工作是孩子毕业后的最佳选择。他们认为一旦选择创业，就会选择风险和不确定性。父母对创业的态度会直接影响大学生的创业。

最后，创业对人的自身素质有较高的要求，要求创业者要有超乎常人的能力，从而适应变化；要善于自我调节，用积极的情绪去缓解工作和创业中的压力；要有明确的动机、坚定的信念、超乎寻常的能力和完备的个人品格。

（二）大学生创业心理障碍干预措施

1. 政府的政策支持和宣传

各级政府应努力完善创业政策和宣传工作，宣传典型创业实例，利用榜样的力量鼓励大学生勇往直前。还可以宣传与创业有关的知识,并进行免费的创业技能培训,为创业做准备。政府应出台相关政策法规,以法律形式保护大学生的创业行为,促进大学生良好创业环境的形成。

2. 大学生创业意识的培养

高校是大学生创业意识的培养主体。高校可以通过专业心理咨询和创业咨询的结合,尽早为大学生提供创业心理学课程。高校具有专业的心理咨询人才优势,可以解决毕业生创业的心理障碍。许多高校都有针对学生的心理干预机制。对于高校而言,将创业意识培训纳入心理干预的内容系统并不复杂。具体来说,可以增加创业心理教育课程,改革传统基础课程教学,重视课外创业实践活动,加强心理素质训练和指导。

3. 创业者心理素质的培养

对于当代大学生来说,有必要改变就业观念,这是树立自主创业意识的前提。创业者需要提高自己的创业心理素质,好的心理素质包括拥有健康的心理和良好的心理调适能力。大学生必须充分认识到在很长一段时期内的严峻的就业形势,有意识地改变就业观念,树立自主创业意识,纠正自主创业的态度。在政府、高校、家庭以及个人的共同努力下,创业者将养成良好的创业能力,克服创业心理障碍,培养良好的创业心理素质,丰富创业基础知识,全面提高综合创业能力,实现自己的创业理想。

4. 家庭的支持与帮助

家庭可以为大学生提供物质和精神支持。许多父母有创业经验,父母的社会经验也通常要比子女的社会经验更丰富,父母的指导和支持可以帮助子女避免一些创业风险。

三 创业者心理素质

越来越多的年轻人开始创业,但是随着时间的流逝,面对资金短缺、合作伙伴退出和员工离职的残酷现实,创业者的热情逐渐下降。各种各样的负面情绪开始在公司中传播,公司运营困难并最终倒闭,充满活力的创业活动随之结束。实际上,这仅仅是成千上万的创业者创业失败的缩影。那些成功的公司正是踩着这些失败者才得以拾级而上的。因此,创业者应保持良好的心理素质,具有一定水平的情商和勇气,以克服创业道路上的困难。

(一)创业者胆略培养

1. 过人的胆识和魄力

创业者在创业之前应该问自己:"我是否有勇气与普通人不同,在复杂的情况下可以清醒地决断?"因为在创业过程中,会有各种各样的选择、各种困难,创业精神要求创业者必须克服困难,考虑周密,做出决策。许多人总是瞻前顾后,从而错过成功的最佳时机。那些做大事的人往往敢于在有限的信息资源下做出重大决策,为公司赢得商机。

2. 强大的心理与意志

创业者应该问自己:"我是否准备好应对未来可能遇到的困难,甚至遭受失败?"对于创业者而言,心理准备实际上比财务和技术准备更为重要。创业者必须做好心理准备以面对所有可能发生的事情,如员工的不满、同事的挑衅、企业运营的复杂管理等情况。如果遇到一些挫折就开始责备与抱怨,创业者的情绪将无法控制,也就无法开展良好的业务。创业者必须具有良好的抗挫折能力。当遇到许多意想不到的问题和麻烦时,创业者要有强大的抵御风险和挫折的心理能力。急躁且遇到困难时无法镇静的人不适合创业。只有具备较强的心理素质和坚强意志的创业者,才能理性地处理矛盾和困难,克服遇到的障碍。

3. 强烈的好奇心和进取心

创业者必须对所从事的业务充满好奇心,并且要有强烈的进取心,胸怀宽广,善于学习,不断完善自己,提高自己。同时,创业者必须善于自我激励,并不断激励自己的员工,提升创业队伍的士气。

(二)创业者情商培养

1. 学会做人,懂得尊重

对于创业者而言,学会做人和懂得尊重是重要的情商指标。许多创业者经常会遇到诸如"为什么员工不满意我,其实我对他们很好""为什么客户取消订单?我们的产品质量其实是行业最佳"之类的问题。其实,员工愿意工作的原因,除了薪水之外,应该还包括创业者的人格魅力。客户之所以愿意购买你的产品,是因为他们可以放心地与你开展业务。

但是,如果创业者欺骗员工的感情,不尊重骨干和员工,在实际工作中他们肯定会离心离德,包括合作伙伴也是这样。与公司开展业务的客户需要整天提防,心理不安,即使产品再好,客户也会选择放弃。优秀的创业者必须有道德且正直,并且要有公信力。

2. 正视自己的不足

人们通常容易辨识他人,却很难认清自己。许多人在工作或创业领域都没有成功,通常是因为他们无法正确认识自己或缺乏自我认知。许多创业者喜欢自己管理公司事务,好像他们拥有一流的技术、一流的战略、一流的管理和一流的市场经验一样。在当今复杂的市场竞争环境中,开展业务应依靠团队的实力。只有建立一支具有优秀专业技能、具有独特竞争优势、敢于思考、敢于努力的骨干员工队伍,公司才能在市场上站稳脚跟,获得一席之地。当前的市场竞争正在损耗企业的整体实力,创业者必须意识到自己不是万能的,了解自己的缺点和不足,知道如何聚集专业人士,让专业人士从事专业工作,做到知人善用。如果任何事都立足于亲力亲为,而不发挥团队的力量,做到"人尽其才",一方面公司很难留住人才,另一方面迟早会在市场竞争中失利。

3. 高度的责任感和使命感

初创公司的创始人需要具有高度的责任感和使命感。创业者的企业家精神不仅是为了个人的小利益,更是对更广泛、更高层次和更大的利益的追求。只有那些超越自己的利益并为更广泛的群体寻求利益的创业者,才能成就一番伟大的事业。创业者应始终牢记,他们不再是孤独地生活与奋斗,而是一群人在等待公司的薪水养家糊口,更多的客户正在等待公司为他们创造价值。创业者必须以高度的责任感和使命感来激励自己,提升员工的工作能力,并促进企业不断跨越市场壁垒,最终实现可持续发展。

(三)创业者格局培养

1. 预见未来

创业者应该能够看到别人看不到的东西,发现别人尚未意识到的机会,并掌握将机会变成行动的能力。许多人无法开展业务,因为项目总是选择不当,而且总是落后于别人,一次又一次地浪费了机会。除了具有良好的素质和能力,创业者的成功预见对于获得机会也很重要。如果无法识别和把握眼前的机会,那么即使是最好的能力和素质也无济于事。

2. 胸怀宽广

创业者在日常管理中面临各种困难和压力,需要妥善处理各种错综复杂的关系,工作环境非常复杂,有时还会遇到团队其他成员和骨干的不同意见。所以创业者必须有宽广的胸怀,能够接受不同的态度与意见,能够将劣势变成优势,能够化敌为友。只有这样,创业者才能不断前行,才能实现梦想。

3. 结果导向

创业者需要清楚"以结果为导向,注重过程"才是正确的创业态度。如果不考虑结果,而只关注过程,那么实现创业目标将会很困难。有了以结果为导向的意识,有想法并迅速付诸实践,创业的成功率将大大提高。"思想的巨人,行动的矮子"是不可能实现目标的。对于创业者来说,他们在创业之前必须培养以结果为导向的意识和能力,学习如何以结果为导向,有效地提高工作效率,并掌握最大化利用有限的时间和资源的能力。

参考文献:

[1] 江苏省高校招生就业指导服务中心.大学生职业生涯规划[M].南京:江苏教育出版社,2008.

[2] 俞国良,戴斌荣.基础心理学[M].武汉:武汉大学出版社,2007.

[3] 殷智红,邱红.职业生涯规划[M].北京:北京大学出版社,2010.

[4] 王丽娟.大学生职业生涯规划与发展[M].南京:南京大学出版社,2011.

[5] 根特·法汀.创业其实没那么难:小创意胜过大资本[M].颜徽玲,译.天津:天津教育出版社,2011.

[6] 美国《创业者》杂志.创业宝典:未来企业家之路[M].高建,译.北京:清华大学出版社,2012.

[7] 布鲁斯·R.巴林杰.创业计划:从创意到执行方案[M].陈忠卫,译.北京:机械工业出版社,2009.

[8] Steven Gary Blank.四步创业法[M].七印部落,译.武汉:华中科技大学出版社,2012.

[9] 高继英.大学生职业探索的途径与方法[J].河南农业,2014(18):35-36.

[10] 周艳春.关于创业与创新关系的研究综述[J].生产力研究,2009(22):255-256.

[11] 钟玉泉,彭健伯.大学生创业精神和创业能力培养研究[J].科技进步与对策,2009,26(15):151-153.

[12] 教育部关于举办第五届中国"互联网+"大学生创新创业大赛的通知(教高函〔2019〕8号)[EB/OL].[2019-03-05].http://www.moe.gov.cn/srcsite/A08/s5672/201904/t20190408_376995.htm.

[13] 洪涛,陆陈波,陈涛.大学生创业计划书撰写要点与原则[J].文教资料,2014(17):122-123.

[14] 刘建花.大学生创业的心理障碍及对策分析[J].管理观察,2009(14):142-143.

[15] 王荣利.总裁的陷阱:律师给中国企业家的18个提示[M].杭州:浙江人民出版社,2006.
[16] 王承业.创业第一年要考虑的16件事[M].上海:立信会计出版社,2017.
[17] 陆雄文.管理学大辞典[M].上海:上海辞书出版社,2013.
[18] 蒋景媛.新创企业的创业风险识别与规避[J].中国市场,2013(45):51-53.
[19] 郭江明,刘思峰.创业风险投资的风险预警及防范[J].经济问题,2007(10):28-30.
[20] 唐海波,李赛兰.大学生创业心理障碍的表现形式及干预方法[J].创新与创业教育,2010(5):31-33.

就业指导篇

第九章 就业指导概述

第一节 高校毕业生就业现状分析

一 就业指导的主要内容

（一）就业指导的定义

就业指导，在英美国家又叫"职业指导"，或"生计指导"，日本称之为"出路指导"。从字面定义上看，这些概念其实是就业指导在不同国家的不同称呼。美国全国职业指导协会将"职业指导"解释为"帮助学生选择职业的过程，是为就业做准备的过程，也是在任职中求得发展的过程"。这种解释把职业指导看作"过程"，而非一时一地一事的临时性措施。《中国教育百科全书》对"职业指导"的解释是：亦称职业咨询或就业指导，指根据社会职业需要针对人们的个人特点以及社会与家庭环境等条件，引导他们较为恰当地确定职业方向、选择劳动岗位或者转到新的职业领域的社会活动，是沟通求职者和用人单位、教育部门和社会的有效途径。一般来说，在我国，就业指导还应包括就业政策导向，以及与之相应的思想教育工作。

（二）就业指导的主要任务

就业指导的现实意义就是针对大学生这一群体的特点和求职择业要求，从环境分析到择业技巧、从形势政策到有关法律法规等各个方面对大学生予以全面系统的指导和帮助，从而培养他们的就业意识，帮助他们树立正确的择业就业观。

就业指导的主要任务包括：① 帮助毕业生充分了解自己的个性特点，例如个人的爱好、性格、知识、能力等，从而使自己对自己有全面、理性的认识。② 帮助毕业生了解社会不同职业的岗位要求，例如职业的分类、岗位的内容、岗位的知识和能力要求等。③ 帮助毕业生根据自身的个性特点选择适合自身的职业，也就是通常人们所说的实现人职相配，从而完成求职者的择业任务。

（三）就业指导的主要内容

1. 信息指导

信息指导是就业指导的基础，学校和各级就业部门要开展如下指导：

(1) 形势政策指导。学校和各级就业部门应及时向学生宣传国家及省、市就业方针政策,让学生充分了解就业政策,把择业行为置于政策允许的范围内,安全顺利就业。

(2) 需求信息指导。学校和各级就业部门应全面、准确地搜集和掌握用人单位和毕业生的供求信息,及时提供给供求双方,起到有效的信息桥梁作用,为用人单位服务,为毕业生把关,要求招聘信息具有真实性、时效性,学生信息具有真实性、准确性。

2. 思想指导

思想指导是就业指导的中心,其内涵一般包括:

(1) 帮助毕业生树立正确的择业观,指导毕业生准确把握当前就业形势,使其确立与市场经济发展、与大众化高等教育相适应的就业观、择业观。毕业生应从自身实际情况出发,转变观念,自觉克服一定要去某些所谓理想的城市、理想的事业单位、理想的500强企业就业等脱离实际的想法,不要刻意追求一时的"完美"。目前中小微企业已成为吸纳大学毕业生就业的主力军。在"鱼"和"熊掌"不可兼得的情况下,可以先就业,然后在职业发展中选择从事的专业,进而在不断积累中成就自己的事业。

(2) 帮助毕业生增强主动就业和勇于竞争的意识。就业过程中,学校老师可以提供必要的帮助,但主要还是要靠毕业生充分发挥主观能动性,要有强烈的求职欲望和竞争意识,要把就业过程既当作找工作的过程,又变成增强竞争意识、锻炼思辨能力、提高交往水平的过程;要牢固建立起自己已经置身于竞争十分激烈的人才市场的思想。无论任何市场,所具有的共同特点就是竞争,所遵循的游戏规则就是"优胜劣汰",要勇于向用人单位推荐自己,大胆接受用人单位的挑选,承受用人单位的挑剔。

(3) 帮助毕业生养成良好的职业素养。职业素养是一个人职业生涯成败的关键因素。中国知网(CNKI)将"职业素养"定义为:职业内在的规范和要求,是在职业过程中表现出来的综合品质,包含职业道德、职业技能、职业行为、职业作风和职业意识等方面。很多企业界人士认为,职业素养至少包含两个重要因素:敬业精神及合作的态度。敬业精神就是在工作中将自己作为公司的一部分,不管做什么工作一定要做到最好,发挥出实力,对一些细小的错误一定要及时地更正。敬业不仅仅是能吃苦耐劳,更重要的是用心去做好公司分配给的每一份工作。态度是职业素养的核心,好的态度是决定成败的关键因素。

3. 技术指导

求职技术指导是就业指导的基本内容之一,一般包括以下几个方面:

(1) 专业技能强化指导。不同专业的毕业生在就业前应该达到所学专业最基本的知识和技能要求。

(2) 求职准备指导。一是心理方面准备。面临就业选择的毕业生,普遍思想准备不足,有惶恐感,比较拘谨,甚至手足无措,有的因此而错失良机。针对求职中常见的现实落差较大、迷恋大企业、盲目攀比、自卑怯场、自负傲慢等心理问题,学校需要对毕业生开展心理调适指导,让毕业生客观评价自己,转变求职择业观念,树立良好的就业心态。二是信息资料准备。一些毕业生不清楚各项有关的政策规定,不了解自己有哪些权利和义务,更不知道应该如何行使自己应有的权利。至于具体的招聘应聘程序、个人求职材料的撰写技巧、求职资料的有效整理和投递,都需要学校对毕业生进行必要的指导。

(3)面试技巧。毕业生在面试前可通过招聘简章或者招聘单位的网站提前详细了解用人单位信息,了解应聘岗位是干什么的、要具备什么条件、工资福利怎样、职业晋升渠道如何等,同时对可能的笔试、面试问答环节进行精心的准备,使应聘更加具有针对性。对于被通知第一次面试的人来说,给考官留下好的第一印象非常重要。因此,面试时要注意基本的交往礼仪、适当的言谈举止和得体的衣着打扮。应届毕业生参加面试,在衣着方面虽不要特别讲究、过分花哨华丽,但也要注意整洁大方,不可邋遢。男士衬衫要换洗干净,皮鞋要擦亮;女士不能穿过分前卫新潮的服装。总之,着装要协调,要与所申请的职位相符。

二 高校毕业生就业形势与现状

(一)当前高校毕业生就业形势分析

"就业是民生之本",大学生就业是我国就业问题中带有战略性的核心问题。近年来,随着高校规模的扩大,高校毕业生人数不断增加,由于受多方面因素的影响,出现了高校毕业生就业难的问题,我国大学生就业形势严峻。

1. 毕业生人数逐年增加,就业竞争加剧

教育部发布的《2018年全国教育事业发展统计公报》数据显示:全国各类高等教育在校学生总规模达到3 833万人,高等教育毛入学率达到48.1%。高等教育大众化为我国现代化建设提供了充足的人力资源保障,但也导致毕业生人数的急剧增加。

图9-1为2001—2020年我国普通高校毕业生人数及增速图,从图中可知2020年高校毕业生人数为874万人,预计2021年将突破900万,再创近10年来历史新高。据不完全统计,截至2019年9月份近5年累计待就业应往届大学毕业生总数超过2 000万人,再加上退役士兵、下岗再就业人员、农民工等新增就业群体的影响,大学生就业形势依然很严峻。

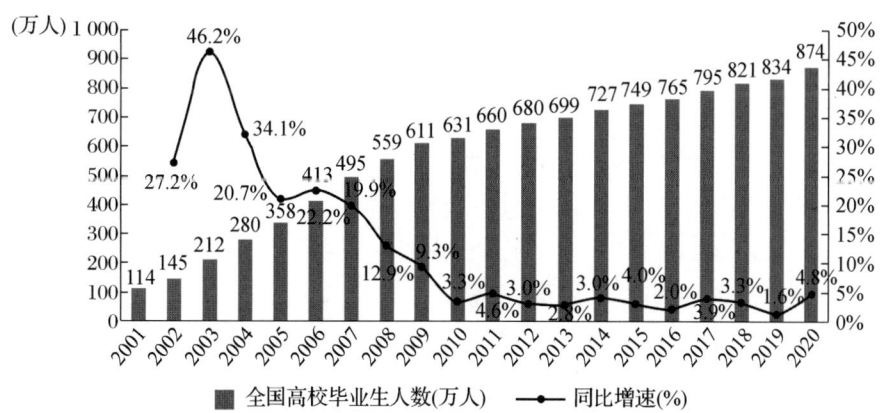

图9-1 2001—2020年我国普通高校毕业生人数及增速

2. 大学生就业难中的结构性矛盾依然存在

(1) 高校专业设置和市场需求不完全对称,有些专业需求很紧俏,而有不少专业需求却很有限。当前我国大学及以上学历人才的培养根据适龄入学人口结构与产业发展长期趋势做出招生规划,专业设置四年或者五年一个周期,四年前还是社会需求的热门专业,四年后可能变成"滞销"专业,调整较慢;而企业对毕业生的需求紧贴经济发展和市场变化,非常灵活。这种供给与需求错位在一定程度上是造成大学生就业难的主要原因之一。涵盖江苏省158所高校的"91job智慧就业"大数据监测分析平台对2019届毕业生进行监测的数据显示,相对于理工科招聘需求,工商管理类、新闻传播学类、法学类等专业毕业生相对供大于求。

(2) 地区间经济发展不平衡状况直接影响到毕业生的供求状况。我国区域之间经济社会发展不平衡的现状在短期之内难以改变,导致一些高校毕业生宁可成为大城市中的"漂族"和"蚁族",也不愿意到二、三线城市和基层就业。我国的东部与西部、沿海地区与偏远地区、经济发达地区与欠发达地区,每万人中大学生占有量差距很大。一般情况下,经济发达或者发展较快地区毕业生需求量大,就业机会也较多,反之则较少。就业竞争也一样,比如江苏省近年来的苏北地区接收毕业生的增幅虽然明显提高,但是仍有大部分毕业生选择到经济较发达的苏南地区就业,竞争数量有限的就业岗位。2019年,在江苏就业的毕业生中,到苏南地区就业的占66.7%,到苏中地区就业的占14.4%,到苏北地区就业的占18.9%。

(3) 毕业生具备的知识与能力与用人单位的要求存在较大差距。现在用人单位对毕业生的能力、素质和职业道德、敬业精神等都提出了越来越高的要求,但应届毕业生存在掌握知识陈旧过时、实践能力弱、职业素养差等问题,加上就业期望值过高,都希望找收入高、待遇好的大单位或者到一线发达城市就业,高不成、低不就的现象普遍存在,导致一部分单位招聘应届毕业生意愿不强,在一定程度上加剧毕业生就业难。而实际上,很多企业对真正愿意下基层,又有着扎实专业基础的应届大学生的需求量非常大。随着经济和社会的发展,市场在变,企业在变,这就需要学校、学生在就业教育和就业观念上做好准备。

(4) 毕业生就业制度上存在障碍。现行高校毕业生就业制度、户籍制度、干部人事制度与市场就业机制还不完全适应。以干部身份和户籍为基础的管理方式与社会劳动力资源的统筹管理不协调,导致就业机会不均等,就业政策不平衡,毕业生在地区之间、企业与机关事业单位之间流动仍然存在障碍,毕业生身份转换困难,就业渠道不畅通,进一步加剧了结构性矛盾。

此外,部分高校、科研单位、大机关、大公司存在基本上以招收研究生为主的"人才高消费"错误观念,盲目追求高学历人才,因而对毕业生的需求出现扭曲,人为制造了就业难题。而就业信息的不真、不畅也影响了毕业生就业工作的开展,一方面毕业生掌握的就业信息不够或者需要从大量的真假就业信息中去筛选甄别,费时费力;而大量的用人单位信息无法直接发布给毕业生,造成严重的就业信息不对称,使得毕业生求职和单位选才都遇到了困难。

解决结构性矛盾需要国家、社会、高校多方共同努力,精准施策,才能培养更多适合社会主义市场经济需要的人才。

3. 经济发展环境复杂,机遇和挑战并存

我国国家宏观形势和经济发展势头良好,近年来每年的GDP增长率保持在6.0%以上,为大学生就业创造了较为有利的环境。一是各级领导高度关注高校毕业生就业,政府推动力不断加大。党中央、国务院领导高度重视毕业生就业工作,习近平总书记、李克强总理多次强调要抓好毕业生就业工作并做出重要指示;教育部、人社部、财政部等多部委密集出台促进毕业生就业政策,并多次召开会议专题部署落实;各省、各地、各部门、各高校认真履行职责,齐抓共管,形成强大的推动毕业生就业合力。二是近年来我国经济发展由高速发展转向高质量发展,产业拉动力不断加大。现代服务业、高新技术产业、先进制造业、传统产业转型升级都需要大量高素质的毕业生,为毕业生充分就业奠定了坚实的基础。

当然,影响我国经济发展的内外不确定性明显上升,经济社会发展中不平衡、不协调、不可持续的矛盾仍然比较突出。一是当前世界经济下行风险压力加大,尤其最近的中美贸易摩擦对大学生就业产生了不少的影响,特别是投资、出口两大需求增幅不同程度下滑,外经贸发展面临的形势更加严峻;二是我国面临的经济下行压力加大,产业升级带来的经济转型对就业工作造成了一定的挑战,加上原有体制性、结构性方面的问题未有效解决以及生产要素供给趋紧,物价涨幅仍处在高位,部分企业特别是中小企业生产经营困难增多,抑制了对毕业生的需求。

(二) 当前高校毕业生就业现状

面对严峻的就业形势,党中央、国务院高度重视高校毕业生就业问题,把高校毕业生就业摆在就业工作的首位,制定出台了一系列政策措施,保持了高校毕业生就业局势的稳定。当前,高校毕业生就业状况表现为以下几个方面:

1. 大学生求职时间提前,求职更加积极主动

智联招聘发布的《2019应届毕业生就业力调研报告》显示,在2019年的应届毕业生中,大二和大三开始关注求职的学生占比54.49%,大四开始关注求职的占比31.49%。对比2018年,从大二和大三开始关注求职的学生比例略有上升;从大四才开始关注求职的学生比例稍有下降。大四学生求职关注度下降的原因主要在于对未来比较迷茫、职业规划不清晰、在等待考研成绩或直接选择"慢就业"等。

高校应根据大学生在不同时间阶段的状态和心理特点,增加有针对性的相关课程和培训,更好地帮助大学生降低求职压力。而用人单位也需要扩大校园招聘活动的覆盖面和影响力,吸引更多优秀毕业生的关注,以提升企业雇主品牌影响力。

2. 基层就业成为越来越多毕业生的选择

党中央、国务院一直重视鼓励高校毕业生面向基层就业。2005年的《关于引导和鼓励高校毕业生面向基层就业的意见》、2017年的《关于进一步引导和鼓励高校毕业生到基层工

作的意见》，和2019年《关于做好当前形势下高校毕业生就业创业工作的通知》都明确提出落实基层就业优惠政策，进一步引导和鼓励高校毕业生到基层工作，发挥高校毕业生在促进基层经济社会发展中的作用。随着我国经济、社会的发展，大学毕业生基层就业的政策"红利"和发展空间优势明显，去基层就业，正成为越来越多大学毕业生的选择。根据2018年各高校毕业生就业质量报告，清华大学毕业生中有288人通过"定向选调"的渠道到基层公共部门就业，占就业总人数比例为3.97%；到西部就业人数占毕业生总人数的7.20%。北京大学2018届毕业生中有562人赴基层和西部地区就业，占毕业生总人数的7.44%。而行业类高校(如农业、林业、矿业、冶金、石油等)相对于综合性大学来说，由于专业对口，大学生基层就业比例相对较高。例如，中国矿业大学(北京)2018年毕业生到西部就业206人，占就业总人数的14.67%。北京林业大学2018年本科毕业生到基层就业346人，占就业总人数的21.91%。中国石油大学(北京)2017年本科毕业生到西部就业人数为229人，占就业总人数的26.85%。

2018、2019年江苏省的普通高校毕业生就业质量年度报告数据显示：2018年江苏省统筹实施"选聘高校毕业生到村(社区)任职""三支一扶计划""大学生志愿服务西部计划"和"大学生志愿服务苏北计划"等基层服务项目，吸纳应届高校毕业生3 000人，到基层就业的毕业生33.8万人，占就业总人数的62.1%。而2019年，江苏省高校毕业生有32.4万人到基层单位和岗位就业，占就业总数的78.9%。由此可见，国家和江苏省鼓励毕业生入伍、到基层工作和自主创业的政策效应显著。

3. 国企依然最受毕业生青睐，民营企业成为吸纳就业主力

智联招聘发布的《2019应届毕业生就业力调研报告》调研数据显示，从期望就业的单位性质来看，国有企业占比最高，有33.17%的应届毕业生期望在国有企业工作，排名随后分别是三资企业，占比24.55%，民营企业，占比21.23%，事业单位，占比11.42%，国家机关，占比6.65%。工作稳定、待遇较好的国有企业依然最受应届毕业生青睐。

麦可思研究院发布的《2019年中国大学生就业报告》(就业蓝皮书)显示，民营企业、地级城市及以下地区等依然是高校毕业生主要就业去向，2014至2018届本科毕业生在民营企业就业的比例从50%上升到54%。

《2019年江苏省普通高校毕业生就业质量年度报告》数据显示：从就业单位流向情况看，毕业生到各类企业的人数最多，达34.9万人；到各类事业单位就业的有5.1万人；到机关就业的有0.6万人。

4. 考研热持续升温，竞争更为激烈

图9.2是2010—2020年考研报考人数变化趋势。据教育部公布的数据显示，2010年以来，全国考研报名人数除了在2014、2015年有所下降外，其余年份都有所增加，在2017、2018年增幅甚至都在10%以上。2019年全国考研人数达到290万人，较2018年增幅达21%。2020年全国硕士研究生考试报名人数达到340万人，再创新高。图9.3显示，高等教

育发展较快的江苏省一直也是考研大省,从 2015 年的 10.4 万人到 2020 年的 24.9 万人,6 年间,考研人数增长了 239%。从数据上看,研究生招生指标的增长明显低于报考人数的增长,考研竞争将越发激烈。

"考研热"为何持续升温?一方面,大学生们还没从美好的校园生活中走出来,对未来发展充满了不确定和紧张感,因此就有了"逃避式考研"这一说法;而另一方面,在就业竞争越来越激烈的大背景下,大学生对自身就业竞争力提升有更高要求,加上社会对人才要求的门槛越来越高,不少企事业单位招聘甚至公务员招录的很多岗位都只面向研究生,倒逼学生不得不为了理想的职业选择读研以提高学历。同时,众多非全日制考生也加入考研大军,在数量上呈现增长趋势。

虽然应届生仍然是考研的主力军,但是随着在职研究生纳入统考后,以及往届生对于提高自身就业竞争力的需求增加,往届生的考研比例也逐年提高。据教育部统计,2017 年共 201 万人报考,其中,应届考生 113 万人,往届考生 88 万人;2018 年共 238 万人报考,其中,应届考生 131 万人,往届考生 107 万人。从图 9-4 数据可知,2017 年,往届生考研人数占全国报考人数的 43.8%,2018 年,往届生考研人数占全国报考人数的 45.0%,同比上升了 1.2%。

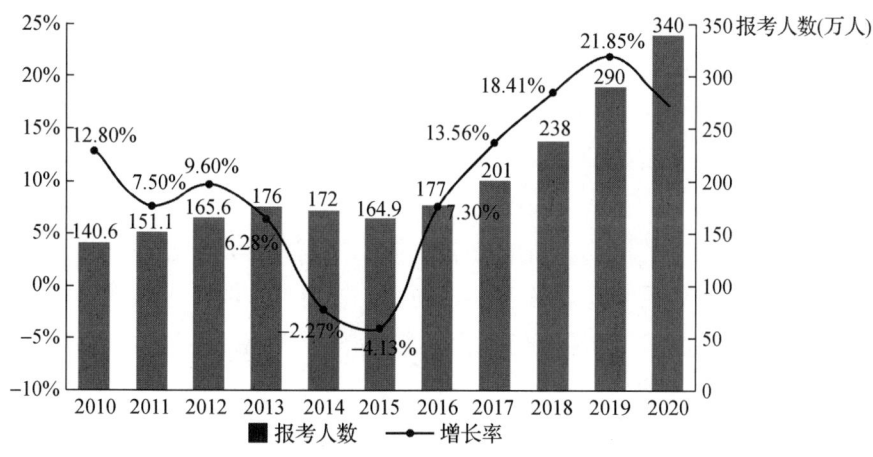

图 9-2 2010—2020 年全国考研报考人数变化趋势

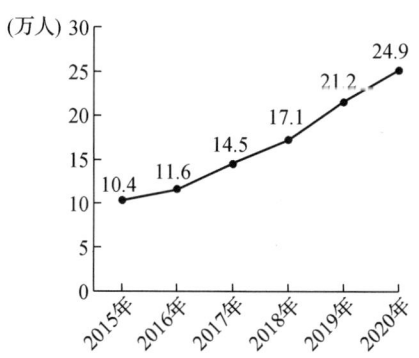

图 9-3 2015—2020 年江苏省考研人数趋势图

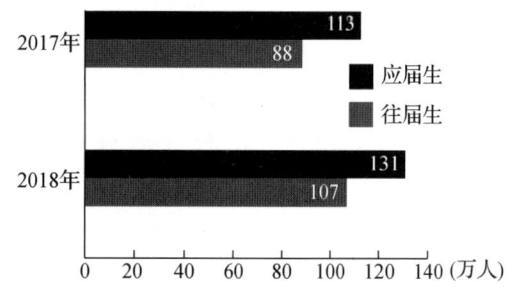

图 9-4 2017 和 2018 年应届生及往届生考研人数

5. 实现个人价值成为毕业生求职重要考量

在越来越多的年轻人眼中,一份好工作的标准不再是"钱多事少离家近",而是实现自我价值,并从事符合自己兴趣爱好的工作。《2019 应届毕业生就业力调研报告》显示,2019 应届毕业生"找工作最看重哪些因素"的调研结果,排名前五的因素依次是:能够学习新东西;待遇好,能挣钱;工作和生活平衡;企业氛围(人际关系)和谐;明确的职业发展路径。在知识经济时代,人才竞争日益加剧,"90 后""95 后"应届毕业生在求职过程中虽然依然关注高薪职位,但也充分意识到职场成长和未来发展的重要性,并不会单纯追求"钱多",而是更加期待个人能力的提升,实现对自我价值的长期投资回报。

6. 毕业生"慢就业"等个性化、多元化选择也日益凸显

虽然绝大部分应届毕业生积极主动地投入求职大军当中,但选择逃避就业压力的毕业生占比也在缓慢上升。通过考研、实习、游学等方式,"慢就业、缓就业"正在成为越来越多学生的选择。所谓"慢就业",是指毕业半年后仍处于非就业状态的毕业生,多数在继续找工作。有的毕业生准备继续求学,有的准备考公务员,有的正在参加各种职业技能培训和职业资格考试,有的想休闲一段时间再考虑就业问题,有的既无就业也无其他计划。积极的、有计划的、基于职业发展考虑的"慢就业"对于缓解就业压力、提高毕业生就业质量有积极的作用。但因长期找不到工作、对就业丧失信心是毕业生消极应对就业的表现,还有部分考研没考上,打算来年"二战"的学生,也是常见的未就业群体,应重点关注。据统计,近年来南京各大高校学生"二次考研"的成功率基本不超过 30%,选择二次考研"成本高,风险大";另外,从就业的角度说,不同专业对学历偏好也不尽相同,学生们应当理性追求高学历。以土木工程专业为例,用人单位往往更青睐用本科生对工程项目进行管理,而非用研究生对施工技术进行研究,本科生找对口工作反而比研究生更容易。高校要通过职业生涯规划课引导学生提前做好职业规划,合理确定职业目标,教育学生:与其毕业后"慢就业"摸索,不如在校时就形成合力解决问题。

第二节　高校毕业生就业方向

一　高校毕业生就业率、待就业率统计方法

根据《教育部办公厅关于进一步加强和完善高校毕业生就业状况统计报告工作的通知》(教学厅〔2004〕7 号)规定,高校毕业生就业率、待就业率统计方法包括:

1. 毕业生就业主要有以下几种形式

(1) 毕业生通过学校与用人单位签订就业协议书,领取就业报到证,到用人单位就业。

(2) 毕业生与用人单位已签订劳动合同,或用人单位出具接收函,不需要就业报到证,到用人单位工作。

(3) 定向、委培毕业生回原定向、委培单位就业。

(4) 毕业生以灵活方式就业,其中包括自主创业、自由职业等。

自主创业指创立企业(包括参与创立企业),或是新企业的所有者、管理者。包括个体经营和合伙经营两种类型。

自由职业指以个体劳动为主的一类职业,如作家、自由撰稿人、翻译工作者、中介服务工作者、某些艺术工作者等。

(5) 升学:包括专科毕业生升本科,毕业生考取研究生、考取第二学士学位。

(6) 毕业生出国、出境留学、工作等。

(7) 毕业生参加国家、地方项目就业(如大学生志愿服务西部计划、"三支一扶"计划、大学生志愿服务苏北计划、村官计划和特岗计划等)。

(8) 应征入伍。

2. 毕业生待就业

指毕业生有就业愿望,但尚未就业。

3. 毕业生暂时不就业

包括暂无就业愿望、拟升学(俗称"考研二战")、身体健康原因及其他原因暂不就业。

二 高校毕业生主要就业方向介绍

1. 企业就业

企业就业是指毕业生选择到各种类型企业(包括国有企业、民营企业、外资企业、三资企业、独资企业等)就业。企业就业是我国大学生就业的主渠道,以江苏省为例,每年选择到企业就业的毕业生占到就业总人数的近2/3。

2. 基层就业

按照教育部关于毕业生初次就业率统计口径,将面向基层的就业范围确定为:县及县以下党政机关、事业单位和社会团体组织;农村建制村城镇社区;中小企业;国家和地方服务基层项目;艰苦行业企业、事业单位。

(1) 中央有关部门实施的基层就业项目

① 大学生志愿服务西部计划(简称"西部计划")

这是团中央、教育部、财政部、人力资源和社会保障部等四部门从2003年起组织实施的"大学生志愿服务西部计划",按照公开招募、自愿报名、组织选拔、集中派遣的方式,每年招募一定数量的普通高等院校应届毕业生,以志愿服务的方式到西部贫困县的乡镇从事为期1~3年的教育、卫生、农技、扶贫以及青年中心建设和管理等方面的工作。

② "三支一扶"计划

即中组部、人力资源和社会保障部、教育部等八部门从2006年开始组织实施的"三支一扶"(支教、支农、支医和扶贫)计划。

③ 教师特设岗位计划

即教育部、财政部、人力资源和社会保障部、中央编办等四部门从2006年开始组织实施的"农村义务教育阶段学校教师特设岗位计划"。

④ 选聘高校毕业生到村任职

即中组部、教育部、财政部、人力资源和社会保障部等部门从2008年起组织实施的"选聘高校毕业生到村任职工作"。

⑤ 农业技术推广服务特设岗位计划

即农业部、人社部、教育部等部门从2013年起组织实施的"农业技术推广服务特设岗位计划"。

(2) 江苏省实施的基层就业项目

① 江苏省应届优秀大学毕业生选调工作

这是江苏省委组织部从1983年开始组织实施的江苏省优秀大学毕业生选调工作。要求学生报名时为党员或者预备党员,就读期间获得过院系级以上奖励,大学学习成绩应在班级排名前50%,并担任过相应层次职务。其中:类别Ⅰ高校学生担任过班委及以上职务,含班级(党团组织)和学生会(党团组织)职务;类别Ⅱ高校学生担任过班长及以上职务,含班级(党团组织)班长(书记),院系学生会(党团组织)中层正职、校学生会(党团组织)中层副职及以上职务。应届研究生,在选调范围高校就读期间(含本科阶段)获得过院系级以上奖励,学业优良,并担任过班委及以上职务,含班级(党团组织)和学生会(研究生会、党团组织)职务。

② 江苏省名校优生定岗特选计划

这是江苏省委组织部从2019年开始组织实施的江苏省名校优生定岗特选计划,面向部分名校和省内高校选调。要求学生报名时为党员或者预备党员,面向部分名校选调对象:在选调范围高校就读期间(研究生含本科阶段)担任过班委及以上职务,含班级(团支部、党支部)、学生会(研究生会、团委)职务,并且获得过校级以上综合性表彰奖励。

面向江苏省内高校选调对象:在选调范围高校就读期间(研究生含本科阶段)担任过校学生会(研究生会、党团组织)主席、副主席或院系学生会(研究生会、党团组织)主席满1年(任职时间截至考察之日),并且获得过校级以上综合性表彰奖励。大学期间学习成绩排名原则上在班级前50%以内。

③ 江苏大学生志愿服务苏北计划(简称"苏北计划")

这是江苏省委组织部、省教育厅、省财政厅、省人力资源和社会保障厅、省公务员局和团省委从2005年起共同组织实施,引导当代大学生以志愿服务的方式到苏北五市基层去建功成才的一项长期项目,具体为毕业生到徐州、连云港、淮安、盐城、宿迁五市所辖县(市、区)的村(社区)、乡镇(街道)从事为期1~2年的基础教育,农业科技,医疗卫生,基层青年工作,基础社会管理及沿海开发战略,苏北工业化发展需要的工业、经济、法律、外贸、村务管理等方面的志愿服务。

(3) 国家鼓励毕业生到基层就业的主要优惠政策

按照《国务院关于做好当前和今后一段时期就业创业工作的意见》(国发〔2017〕28号)、

《中共中央办公厅 国务院办公厅印发〈关于进一步引导和鼓励高校毕业生到基层工作的意见〉的通知》(中办发〔2016〕79号)、《中共中央组织部人力资源社会保障部等五部门关于印发高校毕业生基层成长计划的通知》(人社部发〔2017〕85号)等文件规定:① 完善工资待遇进一步向基层倾斜的办法,健全高校毕业生到基层工作的服务保障机制,鼓励毕业生到乡镇特别是困难乡镇机关事业单位工作。② 对高校毕业生到中西部地区、艰苦边远地区和老工业基地县以下基层单位就业、履行一定服务期限的,按规定给予学费补偿和国家助学贷款代偿(本专科学生每人每年最高不超过 8 000 元、研究生每人每年最高不超过 12 000 元)。③ 结合政府购买服务工作的推进,在基层特别是街道(乡镇)、社区(村)购买一批公共管理和社会服务岗位,优先用于吸纳高校毕业生就业。④ 落实完善见习补贴政策,对见习期满留用率达到 50% 以上的见习单位,适当提高见习补贴标准,允许就业见习补贴用于见习单位为见习人员办理人身意外伤害保险以及对见习人员的指导管理费用。⑤ 将求职补贴调整为求职创业补贴,对象范围扩展到已获得国家助学贷款的毕业年度高校毕业生,以及贫困残疾人家庭、建档立卡贫困家庭高校毕业生和特困人员中的高校毕业生。⑥ 艰苦边远地区基层机关招录高校毕业生可适当放宽学历、专业等条件,降低开考比例,可设置一定数量的职位面向具有本市、县户籍或在本市、县长期生活的高校毕业生。各地各高校要服务乡村振兴战略,引导毕业生到现代种业、农产品加工、农村电子商务等一、二、三产业就业创业,投身扶贫开发和农业农村现代化建设。结合城镇化进程和公共服务均等化要求,充分挖掘教育、劳动就业、社会保障、医疗卫生、住房保障、社会工作、文化体育及残疾人服务、农技推广等基层公共管理和服务领域的就业潜力,吸纳高校毕业生就业。

参加"苏北计划"的志愿者,除享受国家规定的高校毕业生就业相关政策,还享受以下政策:

① 服务期间省财政给予志愿者每人每月 1 800 元生活补贴和每人每年 550 元交通补贴,并办理人身意外伤害和住院医疗等保险。志愿者服务期间,参加企业职工各项社会保险,由服务所在地"苏北计划"项目办负责按规定为其办理参保登记、申报缴费、社会保险关系转移接续等手续,并代扣代缴个人缴费部分。单位缴纳部分所需经费由当地财政承担。缴费基数为其生活补贴,生活补贴标准低于当地社会保险缴费基数下限的,按当地社会保险缴费基数下限缴费。② 服务期间户口和档案保留在原就读学校,服务期满考核合格的志愿者,可享受一次应届毕业生就业创业和落户等政策。③ 服务期间可以兼任所在村(社区)团组织负责人、青年中心主任,经有关程序担任村民委员会(社区)主任助理等职务。④ 服务期间服务单位向志愿者提供免费住宿等必要的生活保障。服务单位综合考虑经济社会发展、物价水平和生活成本等各项因素,可给予志愿者相应的生活补贴。⑤ 服务期满 1 年,对志愿者的服务情况做出鉴定,存入本人档案;考核合格的颁发证书,作为志愿者服务经历的证明,同时授予江苏省志愿服务纪念奖章,表现优秀的推荐参加全国和省级相关奖项的评选。⑥ 志愿者在基层服务期满考核合格,并按相关规定缴纳社会保险,连续计算工龄。⑦

服务期满2年,经考核合格并符合报考条件的志愿者,3年内报考硕士研究生,可享受初试总分加10分,同等条件下优先录取。⑧ 服务期满2年,经考核合格并符合报考条件的志愿者,可不受户籍和生源地限制,报考江苏省公务员职位;服务期满1年,经考核合格并符合报考条件的志愿者,可报考江苏省面向志愿者专门定向招录的公务员职位。⑨ 服务期满1年,经考核合格的志愿者,本人自愿,且符合江苏省选聘高校毕业生到村(社区)任职条件的可推荐作为选聘对象。⑩ 服务期满1年,经考核合格的普通高职(专科)或以上的志愿者,可以申请免试接受成人本科教育。⑪ 服务期满且经考核合格的"苏北计划"志愿者,纳入高校毕业生自主创业政策支持范围,为其自主创业提供政策咨询、项目开发、创业培训、创业孵化、小额贷款、开业指导、跟踪辅导等"一条龙"服务。按照有关政策,对从事个体经营符合条件的可免收行政事业性收费;对通过各种形式灵活就业的,符合规定的可享受社会保险补贴。⑫ 服务期满且经考核合格的"苏北计划"志愿者,由各级人力资源社会保障部门及所属人才流动服务机构、公共就业服务机构免费提供政策咨询、职业指导和职业介绍服务;组织参加职业资格培训、职业技能鉴定或就业见习,按规定给予职业培训补贴等;对服务期满后失业时间较长的"苏北计划"志愿者进行重点帮扶。

3. 高校毕业生应征入伍服义务兵役

征集普通高等学校应届毕业生入伍,是适应新时期国防和军队现代化建设需要,进一步优化兵员结构,提高部队战斗力,加强基层指挥军官队伍建设,增强退役士兵就业能力的重要举措。

高校毕业生应征入伍服义务兵役的程序是:

① 网上报名预征:有应征意向的高校毕业生可在征兵开始之前登录"全国征兵网"(网址为https://www.gfbzb.gov.cn)进行报名,填写、打印《应届毕业生预征对象登记表》和《高校毕业生应征入伍学费补偿国家助学贷款代偿申请表》(以下分别简称《登记表》《申请表》),交所在高校征兵工作管理部门。② 初审、初检:毕业生离校前,在高校参加身体初检、政治初审,符合条件者确定为预征对象,高校协助兵役机关将《登记表》和《申请表》审核盖章发给毕业生本人,并完成网上信息确认。初审、初检工作最晚在7月15日前完成。③ 实地应征:高校应届毕业生可在学校所在地应征入伍,也可在入学前户籍所在地应征入伍。④ 组织高校应届毕业生在学校所在地征集的,结合初审、初检工作同步进行体格检查和政治审查,在毕业生离校前完成预定兵,9月初学校所在地的县(市、区)人民政府征兵办公室为其办理批准入伍手续。政治审查以本人现实表现为主,由其就读学校所在地的县(市、区)公安部门负责,学校分管部门具体承办,原则上不再对其入学前和就读返乡期间的现实表现情况进行调查。⑤ 在入学前户籍所在地应征入伍的,高校应届毕业生7月30日前将户籍迁回入学前户籍地,持《登记表》和《申请表》到当地县级兵役机关参加实地应征,经体格检查、政治审查合格的,9月初由当地县(市、区)人民政府征兵办公室办理批准入伍手续。

高校毕业生入伍可享受五方面的优惠政策。一是优先征集。应届高校毕业生入伍时,享受优先报名应征、优先体检政审、优先审批定兵、优先安排使用。二是优待政策。由政府补偿学费或代偿国家助学贷款,最高可达2.4万元;其家庭按规定享受军属待遇。三是选用培养。高校毕业生士兵可优先选取士官;符合条件的本科以上毕业生可选拔为军官;在报考军校方面,专科毕业生士兵可参加全军统一组织的本科层次招生考试,进入有关军队院校学习;高校毕业生士兵参加优秀士兵保送入学对象选拔,年龄放宽1岁,同等条件下优先。四是考试升学。高校毕业生士兵退役后,报考政法干警招录培养体制改革试点招生时,教育考试笔试成绩总分加10分。3年内参加硕士研究生考试初试总分加10分,立二等功及以上的,免试推荐入读硕士研究生;高职(专科)毕业生免试入读成人本科或经一定考核入读普通本科。五是就业服务。报考公务员、应聘事业单位职位的,在军队服现役经历视为基层工作经历,同等条件下应当优先录用或者聘用;按照国家规定发给退役金,由安置地的县级以上地方人民政府接收;退役后一年内可视同高校应届毕业生办理就业报到手续,户档随迁。

4. 考研升学

考研升学是指毕业生通过"推免"或者考试获得国内高校硕士入学资格。考研升学以录取高校出具的录取通知书为依据,毕业生凭录取通知书办理相关就业手续。

关于硕士研究生入学考试的相关内容详见本书下一章节。

5. 出国(出境)

出国(出境)是指获得机会到国外或我国港澳台地区高校深造或到境外企业去工作。出国(出境)深造以毕业生取得的国外或我国含港澳台地区大学的录取通知书为依据。

6. 自主创业

按照就业统计口径要求,毕业生自主创业的认定需要从毕业生提供的本人为经营者或者法定代表人的营业执照或者合伙创业的法律证明书为依据。

国家鼓励和支持高校毕业生自主创业,以创业带动就业,根据财政部、国家税务总局《关于支持和促进就业有关税收政策的通知》,财政部、国家税务总局、人力资源和社会保障部《关于继续实施支持和促进重点群体创业就业有关税收政策的通知》,大学生在校期间或毕业后自主创业可享受相应的税收优惠政策。

三 高校毕业生就业工作的程序

高校毕业生就业工作的程序,一般可分为:

1. 就业指导

学校通过就业指导课、就业动员大会、就业讲座、就业培训等方式对毕业生进行就业指导,提升毕业生就业意识、就业能力。

2. 搜集发布就业信息

学校统计核对毕业生生源和资源信息,并发布给各级人才中心和用人单位,同时收集、筛选、整理各类用人单位招聘信息,发布给毕业生。

3. 举办供需见面会

学校和各级人才中心定期举办招聘会和供需双选会,为用人单位招聘和毕业生求职搭建交流的平台。用人单位也会通过智联招聘、91job 智慧就业等第三方招聘平台进行社会招聘或者到高校举办校园专场招聘会。毕业生和用人单位双向选择。

4. 组织面试考核、录用

用人单位对应聘毕业生进行简历初步筛选,安排有意向的毕业生进行笔试、面试等考核环节,并根据结果提出拟录用毕业生名单,发放录取通知书,毕业生确认后办理录用手续。

5. 签订就业协议

毕业生与用人单位经过双向选择达成就业意向后,毕业生须向用人单位上交《毕业生双向选择就业推荐表》原件,并与用人单位签订《毕业生就业协议书》。(江苏省的毕业生就业协议书由江苏省教育厅统一格式,由高校统一打印并具印,一式两联,第一联毕业生留存,第二联用人单位留存)。协议书双方签字盖章即生效,不需要学校盖章(只有个别省市或少数单位需要,如上海、北京等地申请户口时需要协议上有学校公章),交由学校就业部门盖章后及时将协议书反馈用人单位。同时,用人单位应将其上级主管部门或单位所在地政府毕业生就业主管部门的审批结果及时反馈至毕业生或学校。

生效后的协议书是学校制订就业派遣方案、用人单位申请用人指标的主要依据,对签约的各方都有约束力。毕业生签订就业协议应注意以下几个方面:

(1) 签约时,要先问清楚用人单位是否有接收毕业生的权利。如果没有,则一般须经其所在地或者主管人事部门批准同意。

(2) 签约时,毕业生一定要认真审查协议条款。由于现行江苏省使用的毕业生就业协议书为格式协议,内容简单,毕业生可以与用人单位协商,就原协议书中未能体现的具体权利和义务用补充协议的形式表达出来。否则一旦发生争议,由于事先约定不明确,不利于自身合法权益的保护。如无附加条款,应当将协议书中的空白部分划去,并且注明"以下空白"。

(3) 签约时,要注意合乎程序。首先,毕业生要签名并写清签字时间;其次,用人单位以及其上级主管部门必须加盖单位公章并注明时间,不能用个人签字代替单位公章;最后,毕业生和用人单位签字后须将协议书交给学校就业主管部门履行相关手续,以便及时列入就业方案,及时办理就业报到手续。

(4) 因为就业协议签订在先,劳动合同签订在后,为避免纠纷,签约时应尽可能将劳动合同的主要内容体现在就业协议的约定条款中,并明确在今后订立劳动合同时应予确认。否则双方日后就劳动合同有关内容达不成一致意见,且事先无约定时,若毕业生表示不愿在该单位工作,用人单位可能会要毕业生承担违反就业协议的责任,因此毕业生在就业过程中应就劳动报酬、试用期、住房、服务期限等劳动合同的主要条款,与用人单位事先协商,体现在就业协议中,并将协议结果书面化,而不应只做口头约定。

（5）毕业生就业协议一经订立，就对双方具有约束力；一方不得随意解除，否则应承担违约责任。签约时，毕业生可与用人单位在就业协议中就解除条件做出约定。如就业协议书有备注栏，毕业生可在备注栏中填入补充条款，该条款也同样具有法律效力。补充的内容可为"如本人考上研究生，凭录取通知书，该协议效力终止。"也可为协议期内工资多少的约定、违约时是否缴纳违约金等容易产生纠纷的条款，以避免矛盾产生。

（6）在就业过程中一旦遇到正当权益受到侵害时，毕业生要冷静对待，不可感情用事，可以寻求学校帮助，也可以运用法律手段维护自身的合法权益。

6. 制订就业方案

手续完备的《毕业生就业协议书》第二联（乙方留存联原件）交学校就业部门审核。学校就业部门依据毕业生提交的完备的就业协议、研究生录取、公务员录用等情形制订就业方案，并上报省级高校毕业生就业管理部门审核签发就业报到证。毕业时已经落实就业单位并完成派遣的毕业生有就业报到证，录取为研究生的毕业生不出具报到证。

7. 离校

离校前，毕业生要按照学校规定办理归还学习材料、借阅书籍，退宿舍和结清学费、校园卡费用等离校还物、清账手续，取得离校存查证明。

8. 报到与落户

毕业生毕业时凭离校存查证明到学校就业部门领取"就业报到证"（下文简称报到证）蓝联，凭"就业报到证"蓝联到学校户籍管理部门办理"户口迁移证"。报到证的全称是"全国普通高等学校本专科毕业生就业报到证"，由省级高校毕业生就业管理部门印制和签发，其他部门印制或签发的报到证无效。用人单位以报到证为依据，接收安排毕业生工作，并接转毕业生的档案、户口等。毕业生要妥善保管报到证，不论什么原因，凡自行涂改、撕毁的报到证一律作废。

"就业报到证"是毕业生就业时的重要凭证，是毕业生就业时的重要凭据，其作用至少有以下六点：

① 报到证是教育主管部门正式派遣毕业生的凭证；② 报到证是毕业生到用人单位报到的凭证；③ 报到证是用人单位接收毕业生的重要文字证明；④ 报到证是任何一个合法的人才中心、档案管理机构接收毕业生档案的证明；⑤ 报到证是用人单位给毕业生落户、接管档案的重要凭证和依据；⑥ 报到证是毕业生的干部身份证明。

报到证遗失补办、改派办理等相关规定请咨询学校就业部门。

（1）报到

毕业时已经落实就业单位的毕业生凭就业协议书和就业报到证蓝联到用人单位报到。

毕业生应该在规定的时间内报到，一般为毕业后的一个月内。比如7月1日毕业，则报到期限为7月1日到8月1日。请及时报到，不要影响后续档案、户口正常接转。

录取为研究生的毕业生凭录取通知书办理报到、户口迁转、档案、组织关系结转等。

(2) 落户

毕业生领到"户口迁移证"后,应仔细核对并妥善保管,不得污损,更不能丢失;有错漏不能自行涂改,否则作废。如果入学时户口未迁入学校则不需要办理户口迁移手续。户口迁出后,要及时将"户口迁移证"递交迁入地公安户籍管理部门办理落户,以免出现户口已经从学校迁出且数据被删除,而迁入地户口记录上面没有添加毕业生本人的数据,导致自己成为俗称的"黑户"的情况,给自己以后的升学、结婚、买房、缴纳保险等带来无穷的麻烦。

9. 档案、组织关系结转

(1) 毕业生持"就业报到证"蓝联转党、团组织关系,党员组织关系转迁在学校党委组织部或学院党委办理,团员组织关系转迁在校团委或院团委办理。报到后要及时将党团组织关系落好。

(2) "就业报到证"白联放入学生档案袋,由学校档案管理部门通过机要局将档案寄到调档函或协议书上约定的档案接收单位。毕业生档案一般在派遣完成领取报到证以后几周内寄出,毕业生报到后要核实自己的档案是否已经寄到。如果领取完报到证后一个月档案仍未寄到,请马上联系学校,学校帮助查询档案的机要号和寄收情况,避免发生因长时间延误而造成档案遗失。按照规定,机要部门协查档案的期限为一年。

第三节 国家有关高校毕业生就业创业的政策和规定

促进高校毕业生就业是我国持续推进"稳就业"的重中之重。近年来,我国将高校毕业生就业摆在就业工作首位,加大政策支持,强化就业服务,千方百计促进高校毕业生就业。

一 高校毕业生就业的一般性政策和规定

(一) 毕业生就业的有关规定

1. 统一使用报到证的规定

根据教育部规定,目前全国统一使用"全国普通高等学校本专科毕业生就业报到证"和"全国毕业研究生就业报到证"。报到证由教育部授权各省(自治区、直辖市)主管毕业生调配部门审核签发,特殊情况可由教育部直接签发。用人单位一律凭该报到证接收毕业生,各地公安机关凭报到证办理户口手续。

2. 报到期限的规定

毕业生的报到期限一般为一个月。一旦由于某种特殊原因,如生病、外出遇灾未归等,不能按期报到,应采取书信、电话、电子邮件等形式向接收单位请假说明情况。否则,用人单位有权拒收。毕业离校时尚未就业并被派回生源地的毕业生可在两年择业期内继续选择就业单位,报到期限随之适当延长。

3. 报到后工资、工龄的规定

国企和事业单位,根据劳动部〔1980〕劳总薪字136号文件的规定:毕业生上半月报到的,发给全月工资;下半月报到的,发给半月工资。根据劳动部〔1982〕劳险便字9号文件的规定:高等院校、中专学校和技工学校学生延期毕业的,应从他们正式报到之日起计算工龄。

4. 见习试用期的规定

根据国家有关文件规定,大学毕业生到达工作岗位后,实行见习试用期一年的制度,私企按照双方约定算,一般3~6个月。见习期满后,经考核合格后转正定级。否则,可延长见习期至半年到一年。延长见习期考核仍不合格的,待遇比定级工资标准低一级。

5. 定期服务的规定

根据国家有关文件规定,经见习合格后,毕业生必须到就业的工作单位连续服务5年(毕业研究生无见习期)。服务期满后允许合理流动。服务期满要求流动的,要按照各地人事管理的有关规定办理。

6. 用人单位不得拒绝接收的规定

现有高校毕业生就业方案是经过学生和用人单位双向选择后以协议形式固定了的,协议双方必须严守信誉,不得随意变动就业方案。用人单位不得拒绝接收或退回学校。如发现错派或确属调配不当,由用人单位和派出学校协商解决,不能单方面将学生退回。毕业生报到后,由于本人坚持无理要求造成用人单位退回者,责任自负。

7. 到非公有制单位就业的规定

国家鼓励毕业生面向多种所有制单位就业和多渠道就业。毕业生可以到外商独资、合资企业就业,也可以到个体、民营企业就业。到非公有制单位就业的毕业生,其档案及户口关系按国家和各级政府关于毕业生就业政策和有关规定进行管理。

8. 各种费用的规定

凡纳入国家就业方案的毕业生,可免交城市增容费,各有关部门也不得向毕业生收取上岗押金、风险抵押金等不合理费用。

9. 违反就业协议处理的规定

毕业生同招聘单位达成了就业意向后,应及时与其签订《高校毕业生就业协议书》。协议一旦签好,毕业生、用人单位都应严格履行,如有一方提出更改,须征得另一方同意,并由违约方承担违约责任。

10. 改派工作的规定

以各地区或院校具体规定为准,由本院校的就业指导部门做出相关解释。

在校保留档案的毕业生要求就业时,应由学校开具同意办理就业手续的证明,并说明学生的毕业时间、所学专业、就业单位。

11. 结业生就业规定

有接收单位的结业生,可参照毕业生的派遣方式办理派遣手续,必须在报到证备注栏上注明"结业生"字样;在规定时间内无接收单位的,由学校保留其档案,户口关系转至生源地,自谋职业。

12. 华侨和港澳台地区毕业生就业规定

华侨和来自港澳台地区的毕业生愿意留在大陆(内地)工作的,学校可根据国家有关规定提供必要的帮助。留在大陆工作的港澳毕业生,可保留香港、澳门身份证以及港澳居民来往内地通行证,便于他们往返探亲使用。

(二)毕业生就业的一般性政策

1. 应届毕业生报考国家公务员的政策

国家行政机关、其他国家机关和参照国家公务员制度管理的事业单位从高等学校应届毕业生中录用国家公务员,一律实行考试考核、择优录用的办法。高校应届毕业的研究生、本科生、大专生(非委培、定向生),符合国家规定的报考条件均可报考。被录用为公务员的毕业生与组织者人事部门签订就业协议书,属于就业范围。

2. 应届毕业生到部队就业的政策

根据原国家教委、解放军原总政治部1997年联合通知中的规定,高等学校应届毕业生参军应具备如下条件:① 拥护党的基本路线,忠于祖国,热爱军队,志愿献身国防事业,符合公民服现役的政治条件。② 学习成绩平均在良好以上。③ 本、专科毕业生的年龄不超过25周岁;毕业研究生的年龄视具体情况而定。④ 身体健康,具体条件参照人民解放军院校招收学员的体格检查标准执行。到军队基层指挥岗位的毕业生还应具备良好的气质和强健的体魄。到专业技术岗位的毕业生的视力和身高,在不影响工作的前提下,可适当放宽。为吸引地方高校毕业生到军队工作,"通知"中明确将实行鼓励政策,参军的毕业生,在首次评授军衔、评任专业技术职务、确定专业技术等级以及住房分配等方面,与同期入军校学习的毕业学员享有同等待遇。大专毕业生见习期满可定为排职,少尉军衔;本科毕业生见习期满可定为副连职,中尉军衔;硕士研究生可定为正连职,上尉军衔;博士研究生可定为正营,少校军衔。

军队接收大学毕业生与应征入伍不同,其主要区别如下:征兵入伍属于服兵役,具有义务性,属于当兵服役。而接收地方高校毕业生,是指接收高校应届毕业生,直接来担任军官或文职职务。

3. 应届毕业生自费出国留学的政策

随着改革开放的深入和我国加入WTO(世界贸易组织),部分学生将获得机会到国外深造或到境外企业去工作。符合国家规定申请自费留学的毕业生,凭国外大学录取通知书,列入毕业生就业统计范围。集中派遣时未获准出境的,学校可将其档案、户籍关系转至生源地,毕业生继续办理出国手续或自谋职业。

4. 患病毕业生和残疾毕业生的政策

毕业生离校前应进行健康检查,因病不能工作的,应回家休养。半年内治愈的,可到原就业单位就业;半年以上、一年以内治愈的(须经学校指定医院证明能坚持正常工作),可随下一届毕业生就业;一年后仍未治愈或无用人单位接收的,户口关系转至生源地,按社会待业人员办理。毕业生报到后,接收单位应组织对其进行复查。单位在3个月内若发现毕业生因健康问题不能坚持正常工作,经县级以上医院检查确属在校期间的旧病复发,报主管部门批准,可将毕业生退回学校,按照有关规定处理;如属新生疾病,按在职人员病假期间的有关规定处理,不得把上岗后发生疾病的毕业生退回学校。对患有精神病(需县级以上医院证明)的毕业生,见习期内复发的,用人单位可将其退回学校,由学校退回家庭所在地。对残疾毕业生的就业,仍按教育部、国家计委、劳动人事部、民政部〔85〕教学字004号文件精神处理,即学校录取的残疾考生,毕业后应按其所学专业,由学校帮助推荐就业,确有困难的,按有关规定由生源所在地民政部门负责安置。

5. 自谋职业和自主创业的政策

国家鼓励和支持毕业生自主创业、自谋职业。

(1) 从事社区服务的自主创业的毕业生,经县以上主管税务机关逐年审核批准,可免征营业税、个人所得税三年,城市维护建设税和教育费附加随营业税一并免征。

(2) 毕业生创办从事咨询业(包括科研、法律、会计、审计、税务等咨询)、信息、技术服务的独立核算企业或经营单位的,经税收部门批准,免征所得税两年。

(3) 自主创业的毕业生新办的从事交通运输、邮电通信的企业或经营单位,经税务部门批准,第一年免征所得税,第二年减半征收所得税。

(4) 自主创业的毕业生新办的从事公用事业、商业、物资业、对外贸易业、旅游业、仓储业、居民服务业、饮食业、教育文化事业、卫生事业的企业或经营单位的,经税务部门批准,免征所得税一年。

(5) 高校毕业生到边远贫困地区创办企业,经主管税务机关批准,可减征或免征企业所得税三年。

6. 第二学士学位毕业生就业政策

国家规定,在校生攻读第二学士学位,修业期满,获得第二学士学位后,原则上按第二学士学位推荐就业。这和普通高校招收的本科生的就业基本一样,即一是服从国家需要,二是坚持学以致用。在职人员攻读第二学士学位,修业期满,不论是否获得第二学士学位,均回原单位安排工作。已获得第二学士学位的毕业生工作后的起点工资与研究生班毕业生工资待遇相同。未获得第二学士学位者,仍按本科生对待。

7. 考研毕业生就业政策

多数考研的毕业生在择业时考研结果未定,应在协议中向用人单位声明,并且双方应达成共识,如果被录取为研究生,就业协议自动失效;否则,不能签订就业协议。

8. 委托培养、联合办学毕业生就业政策

委培生是指用人单位(或地区)委托高校培养的学生。委培生要按委培协议派遣,确因委培单位关、停、并、转不能接收的,应由委培单位主管部门出具证明,经市毕业生就业主管部门审核同意,就地就近安排就业,跨市安排就业的要报省毕业生就业主管部门审批。

学校与地方联合办学培养的毕业生原则上回联办地区就业,如因特殊情况确需改变就业去向的,须由联办地区毕业生就业主管部门同意,报省毕业生就业主管部门审核批准后,方可改变就业去向。

9. 定向生的种类及其主要就业政策

定向生,即定向招生、定向就业的毕业生,主要有两种:①贫困地区定向生;②行业定向生。定向生原则上按照入学时的合同就业。如遇家庭住址迁移、升学、留校、参军等特殊情况,要出具相关证明材料,征得原定向地区(单位)的主管部门和所到地区(单位)的主管毕业生接收部门的同意,并报送省毕业生就业主管部门审查批准后,才允许改变就业单位。

10. 毕业生二次择业政策

毕业生二次择业是指截止到毕业生集中派遣时,仍未落实接收单位的毕业生,要被派回生源省、市、区参加二次就业,原则上由省、市、区推荐就业,毕业生也可继续选择单位,在规定时间内落实工作的,毕业生就业主管部门可以为其办理二次派遣手续。

二 国家部分促进大学生就业创业的政策

1. 中共中央办公厅、国务院办公厅印发的《关于引导和鼓励高校毕业生面向基层就业的意见》(中办发〔2005〕18号)

该文件就鼓励引导毕业生到基层就业提出了明确要求和一系列优惠政策。

2. 中共中央办公厅、国务院办公厅印发的《关于进一步引导和鼓励高校毕业生到基层工作的意见》(中办发〔2016〕79号)

该文件提出:要多渠道开发基层岗位,为高校毕业生到基层工作搭建平台;要健全保障措施,为高校毕业生在基层成长成才创造良好条件;要实施高校毕业生基层项目,发挥项目示范引领作用;要畅通流动渠道,为在基层工作的高校毕业生职业发展提供支持确保毕业生下得去、留得住、干得好、流得动。

3. 人力资源和社会保障部印发的《关于做好2018年全国高校毕业生就业创业工作的通知》(人社部函〔2018〕16号)

该文件要求以实施就业创业促进计划为抓手,突出创业引领、基层成长两大方向,强化政策落实、服务保障、权益维护,千方百计拓展多元化就业渠道,确保高校毕业生就业水平总体稳定、就业局势基本平稳。

4. 教育部印发的《关于做好2019届全国普通高等学校毕业生就业创业工作的通知》(教学〔2018〕8号)

该文件要求把"稳就业"放在更加突出的位置,努力实现高校毕业生更高质量和更充分就业,提出四个方面政策措施:一是积极拓宽就业领域,着力促进高校毕业生多渠道就业。二是推动双创升级,着力促进高校

毕业生自主创业。三是强化服务保障,着力提高就业创业指导服务水平。四是加强组织领导,着力深化思想教育和宣传引导。

5. 人力资源和社会保障部、教育部、公安部、财政部、中国人民银行联合印发的《关于做好当前形势下高校毕业生就业创业工作的通知》(人社部发〔2019〕72号)

该文件提出了五个方面政策措施:一是积极拓宽就业领域。二是大力加强就业服务。三是强化就业权益保护。四是全力做好兜底保障。五是狠抓工作责任落实。

6. 教育部印发的《关于应对新冠肺炎疫情做好2020届全国普通高等学校毕业生就业创业工作的通知》(教学〔2020〕2号)

该文件就进一步指导推动各地各高校积极应对新冠肺炎疫情,开展网上就业服务、拓宽就业和升学渠道、强化就业困难帮扶等工作,做出部署安排。

7. 高校毕业生就业创业政策百问(2018年版)

三 部分省市促进毕业生就业创业的政策

本部分列举了江苏、上海等7个省市促进高校毕业生就业创业政策的亮点,详细政策信息可到各省市人社部门网站查询了解。

(一) 江苏省促进高校毕业生就业创业的政策

1. 提供全方位就业扶持政策

求职有补贴,为省内高校毕业生发放每人1 500元求职创业补贴;居住有保障,在省内普遍推出毕业生租房补贴和购房补贴;见习有岗位,打造毕业生见习基地,组织就业见习,见习单位发放的见习补贴应不低于当地最低工资标准的60%,并为参加见习的毕业生办理意外伤害保险;发展有空间,在省内全面落实高校毕业生基层就业考研加分、优先录取、学费代偿等优惠政策,给予提前转正、高定工资等政策倾斜,对基层教育、卫生等岗位"定向评价、定向使用"。

2. 提供全流程的创业扶持政策

免费提供创业培训、项目推介、开业指导等"一条龙"创业服务,全省已建立265个省级创业示范基地;给予创业的高校毕业生个人最高30万元、小微企业最高200万元的创业担保贷款及财政贴息,每年还面向在校生和毕业5年内的高校毕业生遴选500个省级大学生优秀创业项目,给予10万元无偿资助;迅速落实成功创业、带动就业、场地租金等财政补贴政策,对从事个体经营的高校毕业生,以每年 9 600 元为限额,依次抵扣当年应缴的增值税、城市维护建设税、教育费附加、地方教育附加和个人所得税。

3. 提供全天候的就业创业服务

依托覆盖高校的大学生就业创业指导站,为在校生零距离提供高效优质的公共就业创业服务;依托遍布城乡的公共就业人才服务机构和基层人社平台,对离校未就业毕业生实行"一对一""实名制"精准帮扶;依托高校毕业生精准招聘服务平台江苏站,线上精准匹配、线下高效就业,让求职招聘更便捷高效。

(二)上海市促进高校毕业生就业创业的政策

1. 开展就业见习

对参加见习的高校毕业生,每月按照当年城镇职工月最低工资标准的 80% 给予生活费补贴,见习期限一般为 1~6 个月。

2. 发展职业训练营

以职业训练营这一综合性公共就业服务平台为抓手,提升青年大学生职业技能硬实力和求职技巧软实力。近年来,围绕上海产业发展方向,发展了巴斯夫(中国)有限公司、上海迪斯尼、上海银行等高质量见习单位。2018 年探索设立了 24 个职业训练营,开发了大学生职业成长训练、IT 精英养成训练等 42 个职业训练项目。

3. 促进高校毕业生自主创业

加强融资扶持,创新开发"创业前担保贷款"的创业担保贷款类别,符合条件的高校毕业生可凭创业计划书申请最高 15 万元的贷款支持;实施初创期社会保险费补贴和房租补贴政策,帮助创业者降低创业初期成本,高校毕业生创业 3 年以内的,可根据带动市内就业情况申请该补贴;构建"能力测评+创业培训+创业见习"的创业能力提升体系,采用理论学习、模拟锻炼、岗位实践相结合的方式,全方位提升高校毕业生创业能力;在上海交通大学、同济大学等 40 所高校建立创业指导站,为创业学生提供一站式服务。

4. 加强公共就业创业服务

组织专家辅导组建青年就业创业专家志愿团,为高校毕业生等群体提供职业指导、创业咨询等服务;创新服务方式,建设"乐业上海""海纳百创"公共服务平台,发布《乐业报告》《市民创业状况调查报告》提供求职招聘、创业指导等服务。

(三)安徽省促进高校毕业生就业创业政策

(1) 深化部门联动协作,推进人社、教育、高校信息互联互通,建立统一的毕业生求职创业意愿信息数据库,利用安徽公共招聘网实现信息共享、人岗精准匹配;实现"阳光就业"网上服务平台入驻支付宝城市服务、微信小程序,满足青年群体求职需求;开通全省统一的人事代理网上办事系统,让毕业生足不出户即可办理档案托管等业务。

(2) 创新求职创业补贴、校园招聘补贴申领程序,改学生、学校自主申报为人社部门主动发放;实现应届毕业生求职创业补贴资金互联网申报、无纸化审批。

(3) 开展人社厅长、局长进校园活动,为毕业生就业答疑解惑;省人社厅与省教育厅联合培训高校就业辅导老师,组建包括人力资源服务机构、专家、企业 HR 经理人的"启明星"就业指导团,引导高校毕业生增强职业素养、提升求职能力。

(4) 对离校未就业高校毕业生进行"一对一"实名制帮扶,提高就业见习补助标准,扩大见习规模,鼓励机关事业单位、社会组织、大中型企业提供高质量见习岗位。全省稳定提供1.2万个高校毕业生基层特定岗位,引导毕业生到城乡基层就业。

(5) 建设安徽省创业服务云平台,集聚全国优质创业服务资源;免费发放电子创业券,为大学生创业者提供全方位的创业服务,提升61个省级大学生创业孵化基地功能,建成20个安徽青年创业园,重点扶持大学生等青年群体创办工业设计等生产性服务业企业;降低或免除创业担保贷款反担保门槛,化解融资难题。

(四)浙江省促进高校毕业生就业创业政策

1. 就业扶持政策

(1) 在校大学生和高校毕业生可免费参加职业培训,取得职业资格证书的,可享受技能鉴定补贴,补贴标准由各级人力社保部门商财政部门确定。对小微企业新招用毕业2年以内的高校毕业生并自招用起6个月内开展岗前技能培训的,补贴标准可上浮20%。毕业年度困难高校毕业生,可享受3000元的求职创业补贴。

(2) 全省建成就业见习基地2 000余家,参加见习的高校毕业生可享受1 500~3 000元不等的见习基本生活补贴和综合商业保险补贴。到养老、家政服务和现代农业企业就业的高校毕业生,给予3年每年1万元的补贴;到基层专职从事公共管理和社会服务的高校毕业生,保障其收入高于当地上一年度全社会在岗职工平均工资。高校毕业生灵活就业的,可享受社保补贴,标准为社保缴费的2/3。在杭州市、湖州市、绍兴市等地就业的高校毕业生可享受最高35万元的购房补贴,租房也可享受租房补贴;来浙就业高校毕业生基本实现零门槛落户,硕士研究生以上学历者在杭州市还可先落户后就业。

2. 创业扶持政策

来浙创业,可以享受以下扶持政策:高校毕业生免费参加创业培训,在创业大赛中获奖或入选优秀项目库的可享受创业项目补贴,可获最高30万元创业担保贷款;合伙经营或创办企业的额度还可提高,并给予全额贴息;创业失败经认定,贷款还可由创业担保基金代偿。创办养老、家政服务和现代农业企业的,可享受3年共计10万元的创业补贴。入驻创业孵化基地创业的,可享受免租金或低租金的优惠;在基地外租用场地创业的,也可享受租金补贴,如杭州每年最高补贴5万元。来浙创业吸纳3人以上就业的,可享受最高2万元的补贴。在浙江从事网络创业经认定后,可视同实体创业,享受相关创业扶持政策。

(五)福建省促进高校毕业生就业创业政策

1. 对就业困难高校毕业生实施精准帮扶

建立就业"红娘"队伍,结对帮扶建档立卡贫困家庭、城乡低保家庭、零就业家庭、残疾高校毕业生和离校未就业高校毕业生等,促进他们尽快实现就业。

2. 鼓励高校毕业生到基层工作

为到基层工作高校毕业生拓展职业发展空间、拓宽职业发展渠道、放宽职称评定条件,支持到基层工作高校毕业生的职业发展;建立"三支一扶"计划等基层服务项目生活补贴定期增长机制,提升基层服务项目保障水平。

3. 吸引紧缺急需人才来闽就业

省属事业单位引进的、符合年度省紧缺急需人才引进指导目录的人才,在闽就业期间可连续5年享受每月2 000元的生活津贴;博士可享受每人每年14万~18万元的住房补贴;支持工科类青年专业人才来闽就业创业,对受聘于福建省内企业,以及到省级报备的众创空间接受培养或服务的,给予补助。

4. 大力扶持高校毕业生创新创业

支持高校毕业生回乡创业、到贫困村创业;高校毕业生创业可享受创业培训补贴、网络创业扶持一次性创业补贴、社会保险补贴、创业项目资助、创业带动就业补贴、进修学习资助等扶持政策;支持创业大本营、高校毕业生创业孵化基地建设;创办企业的,按规定给予担保贷款、创业启动资金、项目融资奖励等支持。

5. 支持互联网经济优秀人才创业

对入选省互联网经济优秀人才创业一般项目、优秀项目、重点项目的,分别给予30万元、50万元、100万元创业扶持资金。对入选企业进行3年跟踪考核,考核结束后从三类项目中分别评选出不超过20%的优秀创业企业,再次给予同等额度的创业扶持资金。对同一企业累计支持不超过3年。

(六)江西省促进高校毕业生就业创业政策

1. 为毕业生就业提供补贴

毕业年度高校毕业生参加就业技能培训的,可按规定享受职业培训补贴;对吸纳符合条件的离校未就业高校毕业生参加就业见习的单位,按规定给予就业见习补贴,标准为见习单位所在县(市、区)最低工资标准的70%;对招用毕业年度高校毕业生,与之签订1年以上劳动合同并为其缴纳社会保险费的小微企业和家庭服务业企业,给予最长1年的社会保险补贴;对离校1年内未就业的高校毕业生灵活就业后缴纳社会保险费的,给予社会保险补贴,补贴标准原则上不超过其实际缴费的2/3,补贴期限最长不超过2年;毕业5年内自主创业的高校毕业生(含符合政策规定条件的留学回国人员),已进行就业登记并缴纳社会保险费的,给予社会保险补贴,补贴标准原则上不超过其实际缴费的2/3,补贴期限最长不超过3年;低保家庭、残疾、建档立卡贫困家庭、已获得国家助学贷款、贫困残疾人家庭和特困毕业生等六类困难应届毕业生,可享受1 000元一次性求职补贴。

2. 为毕业生基层就业提供多重保障

实施高校毕业生基层成长计划,促进高校毕业生在基层成长成才;实施"三支一扶"计划、志愿服务西部计划、农村教师特岗计划等基层服务项目,引导高校毕业生到基层就业;在国家扶贫开发工作重点县机关工作的,级别工资可高定一至二档;在国家扶贫开发工作重点县事业单位工作的,薪级工资可高定一至二级;全省每年从乡镇公务员考录计划中拿出20%以上的岗位,从事业单位公开招聘工作人员计划中拿出10%~15%的岗位,面向基层服务项目人员定向考录和招聘。

3. 多种扶持为高校毕业生创业"助力"

在本省行政区域内创办企业或从事个体经营的在校生和毕业5年内的高校毕业生,可享受5 000元一次性创业补贴;对获得国家和省有关部门、单位联合组织的创业大赛有关奖项并在江西登记注册经营的创业项目,由登记注册经营所在地给予一定额度的资助;评选具有发展潜力和带头示范作用的初创企业经营者,资助其参加高层次进修学习或交流考察;在江西创业的高校毕业生,符合创业担保贷款条件的,个人可申请最高20万元的创业担保贷款;合伙创业的,可申请最高80万元的创业担保贷款;高校毕业生创办的小微企业,可申请最高不超过400万元的创业担保贷款;对入驻创业孵化基地的个人或企业发生的物管费、卫生费、房租费、水电费进行补贴,补贴标准为其每月实际费用的60%;对毕业年度有创业培训意愿的高校毕业生进行创业培训,按规定给予创业培训补贴。

(七)山东省促进高校毕业生就业创业政策

1. 引导鼓励高校毕业生到基层工作

大力实施选调优秀高校毕业生到村任职、高校毕业生"三支一扶"计划、大学生志愿服务西部计划等基层项目。自去年起,乡镇事业单位在编制和岗位空缺数额内招募"三支一扶"人员,服务满2年且考核合格的,采取考核考察的方式公开招聘为乡镇事业单位工作人员。

2. 鼓励企业吸纳高校毕业生就业

充分发挥企业特别是中小企业吸纳高校毕业生就业作用,综合运用财政、金融等政策,加大对中小企业支持力度,引导和鼓励中小企业开发适合大学生就业的管理型、技术型岗位;符合条件的企业吸纳高校毕业生、就业困难人员就业的,按规定给予就业见习补贴、社会保险补贴、职业培训补贴等支持。

3. 积极拓宽重点领域就业渠道

围绕"一带一路""乡村振兴""新旧动能转换"等重大战略和重点领域,输送更多毕业生,加大就业见习力度,支持新兴业态就业见习基地建设,鼓励高校毕业生到新兴领域就业创业,鼓励高校毕业生到科研单位、社会组织、国际组织实习和任职。

4. 提供优质精准就业指导服务

搭建"互联网+短信服务+微信公众平台"一体化平台,利用山东省高校毕业生就业信息网和各市大学生就业微平台,线上线下促进就业岗位供求对接,推动服务向移动端、自助终端等延伸,满足高校毕业生多样化服务需求。

5. 多措并举促进毕业生创新创业

加强大学生创业孵化基地和创业园区建设,为有创业意愿的大学生提供场地、政策支持;充分利用大学生创业引领专项资金,扶持高校毕业生创新创业;扎实落实一次性创业补贴、一次性创业岗位开发补贴、一次性创业场所租赁补贴、创业担保贷款、税费减免等政策,最大限度降低大学生创业成本;开展高校毕业生创新创业培训、"山东大学生十大创业之星"评选、创业大赛等活动,挖掘创新创业典型,营造良好的创新创业氛围。

参考文献:

[1] 郭江平.全程化大学生就业指导模式研究[D].武汉:华中农业大学,2005.

[2] 刘洁,徐秉权.职业指导与高中阶段学生成长的关系[J].文学教育(中),2012(10):53.

[3] 就业指导[EB/OL].[2008-04-20].http://baike.baidu.com/view/1787394.html.

[4] 职业素养[EB/OL][2008-04-20].http://baike.baidu.com/view/604827.html.

[5] 面试前要做好四件事[EB/OL].[2017-08-06].https://www.yjbys.com/qiuzhizhinan/show-285792.html.

[6] 2019年中国应往届大学毕业生就业形势与生活状况调查研究分析报告[EB/OL].[2019-10-21].https://m.sohu.com/a/348466875_100093545.

[7] 严卫.高校就业信息数据分析的研究[D].上海:华东理工大学,2012.

[8] 江苏2019届毕业生就业,这些产业岗位需求大[EB/OL].[2018-11-1].http://news.sina.com.cn/o/2018-11-01/doc-ifxeuwwt0191331.shtml.

[9] 胡树毅.高校毕业生就业对策研究——以浙江万里学院为例[D].南京:东南大学,2012.

[10] 江苏省教育厅.2019年江苏省普通高校毕业生就业质量年报[EB/OL].[2020-02-14].http:jyt.jiangsu.gov.cn/art/2020/2/14/art_58382-8972418.html.

[11] 罗朝.中职学校职业生涯规划教育存在的问题与改进对策——以岳阳市三所中职学校为例[D].湘潭:湖南科技大学,2018.

[12] 刘岩.拓宽高校毕业生基层就业之路[J].中国人才,2019(4):13-15.

[13] 麦可思研究院.2019年中国大学生就业报告[EB/OL].[2019-09-23].http://www.sohu.com/a/342704287_100113598.

[14] 今年高校毕业生834万创新高 就业形势好不好[EB/OL].[2019-03-29].http://www.xinhuanet.com/fortune/2019-03/29/c_1210094808.htm.

[15] 多所高校2018届毕业生就业报告出炉"继续深造"成本科生首选[EB/OL].[2019-01-08].https://www.sohu.com/a/287680064_387170.

[16] 教育部办公厅关于进一步加强和完善高校毕业生就业状况统计报告工作的通知[EB/OL].[2004-06-03].http://www.moe.gov.cn/jyb_xxgk/gk_gbgg/moe_0/moe_1/moe_162/tnull_3557.html.

[17] 高校毕业生就业创业政策百问(2018版)[EB/OL].[2018-12-24].http://www.moe.gov.cn/jyb_xwfb/xw_zt/moe_357/jyzt_2018n/2018_zt24/.

[18] 2019年"苏北计划"大学生志愿者招募[EB/OL].[2019-04-19].https://www.sohu.com/a/

309171825_716044.

[19] 2012届普通高校毕业生入伍可享受多项优惠[J].中国大学生就业,2012(13):9-10.

[20] 解廷民,王家启.就业协议签订时的合法权益保护[J].中国大学生就业,2005(6):53-55.

[21] 张辉.就业流程,你了解有几分?[J].中国大学生就业,2009(6):29-32.

[22] 孙维国.我国高等学校毕业生就业政策分析[D].沈阳:东北大学,2004.

[23] 大学生创业可享8项优惠政策[EB/OL].[2012-12-03].http://www.sxrb.com/sxxww/xwpd/sx/1570568.shtml.

[24] 2019年大学毕业生最新就业创业政策大汇总[EB/OL].[2019-07-13].https://www.sohu.com/a/326760802_508482.

第十章 大学生求职准备

第一节 求职信息的准备

求职信息的准备是高校毕业生就业过程中非常关键的一部分。优质的求职信息大多隐藏在基础信息中。所以,如何从在海量的、冗杂的就业求职信息中找到自己需要的高质量就业信息非常重要。

一 职业信息的整理与分类

随着大学生求职模式的不断转变、就业市场的逐渐健全,以及新媒体的快速发展,就业信息源、就业信息渠道不断地转化和发展。面对五花八门的职业信息,大学生应当进行对其加以分类和整理,保证信息的真实、有效和准确,从而更好地筛选出自己需要的求职信息。

(一)职业信息的分类

1. 根据职业信息的地域分类

了解职业需求地区的政策等,进行分类,如北方地区、中原地区、南方地区等;京津冀地区、长三角地区、大湾区等。

2. 根据职业信息的行业特点进行分类

依据职业需求所在的行业进行分类,如电力行业、纺织行业、农林牧渔行业等;新兴产业、传统产业等。

3. 根据职业信息的单位特点进行分类

根据职业需求的单位类别进行分类,如国家机关员、事业单位、国企、民企等。

4. 根据职业信息的来源进行分类

职业需求的信息来源非常广泛,大体可以分为:家庭和社会关系信息、学校就业指导信息、社会中介机构信息、网络招聘信息等。

根据职业信息的来源对大学生选择的主要求职信息进行归类,主要有以下几种:

(1)校内就业指导中心

一般来说,各大高校均设有特意为大学生就业服务的部门,如就业指导中心、大学生就业服务办公室等。这些部门与大学生就业有关的主管部门、人才服务中心、校友企业等有着密切的联系。该部门一般有自己的网站,网上会发布各类经过审核的招聘信息。从学校就业指导中心了解到的求职信息,就业对口率更高、信息捕获及时、面试成功率高。这是毕业生主要的就业信息来源之一。

(2) 学院毕业生就业指导办公室

各个学院也设有提供就业指导的办公室,指导老师一般是毕业年级的辅导员。与本学院相关的招聘,一般企业会直接与学院联系沟通,安排专场招聘会。所以往往学院就业指导老师发布的招聘信息,与本专业的相关性更高,同时面试成功率极高。进入单位后,往往还可以向校友"取经",职业发展速度更快。

(3) 亲朋好友、家人等社会关系

大学生在学校里面的资源有限,社交范围较窄。亲朋好友、家人等社会关系是大学生与社会连接最紧密的群体。通过这些社会关系,大学生接触到各个领域,了解和收集到的社会信息更多,而且一般信息可靠度比网络来源高。

同时,对于用人单位来说,向社会发布招聘信息后,会收到海量的简历和自荐信,在这么多的简历里难以筛选出他们真正需要的人才。此时,如果有亲朋好友、家人等社会关系的推荐,也许会产生意想不到的效果。

(4) 社会实习、暑期实践活动等

很多大型企业会针对大二、大三的学生开展暑期社会实践活动或者招聘实习生。实习和实践可以让大学生更直观地了解企业的情况,也能让企业对求职者有初步的判定和认知。等到大四时,表现优异的学生会被很多企业直接录用,通过这样的途径找到工作的大学生比比皆是。

(5) 网络渠道

新媒体已经成为现代大学生求职不可或缺的一种途径,这种渠道更高效、更快捷。但是网络渠道的信息也充斥着很多虚假和陷阱,这是大学生在搜索到自己需要的信息后必须进行甄别的。目前对于大学生来说,比较常见的几个求职网站有:

海投网:https://www.haitou.cc/.

前程无忧:https://www.51job.com/.

中华英才网:https://www.chinahr.com/home/.

智联招聘:https://www.zhaopin.com/.

(二) 职业信息的整理

身处信息时代,信息来源渠道广泛,内容繁复,根据搜集到的各类基础信息,做好职业信息的整理,可以及时便捷地筛选到我们需要的内容,节约求职者的时间和经济成本。大学生大体可以根据与职业相关的职业类别、职业要求、薪酬待遇等分析、筛选和利用,把无用的和自己不感兴趣的信息剔除。

1. 职业信息的分析

对搜集到的职业信息进行分析,如招聘条件、岗位特点、招聘对象等是与自己所需要寻找的相符,还是与自己无关。

2. 职业信息的筛选

对职业信息进行筛查,把虚假的、失效的信息剔除,在剩下的真实信息内进行归类,有针对性地进行排列、整理和分析。

3. 职业信息的利用

及时运用自己感兴趣的、有时效性的信息,提高自己的知识和技能,并将其运用到求职过程中,提高自己的求职命中率。

【案例】

小王在网上看到一条招聘启事:"诚聘有事业心的人士进行市场拓展和业务管理,待遇丰厚,免费培训上岗,月入过万不是梦"。小王看到招聘后,十分心动,前去应聘,面试十分顺利,签订了协议。协议中规定,小王必须自行购买2 000元产品后,进行销售,同时,每个月要介绍3人到公司入职,并同样签订协议购买产品销售。小王购买产品后,销售不力,没有完成公司的要求,没有拿到任何报酬,这才发现被骗了。

二 就业方向的确定与求职准备

搜集好职业信息后,根据自身专业特点、性格和兴趣爱好,筛选出自己感兴趣的就业方向,并根据招聘信息不断完善自己,争取能够找到自己满意的工作。

(一)几种常见的就业方向

一般来说,常见的就业方向分为以下几种:

1. 国家机关、事业单位

这一类工作的特点是较为稳定,福利薪资待遇较好。一般就业流程是,由相关部门统一命题考试,根据笔试成绩进面试,面试成功后,体检符合要求即可入职。求职者需要根据历年的招聘岗位及模拟试卷,进行岗位选择和笔试知识的复习与练习,从而在笔试过程中能脱颖而出,力争进入面试。

2. 外企

这一类工作收入较高,工作节奏紧凑。外企一般会在寒暑假招聘寒暑假实习生,或者是有管理培训生假期通道。有志于去外企工作的同学,应该在大二或者大三的时候就留意各外企的官方网站,申请寒暑假实习生或者管理培训生。有了这些经历,对自己后续大四求职绝对是一大利好。

3. 国企、民企

一般建议找与自己专业对口的工作,这样自己的职业生涯在后期能发展得更好,同时自己的专业技能也能得到不断提升。求职者可以咨询一下自己的老师或者是学长学姐,行业内比较好的相关企业有哪些,然后有针对性地提前去投递简历和应聘。

（二）整理相关求职途径与招聘信息

明确自己的求职定位与需求；根据自己的需求筛选出自己需要的招聘信息；根据招聘信息准备求职计划和材料。

（三）制订求职计划

在确定好就业方向以后，应该以就业方向为导向，制订好求职计划，并根据求职计划付诸行动，循序渐进，通过努力找到自己心仪的工作，提高求职效率。

1. 确定目标行业

俗话说：男怕入错行，女怕嫁错郎。可见行业的选择非常重要。作为一名求职者，首先应该根据自己的性格特点、兴趣爱好和所学专业内容，找到自己想入职的目标行业。

2. 确定目标单位

当你确定好自己的目标行业后，接着就要确定目标行业中具体的目标单位了。可以从以下几个方面进行了解和筛选。

1) 单位的背景和历史

在选择就业单位的过程中，不同的单位有着不同的背景和历史，首先应当对单位的性质进行判断，我们可以通过网络、熟人打听或者是电话咨询了解它的背景和历史。如这家单位是政府机构，还是国企？又或者是有国企背景的民企，还是纯粹的民企或者外企？不同性质的单位有着不同的历史，依据自己的性格特点和爱好找到适宜自己的单位非常重要。

2) 岗位的薪资待遇和福利待遇

每一位求职者在确定工作的时候，非常看重的一点就是单位给你的报酬，包括薪资待遇和福利待遇。相同的行业内，不同的单位，给出的待遇水平也千差万别。只有达到你内心理想的薪酬水平时，才对你有一定的吸引力，进入单位工作后，才不至于出现骑驴找马、不专心奋斗的情况。同时，福利待遇也是不容忽视的方面，有的单位虽然薪资待遇看起来很一般，但是它有着隐形的福利待遇，如有灵活的弹性工作时间，有班车，食堂伙食非常丰盛且便宜，解决子女教育问题等。

3) 单位的核心竞争力

一家单位是否有发展前景，是否能和你未来发展的方向相结合，取决于这家单位的核心竞争力是什么。要充分了解单位的运营模式，才能知道单位是否是你期待奋斗的地方。如果你追求的是高薪，承担社会管理的政府机构一定不适合你。如果你追求的是学习最新的技术，那处于产业链下游的企业一定不适合你。如果你追求的是朝九晚五，那频繁出差和高强度的外企一定不适合你。所以，了解单位的核心竞争力非常重要。

4) 单位的企业文化

由于各个单位所处的行业不同、所属的国家不同，所以单位的文化、单位管理者的思维模式也会出现很大的不同。比如，互联网单位的文化更为活跃和新颖，传统行业的文化相对中规中矩。美国的企业是以商业价值为核心，看重的是你能否为企业带来现实利益。欧洲的企业更关注员工的工作态度和贡献情况,看中的是你对企业的态度和一直以来的贡献。日韩的企业则非常讲究论资排辈和等级制度。

第二节　求职材料的准备

在双向选择中,大部分招聘单位在安排面试之前,会提前根据求职者的求职材料先进行筛选。所以,毕业生要想成功应聘,准备好一份吸引用人单位的求职材料非常重要。

求职材料一般涉及求职信、个人简历、推荐表(学校统一发)、在校期间的成绩单、各类获奖证书复印件以及其他材料(科研成果、设计稿等)。其中,求职信和个人简历是需要精心准备的,也是最重要的内容之一。

一　求职信制作

求职信应当根据不同的应聘单位进行填写。写之前查阅一下应聘单位的基本背景和历史情况,结合自身的专业情况和求职岗位,进行求职信撰写,从而争取到面试机会。求职信的内容应当朴实无华,结合实际,切忌夸夸其谈,不切实际。

1. 求职信的行文特点

一般来说,求职信主要的目的是自我推荐,内容要富有个性,展示出自信,让招聘单位通过你的求职信,了解你的学历、学识、才能和经历情况。同时,又要适度展示出自己不同于他人的个性和优势,给对方留下深刻的印象。行文过程中,言语要自信,语气要中肯,让招聘单位感觉你亲切、自然又充满自信。

2. 求职信的行文内容

一般由标题、称谓、正文、结尾、落款、附件构成。

标题:居中直接写"求职信"或者"自荐书"。

称谓:一般求职信的称谓必须用敬语,并符合对方的身份地位。

正文:正文是求职信的主体部分,求职者主要表达的意思和内容需要在正文里面显示和表述。

结尾:一般以"期待您的回复""恭候您的回信""盼望您的回复""此致敬礼"等结束。也有最后加上对对方单位的祝福来结尾的。

落款:落款一般包括署名和日期。先写署名,再另起一行写日期。署名和日期都居右。

附件:一般求职信以一页为宜,求职信不能把所有内容都写进去。为了证明自己的实力,可以另外准备材料,作为附件发给对方。

例文:

尊敬的先生/小姐:

您好!感谢您能在百忙之中抽出时间来翻阅我的资料,我表示由衷的感谢。

我是南京林业大学的×××,就读于林学(植物资源利用)专业,明年7月将顺利毕业并获得农学学位。我获知贵公司正在招聘生物相关专业的人才,我相信我能胜任这个岗位的工作。

我非常希望投身生物相关行业。在校期间,我学习了生物技术的相关专业知识,取得了优异的学习成绩。同时,大一、大二我都在华大基因研究院担任暑期实习生,在产前组团队从事无创产前检测方面的研究。研究的内容包括第二代测序技术、胎儿有核红细胞研究、胚胎植入前基因诊断研究以及无创产前检测方面的资料。在实习期间,严格的工作要求锻炼了我快速搜集资料、更新信息的能力,我对研究工作的方法论也有了更深入的理解。在实习期间我得到了老板的高度认可。除此之外,我还参加了江苏省大学生科技创新项目,研究内容是杂交鹅掌楸纤维素合酶基因的克隆及功能分析,将在明年5月份顺利结题。我相信这些研究经历能帮助我更好地完成生物行业的相关工作。

我的英语水平突出,已通过大学英语6级考试(CET-6),能够用英语进行翻译与写作,并能进行日常的口语交流!

我希望能有机会为贵公司奉献自己的一分力量。虽然我现在只是一名刚出校园的学生,实践能力不一定很出众,但我会尽最大的努力,花最短的时间,尽快熟悉公司业务,凭自己平时在学校里养成的良好的学习习惯及系统的专业知识,为贵公司的发展做出贡献。

综上,我认为我的能力能胜任该份工作,非常希望得到一次面试机会,也希望得到您的认可。随信附上我的简历,感谢您在百忙中给予我的关注,我的电话是××××××××,我的邮箱是××××××。

愿贵公司事业蒸蒸日上,屡创佳绩!祝您的事业百尺竿头,更进一步!

期盼您的回音,谢谢!

此致

敬礼!

×××

××××年××月××日

二 制作个人简历

个人简历是求职过程中不可或缺的一部分,是求职者的个人广告和名片。内容到位又充满个性的简历,会在众多平庸的简历中脱颖而出,从而使求职者获得招聘单位的面试机会。个人简历是对自己学习、工作、成绩、生活等内容的概括。

招聘单位通过看求职者的个人简历,才能全方位地了解求职者,考虑是否要给求职者面试的机会。

1. 简历的行文特点

真实、简洁、目的性强。

2. 简历的类型

根据格式分类:一般分为表格型和文字型。表格型就是把求职者的相关信息按照表格表达反映出来,优点是容易填写、简单明了。文字型就是把求职者的信息用文字的方式反映出来,优点是内容齐全,更容易展现求职者的特色。

根据载体分类:主要分为电子简历、纸质简历。纸质简历就是将简历打印出来,以纸张的形式呈现出来。电子简历就是利用声音、文字、影像等多媒体技术,把求职者的信息以网络电子形式发布。

3. 简历的要素

简历主要由求职意向、个人情况、学习经历、生活经历、求职经历、联系方式和证明材料构成。在撰写的过程中,可以结合自身特点,扬长避短,展现出自己的优势与风采。

(1) 中文简历制作要点与问题

中文简历在制作的过程中,要做到意向明确、文字简洁、真实可靠。

常见的问题有:应聘不同的岗位,求职意向千篇一律;行文过程中,用词不当或者有错别字;内容有夸大的嫌疑;使用的简历照片不真实。

(2) 英文简历制作要点与问题

英文简历在制作的过程中,要做到行文单词常见、用词严谨、一目了然。

常见的问题有:英文单词拼写不正确、使用生僻词汇、语法错误。

第三节　求职材料的整理与投递

一　求职材料的整理

为了能够让自己的简历和求职材料更加吸引用人单位,从而提高自己的面试成功率,在投递材料之前应该对其进行整理。整理时,求职信和简历可以用打印机打印;如果求职者的字写得非常漂亮,也可以手写,恰好展现自己的特长。附件最好按照原证明材料进行统一复印,然后按照求职信、简历、推荐表、附件的顺序排列装订好。在求职材料中,一定要在显著的地方附上自己的联系方式。

二　求职材料的投递

有些毕业生在求职过程中投出了无数的简历,却石沉大海,所以在投递简历的过程中一定要掌握一定的技巧。

1. 及时投递

一般在得知招聘信息后,第一时间投递非常重要,以免错过简历接收时间。

2. 有目的性地投递

毕业生在求职的过程中,一定要针对不同的单位制作不同的简历。最好能够将招聘单位的背景、文化与自己的经历等结合在一起,以让自己的信息更加匹配用人单位的需求,提升自己得到面试机会的概率。

3. 不要在一家公司投递多个岗位

有的单位在招聘过程中,会发布很多岗位。对于求职者来说,千万不能在一家单位投递多个岗位,会给招聘单位留下盲目投递、目标不明确、不重视对方的印象。

4. 适时询问结果

求职材料投递后,不要反复催促对方人事询问结果,可以在一段时间后,有礼貌地打电话或者发邮件进行咨询,表示出你对岗位的兴趣和重视及希望能够有回应的诚意。

第四节 求职能力的提高

一 如何找到与自己匹配度较高的职业

自己与你将来想从事的职业的"匹配度",是决定我们事业成败很关键的因素。在选择职业之前,我们对自己要有一个全面、客观、深入、准确的认识,对自己的能力、性格、兴趣爱好、优缺点有清晰的了解,知道自己的长处和短处,适合做什么,不适合做什么。对自己的职业能力、职业特质、个人兴趣和价值观做一个分析,找到与自己最匹配的职业。

【案例】

人格兴趣表现为:

1. 喜欢艺术性的职业
2. 富有表达能力和直觉、独立、具有创意并重视审美的领域
3. 喜欢规律、有文书和数字能力,并重视商业与经济上的成就
4. 用具体实际的能力解决工作及其他方面的问题
5. 喜爱实用性的职业或情境,以从事所喜好的活动,避免社会性的职业或情境

职业能力表现为:

1. 喜欢的工作具有艺术性、创造性、表达力和高直觉,并将它运用到语言、行为、色彩、声音,以及对事物形状结构的欣赏、思维和感觉中。

2. 适用于对细节、准确性要求较高、条理清晰、成系统,并根据特定的要求或程序整理数据和文本信息的工作。

3. 对频繁使用机械器材,且具有一定实操能力、做事手脚灵活度要求高、动作要求协调的工作。适合从事与物件、工具相关的职业,如木匠、工程师等。

个人职业价值观:

我的测评结果显示,我在人际关系、独立性、舒适、成就感、管理、美感上得分较高。

在人际关系方面,我希望与一起工作的大多数同事和领导相处愉快、自然,并从中获得极大的满足感。

在独立性上,我比较看重能充分发挥自己的独立性和主动性的工作,喜欢按照自己的节奏和想法去做事,不喜欢受到干扰。

就个人舒适度而言,我更愿意选择舒适、轻松、自由、优越的工作与环境,希望工作可以作为一种消遣、休息或享受的形式。

就个人成就或发展而言,我工作的目的与价值在于不断创新,不断取得成就感,不断实现自己想要做的事。

在管理方面,工作中我希望可以获得对他人或某事物的管理支配权,能指挥和调遣一定范围内的人或事物。

在美感上,我需要在工作中能不断地追求美的东西,得到美感的享受。

职业匹配:

我想自己创业,开一家花店。花店不仅卖花,也包括场馆布置的业务,同时提供插花课程,可以称作花艺体验馆。

二 面试能力的提高

(一)面试前的准备工作

面试前要准备好自己的简历、学历学位证书、获奖证书等。把含金量高的资格证书放在前面,含金量低点的证书放在后面。

同时,在面试前,要认真查阅招聘单位的背景和文化,对招聘单位和应聘岗位有一个清晰的认知。到了招聘单位,要仔细观察单位的走廊标语、企业文化宣传栏等,记住单位的特色,在面试的时候将自己了解到的内容加进去,这样就能显示出你非常有心,重视这份工作,容易从众多的面试者中脱颖而出。

在面试前,要自己设计一些面试问题和答案,做到胸有成竹。一般常见的面试问题有以下几个:

(1)请讲一下你在学校社团工作中的收获?

(2)为什么你要选择我们单位?选择这个岗位?

(3)在学校里,让你最有成就感的一件事是什么?

(4)你的目标是什么?五年后你有什么打算?

(5)请用几个词语概括你自己。

(6)你觉得你的缺点是什么?优点又是什么?

(二)面试礼仪

面试时,第一印象非常重要。第一印象除了外表还包括第一次见面时候的举止礼仪,如语言、神态、仪表、姿势等。

在短短的面试过程中,将自己最好的一面呈现出来,不仅可以表达出自己对本次面试的重视程度,而且还能体现出自己在言语表达、个性、性格等方面的优势,从而迈出求职成功的第一步。

1. 外在形象

求职的过程中,一定要整理好自己的形象。俗话说"人靠衣装,佛靠金装",第一次见面时,面试官对你的第一印象就是外在的,根据你外在的形象,可以让面试者对你形成一定的心理定势。它比你的简历更为直接、更能产生视觉和心理喜好效果。

所以,要根据自己应聘的岗位,选择合适的着装打扮。譬如,应聘的是时尚杂志的编辑,那你穿中规中矩的西服去效果不如穿着今年的流行款去;应聘的是商场管理人员,那你必须要发型、衣着和妆容到位,穿着不能太休闲等。不同的职业有着不同的着装要求和礼仪,如果有条件的话,最好提前了解一下招聘单位的工作人员日常穿着要求,这样就不容易出错。

2. 行为举止形象

在面试的过程中,行为举止要得体大方,具体是指你的坐姿、站姿、形态和说话时候的手势等,要符合你的身份、当时所在的场合和环境,并且能与你的语言等配合起来,力争做到大方、得体、文明。同时,在面试的过程中,不要让别人陪着,这会给面试官留下你不自信、不独立的印象。在面试官提问后,不要犹犹豫豫、畏畏缩缩,要表现出自信和坦诚。

3. 守时

一般来说,招聘单位会提前几天通知你去面试,自己要提前看好路线,算好预估时间,为了避免突发状况,最好提前半小时到,千万不能出现让对方等你的情况。如果不去参加面试,也一定要提前告知对方。如果确实有特殊情况导致迟到,一定要提前打电话告诉对方,这是必备的礼仪。

4. 面试问答礼仪

在面试过程中,当面试官提问后,回答的时候要不慌不忙,用冷静的心态、正确的思维去回答问题。如果感觉不太好回答,可以用迂回战术,用委婉的语言或者岔开话题去回答。

应聘者向面试官询问的时候,要注意火候,不能问得太过咄咄逼人。如薪资问题是个敏感的话题,要在面试官有意录用或者是与面试官交谈得不错的时候提问,一见面就问肯定是不合适的。

5. 告别礼仪

在面试结束的时候,一定要感谢对方给你面试的机会,面带微笑和面试官再见,表示期待有回音。

(三) 常见面试类型

1. 个人面试

(1) 一对一的面试。常见于小型企业,面试单位的人对面试者进行一对一的考量。

(2) 多对一的面试。常见于公务员和大型企事业单位,是面试中最常见的一种,6~7个面试官对面试者进行多角度全方位的提问。

2. 集体面试

常见于大型企业。将同一轮的面试者组织到一起,要求面试者做无领导小组讨论,共同解决一个问题,面试官进行打分,以考察每一位面试者的各方面能力。

3. 渐进式面试。

常见于外企。一般来讲,外企面试分为五个阶段:简历筛选、笔试、初次面试、高级经理面试和最后的录取通知。前期进行集体面试,筛选面试以了解个人背景及谈吐与应对能力为主要目的,然后进行第二次面试以及第三次面试,甚至第四次面试,从而筛选出需要的人。

4. 常见面试问题

(1) 为什么要选择我们单位?面试官通过这个问题了解你的就业动机,并可以通过你的回答看出你对这份工作的喜欢和重视程度。建议大学生从对单位的了解,结合自己的兴趣以及自身的能力进行回答。

(2) 谈谈你的缺点。遇到这个问题,不能说自己没有缺点,也不能故意把自己的优点说成缺点。建议说一些对工作没有影响的,无关紧要的缺点。回答个人优点建议提取与应聘职位所需工作能力的契合点,比如应聘新媒体运营,那么可以突出有文字功底、追热点能力、思维活跃等,给面试官一个直观感受。在回答个人缺点的时候千万不要太过实诚,有不少人因此丢失即将到手的工作,建议还是从个人应聘岗位入手,说一些不影响工作的小缺点。比如应聘技术岗,那么则可以说自己不太喜欢热闹,平时比较"宅"等。

(3) 谈谈你大学中印象最深的一件事。可以谈谈自己大学中遇到的一些令人印象深刻的事情,通过这件事自己学到的东西和领悟到的道理。

(4) 你有什么爱好?讲一些自己擅长的爱好,不宜说一些可能后续会影响自己工作、让人感觉不靠谱的爱好。

(5) 你的理想薪资是多少?在面试前,最好了解一下同行业的薪资平均水平和所应聘单位的薪资水平,同时结合自己的需求,委婉地表达。

(6) 如果让你加班,没有加班工资,你可以接受吗?相信很多参与面试的大学生都会被问到对加班的看法,但是并不证明一定要加班。面试官只是想要测试你是否愿意为公司做贡献。一般来说,几乎没有不需要加班的单位,所以建议大学生能够从完成工作、提升能力的角度去回答加班这个热点话题。

应答参考:如果是工作需要,那么是可以选择加班的。但同时,我会努力提升工作效率,减少不必要的加班。

(7) 请做一下自我介绍。在面试官没有规定自我介绍时间的情况下,应聘者要学会合理分配时间,自我介绍的时间通常以 1~3 分钟为宜。一次好的自我介绍能大大提高你的入职成功率。自我介绍说什么?不是介绍性别、年龄等个人信息,而是要与应聘的岗位进行关联介绍,主要突出三点:

① 个人工作经验,也就是自己的背景;

② 公司为什么要选择你,证明过往经历适合该岗位;

③ 你为什么要选择这家公司。

应答参考：

××经理，你好，我叫××，今年××岁，毕业于××大学。面试前我对公司招聘的岗位做了初步了解，主要事项有 A、B……几部分。

贵公司属于××行业，同时也是一家创业型公司，很符合我的要求。对于××行业，我是长期看好并且立志要在这个行业长久发展的。同时，创业型公司对个人能力等方面都有着高要求，而我的能力正好与之契合。因此我向贵公司招聘的××岗位投递了简历，很荣幸今天与您面对面沟通。

(8) 你还有其他问题要问的吗？企业不喜欢说"没有问题"的人，因为他们想通过这个问题来对你做出判断。同时，企业还没有表明会给你发录取通知或暗示邀请你入职，不要问薪资、福利、加班等问题，这些等企业明确提出让你入职后再问清楚。

应答参考：作为新进员工，公司是否会先进行相关培训？公司的晋升机制是怎么样的？如果我有幸被公司录用，有没有哪些是需要提前学习和准备的？等等。试想哪家企业不喜欢有上进心和学习热情的求职者呢！

(9) 你能为公司带来什么？对于这个问题，应聘者可以告诉面试官自己能为企业减少费用，比如自己已经有××实习经验，任职即可以上手工作，还可以突出自身的优势，引用过往的优秀成绩，因为数字才具备说服力。

应答参考：比如应聘营销类的职位，你可以说："我在校曾经在××社团工作，具备开发大量客户的能力。"

第十一章 职场适应与权益保护

求职是当代大学生从象牙塔走向社会,完成从学生向职场人转变的重要人生阶段。面对选择和转变,每位学生都对未来有新的展望和思索,同时需要做好身心准备,尽快适应职场要求。构建社会需要和自身理想相统一的职业价值观,同时掌握相应的心理调适的技能,当代大学生方能在择业和就业中顺利应对各项挑战;通过签订就业协议、完成就业手续,毕业生与用人单位之间建立起法律关系,在履行工作义务的同时享受劳动者权益。在求职中和入职后,面临可能存在的各种陷阱与劳动争议,大学生要保持防范警惕意识,必要时可通过正当渠道维护自身的合法权益。

第一节 职业价值观与职业心理适应

职业价值观是贯穿于大学生择业过程的思想观念,在大学生求职择业过程中发挥着重要作用,影响着职业定向、职业决策、求职行为及就业满意度等。大学生的择业与就业同国家政策、学校教育、社会环境、家庭影响等多方面因素密切相关,但最终起决定性作用的还是其自身对职业的内在需求,即职业价值观倾向。大学生有意识地澄清自己的职业价值观倾向,并在丰富职业信息的基础上,进行深入的自省和职业探索,不断完善和促进自己的职业价值观倾向趋于成熟和稳定,对于顺利就业意义重大。面对人生发展过程中的重大转折点,大学生不仅身份在转变,内心世界也会随之发生变化。大学生要面对现实,正确对待求职中的各类心理问题,学会心理调适,以积极的心态迎接挑战。

一 当代大学生职业价值观的构建

职业价值观是指一个人对待职业的态度和秉持的信念,或是其在职业生活中所展现出的一种相对稳定的价值取向。职业价值观在个人职业选择与职业发展过程中作用明显。一个人的职业价值观,对其可能选择哪些行业,乃至是否从事某一具体工作岗位,发挥着最终的决定性作用。大学生在求职中进行自我探索、了解职业和做出职业决策的整个过程,也可以看作是个体职业价值观的澄清、验证、发展和趋于稳定的过程。职业价值观既包括评价方法与标准,也包括个性倾向。职业价值观具有主观性、多样性、相对稳定性、阶段性、可塑性等特点,它的形成是人的内在需要与职业的社会属性之间相互匹配达成协调一致的过程。除此之外,影响大学生职业价值观的因素还有许多,个性特点、能力水平、兴趣特长、成长经历、家庭背景、身体条件、所处环境等都会直接或间接地影响到人的职业价值观。

（一）当代大学生职业价值观现状分析

现实生活中,毕业生普遍追求稳定的有发展前途的职业。当代大学生的职业价值观总体来讲更为务实,更倾向于追求能满足自己的现实需要的工作。当代大学生在考虑就业问题时,更多考虑的是单位效益、社会保障、薪酬福利等因素,以及与自己的安全健康、价值实现与劳逸舒适等相关的因素,而不畏艰苦、努力奋斗、坚韧不拔、勇于挑战、开拓创新等传统美德难以得到较为充分的体现,终极目标和精神追求弱化,尊重需要展现不足。当代大学生对自我内在的精神需要关注度不够,职业期望理想主义色彩浓重。由于大学生活中绝大部分学生缺乏对职业世界的探索和认知,缺乏职业体验,在其认识和评价职业属性时,还很难做到像有实际工作经历和丰富职场经验的人那样考虑周全和重点突出。行业类别、单位性质、专业对口、服务对象、单位规模、单位地域、工作规律等本应该是大学生求职择业过程中要认真考虑的因素,却没有引起大学生们的普遍重视。这些职业属性往往会在很大程度上影响着毕业生初次就业的满意度和稳定性。

（二）当代大学生构建正确职业价值观的原则

1. 符合社会需要与发挥个人优势相统一的原则

当代大学生在选择职业时,应当把社会需要作为出发点和归宿。一方面,社会的发展和进步需要青年才俊为之去奋斗。另一方面,社会是由人构成的,社会需要本质上就是个人需要。现实生活中,个人需要无论内容多么丰富,结构多么复杂,都是受现实社会需求制约的。个人正是通过职业活动,在满足自身需要的同时,契合了社会需要,展现了自身价值。

大学生在选择职业时,要综合自身的素质情况,发挥专业、个人能力、性格特长,选择合适的工作类型。大学生要坚持求真务实,树立"人职匹配"的择业观;要树立扎根基层、敬业奉献、艰苦奋斗的思想,要认识到基层和边远地区是成才的沃土和摇篮。马克思在《青年在选择职业时的考虑》一文中说:"如果我们选择了最能为人类幸福而劳动的职业,那么重担就不能把我们压倒,因为这是为人类而献身。那时,我们所感到的就不是可怜的、有限的、自私的乐趣,我们的幸福将属于千百万人。"将发挥个人能力融入报效社会、全人类中,才能最大程度实现人生价值和理想。

2. 勇于竞争和诚信择业相统一原则

竞争是社会主义市场经济最显著的特点之一。竞争可以发扬自主、自力、自立的精神,最大程度激发人的潜能。竞争意识也是大学生必备的综合素质之一。面临竞争,大学生要主动积极,避免"等工作""躲工作"等消极意识,不断提升自己的综合素质,主动在竞争中展现自我。

在勇于竞争的同时,大学生也要坚守诚信底线。竞争应当公平、公开、公正。大学生在就业竞争面前,要保持人格尊严,诚实守信。

3. 职业忠诚与终身学习相统一原则

在新行业、新企业不断涌现、职业流动日趋频繁的今天,企业与社会对于职业忠诚的呼唤始终如一。员工对企业的忠诚,其实就是对自己所追求事业的忠诚。在同一行业深耕细作,不断积累经验,才能在相应领域有所成就。员工对企业忠诚,企业才会尽心耐心培养,容忍职场新人成长道路上的"交学费",给予职工充分发展的平台。

同时,职业忠诚不代表放弃个人的发展。大学生在职业生涯中,要将所学的科学文化知识在工作实践中运用、总结、调整、更新,不断掌握行业内外新知识、新技能,才能不断适应社会发展的需要。

当前形势下,培养大学生形成科学合理的职业价值观,已经成为做好毕业生就业指导工作的重要内容,为此要创造良好的职业价值观教育氛围,将其纳入思想政治教育工作体系,充分发挥家庭教育的积极影响,以及大众传媒的舆论导向作用;要充分考虑到大学生成长阶段和其自身的局限性,尽可能地教育引导大学生群体积极拓展对职业世界的探索,广泛搜集职业信息,在对职业世界有了充分认知的基础上,再进一步进行自我探索,了解自己的内在需求,促使其养成既立足自身实际又符合社会需要的职业价值观。

二 大学生求职中常见的心理问题

心理问题是指心理不健康的倾向或现象,它是心理压力和心理承受能力相互作用的结果,其产生原因是心理压力大于心理承受能力,打破了原有的心理平衡。大学生在求职中出现的常见心理问题,大多数属于适应过程中的心理波动或轻微障碍,主要表现在以下几个方面:

(一)自卑与自负

人的自我意识主要包括三个方面:自我认知、自我意志、自我情感体验。当自我认知低于自身实际状态,过分"谦虚",认为自己不如他人时,表现为自卑心理。当自我认知超出了实际,对自我评价过高时,表现为自负心理。

自卑是一种低估自身又不能自助的复杂心理体验。求职中的自卑心理表现在缺乏自信和勇气,面对心仪的单位或职位不敢申请,不能很好地表现自己。自卑常常与怯懦、依赖等心理交织在一起,使得学生悲观失望、忧郁孤僻、不思进取,阻碍了自身才智的发挥。事实上,越是躲躲闪闪、胆小畏缩,越不容易获得用人单位的青睐,陷入"不战而败"的困境。

自负与自卑相对,实质是缺乏自知,表现为过于骄傲或狂妄。很多学生还没从精英教育的意识中走出,总觉得自己高人一等,理应得到优待,却又未付出相应努力,浮躁而不踏实。面对众多就业机会总是不满足,自认为"英雄无用武之地"。这类学生在求职中往往要求过高,过分挑剔,难以找到合适岗位。当被拒绝,受到打击后,这类学生常常会消极悲观。

(二)虚荣与攀比

正处于青春年少的一些学生,因为虚荣心作祟,择业时常有"说出去好听"、让别人羡慕等想法,而忘了自我价值的实现。这些人在求职时往往将目光锁定在大城市、知名度高的企业,不从自我的优势出发,不考虑自己的竞争能力,不顾自己的专长爱好,不理会用人单位的岗位需求,幻想着光鲜轻松的白领生活,其结果很可能丧失很多有利的发展和锻炼机会。

青年才俊有进取心、荣誉感强本是好事,但有的学生过分争强好胜,盲目攀比,不从自身实际出发,不考虑单位是否适合自己,而是觉得在校期间自己成绩比别人好,荣誉比别人多,自身条件比别人突出,工作就必须要比别人好。但用人单位是非常务实的,其选才聘才通常从单位、岗位实际需要出发。

（三）依赖与从众

部分毕业生在择业中缺乏个人独立的决断，抱着"车到山前必有路"的想法，在职业选择上寄希望于父母、老师、亲友，不敢尝试主动参与求职竞争，缺乏积极性。习惯于等工作，必然会丧失很多求职机会。

与此类似，大学生正处于人格逐渐完善和成熟的阶段，容易受社会思潮和身边人的影响。这导致部分学生在就业中人云亦云，缺乏主见，不能从个人的职业发展需要去考虑，总觉得和绝大多数人一样总不会错。其常见结果就是人职不匹配，影响自身职业满意度。

（四）犹豫与焦虑

毕业生求职面临的一大难题就是对求职时机的把握。有些学生在求职中既看不上眼前的职位和机会，又担心越往后合适的岗位会更少，所以尽管参加的宣讲会、面试很多，有的收到了很多录取意向，但总是难以下决心签约，犹豫不决，错失良机。

焦虑是由外在压力或冲突引发内心失调的一种复杂情绪反应。主要表现为急躁、不安、忧虑并连带某些生理反应。适度的焦虑可以给人一种紧迫感，激发人的活力和潜力，增强进取精神。过度的焦虑，就会干扰人的正常判断。求职中，毕业生们往往期望用人单位的一锤定音，等待让他们惴惴不安。当经历求职挫折时，毕业生的焦虑心理常常表现为"病急乱投医"，急于求成。由于担心找不到工作，他们匆匆签约。等到发现自己不适合或者再遇到更好的单位时，又后悔莫及，意图毁约。

（五）功利与侥幸

功利心理在求职中表现为毕业生片面看中薪酬、名利和地位，以自身眼前利益最大化为求职目标，其结果很可能是丧失许多长远发展的机会。例如在基层和偏远地区工作，从功利角度来看并不是好的选择，但从长期来看是很好的锻炼和发展机会。

侥幸心理是指企求意外获得成功或免除灾害，即把成功寄希望于小概率事件上，表现在求职中就是不顾自身的实际情况，片面追求要求明显高于自身条件的单位或职务，抱着"万一运气好"的不现实期待，这部分学生目光只锁定在最理想、最热门的部分用人单位，而一次次错过最契合自身条件和需求的岗位。

三 大学生求职心理调适

心理调适，是指个人运用一定的心理学原理和方法，借助外力或凭借自身，促使心理和行为改善，获得积极体验，重建心理平衡的过程。大学生求职中心理问题的产生，有主观和客观的原因。其客观原因主要由于严峻的就业形势和家庭的高期望，学校、老师的引导不足都给大学生带来了就业压力；其主观原因在于，大学生虽然具有一定的科学文化知识和专业技能，但认识问题和分析问题的能力还有待提升，缺乏相应的心理健康知识，不善于处理应激事件，不善于运用自我功能克服危机。

（一）心理调适的作用

一般来说，大学生求职中的心理问题属于发展过程中的适应不良。只要大学生提前做好身心准备，主动适应就业环境，加上各方面外在力量引导得法，这些心理问题都会随着时间的推移而逐渐消除，大多数不会形成心理疾患。但毕业生心理问题的产生，既不利于其择业，也不利于其身体健康，甚至会影响其人生的发展，因此对于心理调适应当格外重视。

心理调适能够帮助大学生在求职遇到挫折和冲突时，客观分析自我和现实，有效地排除心理障碍，保持稳定而又积极的心态，最大限度地发挥个人的潜力，顺利地完成求职过程。

心理调适有助于引导大学生客观评价自己，心平气和地认真分析自己的优势和劣势，确定好自己的职业方向、发展路径，确立个性化的职业规划；有助于帮助大学生合理看待社会竞争；只有不断地调整自我，不虚荣不跟风，才能在激烈的竞争中掌握主动权；有助于大学生正确应对挫折。求职过程不是一蹴而就的，遇到挫折后应当通过心理调适放下包袱、寻找失败原因，自我调整后再出发，脚踏实地争取新机会；求职中的挫折是锤炼心理素质、造就强者的必经之路，也是为应对将来人生路上的挫折提前磨炼意志、做好心理储备的契机。

（二）心理调适的方法

1. 心理按摩与适度宣泄

心理按摩指通过各种心理疏导方式引起内部心理状态变化，达到机体松弛的作用。面对求职的压力，毕业生可以通过深呼吸、冥想、看电影、听音乐等日常方式，或放松训练、催眠等心理疏导方式，摆脱不良情绪，调动积极因素，舒缓心理体验。

同时，面对焦虑、抑郁等心理状态，不能一味地将其藏在心底。当通过内在的能量不能化解压力时，可以主动地把心理压力转化为适度的情绪反应，例如通过向老师、家人、朋友倾诉，以及写日记、唱歌、运动等，来排解不良情绪。但宣泄也要注意场合和程度，不应有破坏性或影响他人。

2. 认知疗法与理性情绪

认知疗法是较为新兴的一种心理治疗方法。它是根据认知过程影响情绪和行为的理论假设，通过认知和行为技术来改变不良认知的一类心理治疗方法的总称。认知疗法认为：认知过程是行为和情感的中介，适应不良行为和情感与适应不良认知有关。通过重组和改变不良认知，不良情绪和不适应行为能得到缓解。在求职中，毕业生常常会过度简单化归因，例如将失败简单归结于社会不公、自己比别人笨等。通过心理咨询或自我反思改善认知，能较为有效地改善心理不适。

人的不良情绪产生的根源是人的非理性观念。要消除不良情绪，首先需要将个人的非理性观念转化为理性观念。大学生在求职中运用理性情绪法，可首先分析自己的不良情绪，例如部分毕业生将求职的一时不顺夸大为人生的失败。从不良情绪中综合概括出其中相应的非理性观念，进而进行转化，有助于排除不良情绪。

3. 替代学习与心理脱敏

替代学习亦称"观察学习"。学习者观察榜样在一定情境中的行为及其结果,从而推及自身,提高自身能力。学生在正式进入职场前,可以提前参加各类招聘会,观察了解学长学姐的求职经历,总结经验教训,少走弯路,提前做好相应的准备。

心理脱敏是指减弱心理反应的强度,由过敏状态转化成正常状态。进行心理脱敏训练的主要机制是升高感觉阈限,降低对无关或有害刺激的感觉能力,以降低个体的痛觉敏度。例如学生对于求职感到焦虑不安,可以通过模拟面试、企业实习等方式,提前感受氛围,从而能在正式求职时表现出比较稳定的心理素质。

4. 自我激励与心理暗示

自我激励是指通过言语、奖励行动等方式鼓舞自身,实现信心的提升。毕业生应当对自己求职中的每一点进步和成就给予正向鼓励。当出现焦虑、胆怯等心理时,可以通过心理暗示增强自我肯定。心理暗示是最常见的自我激励方式。在心理学上,自我暗示指通过主观想象某种特殊的情形来进行自我刺激,达到改变行为和主观经验的目的。例如毕业生可以通过在心中默念"我在面试中一定会发挥得很好""天生我才必有用,通过努力我一定可以找到满意的工作",来克服面试时内心的焦躁,提升信心和勇气。

第二节 就业协议的签订

一 就业协议与劳动合同

毕业生从求职大军中脱颖而出,顺利通过面试,获得了用人单位的录用通知,就将进入签约和报到的阶段。签订相应的手续,将口头录用转为立字为据,是用人单位和劳动者个人权益的法律保障。大学生求职签约的协议文本有两种:一种是毕业生就业协议书,另一种是劳动合同。全面了解毕业生就业协议书和劳动合同的签约方式,对于毕业生正确行使权利、履行相应义务具有重要的指导意义。

(一)就业协议

1. 就业协议的性质及作用

毕业生就业协议书,简称"就业协议",是指毕业生和用人单位经过双向选择达成意向后,签订的纸质协议,以落实就业意向与相互权利、义务的书面表现形式。就业协议通常由国家、省市就业主管部门统一印制,学校盖章后下发。

就业协议具有重要的作用:一是毕业生同用人单位之间确立劳动关系的重要依据,也是用人单位接收毕业生的依据。二是明确了用人单位和毕业生双方之间的权利与义务。就业协议书每人只有一份,复印无效,这也规避了双向选择的随意性。三是就业主管部门编制毕业生就业计划和学校制订毕业生就业方案、完成毕业生派遣工作的依据。

2. 就业协议的内容

就业协议书一式两联,第一联为甲方留存,第二联为乙方留存(如图11-1、11-2)。其中,甲方的有关内容由用人单位填写,包含单位名称、组织机构代码、联系人、联系电话、电子邮箱、通信地址、邮政编码、单位性质、档案接收情况。乙方的有关内容由毕业生填写,包含本人的通信地址、家庭地址以及相应的邮政编码和联系电话。毕业生在填写前需审核自己的姓名、性别、学号、身份证号码、毕业院校、学历、专业等打印信息是否有误。第三部分是就业协议书的格式条款,约定了签约双方的权利义务。双方对于签署内容均无异议后,用人单位盖单位公章并签名,毕业生签字确认。

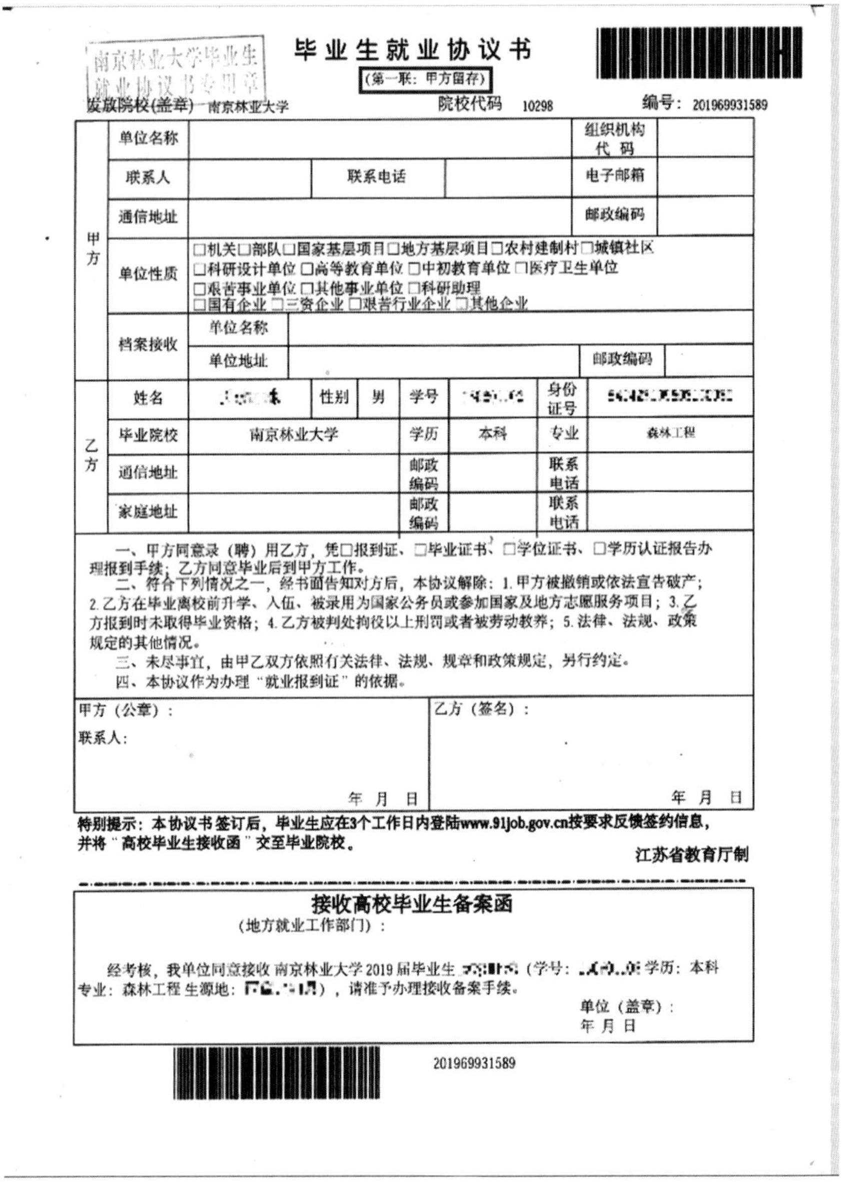

图 11-1 南京林业大学毕业生就业协议书(第一联)

图 11-2　南京林业大学毕业生就业协议书(第二联)

3. 就业协议的签订流程与注意事项

大学毕业生落实就业单位后,就业协议的签订流程如下:

(1) 获得用人单位书面或口头的录用通知。

(2) 持学校下发的毕业生双向选择就业推荐表、毕业生就业协议书与用人单位完成签约。

(3) 领回就业协议乙方留存联,登录 www.91job.gov.cn 按照要求登记反馈签约信息。

（4）将乙方留存联就业协议交至学校或学院就业工作办公室。

毕业生在签约前要仔细核对就业协议中用人单位的基本信息、公章内容、补充条款,同时也应诚信签约,如实填写个人基本情况。签署完成后应妥善保管就业协议,避免遗失,及时将协议书交至学校老师。

（二）劳动合同

1. 劳动合同的性质与订立

劳动合同是指劳动者与用人单位在确定劳动关系时,经过友好协商,公平公正订立的明确双方权利和义务的协议它也是后处理劳动争议的依据。

劳动合同以《中华人民共和国劳动法》(以下简称《劳动法》)为准绳,以书面的形式订立。毕业生凭毕业证书、就业协议、报到证到用人单位完成报到后,即可签订劳动合同。合同生效日即为双方正式建立劳动关系的开始日期。

2. 劳动合同的基本内容

劳动合同一般包含以下内容:① 工作内容与工作地点;② 工作时间与休息休假;③ 劳动薪酬与劳动保护;④ 社会保险;⑤ 企业福利;⑥ 合同期限;⑦ 试用期时间;⑧ 其他双方约定的内容。所有内容都需要遵照《劳动法》的相关要求,否则为无效条款。劳动者需要妥善保管合同作为证据,同时应留意合同到期后续订的时间,保护好自身权益。

（三）就业协议与劳动合同的异同

就业协议与劳动合同均为用人单位与劳动者明确劳动关系、约定权利义务的协议,但签订了就业协议不能等同于签订了劳动合同,它们的区别在于:

1. 法律效力和作用时间不同

就业协议的作用开始于签订之日,毕业生一到用人单位报到即完成使命,不再具备法律效力。劳动合同的法律效力和作用时间贯穿于合同约定的期限。

2. 作用不同

就业协议是毕业生完成报到证办理、转接户口关系的依据。劳动合同是劳动者确定劳动关系以及处理劳动争议的依据。

3. 对应部门不同

就业协议由国家、省市就业主管部门统一印制,毕业生签约后报送至学校就业主管部门。劳动协议由劳动者和用人单位协商后自行签订,对应部门为劳动保障和监察机构。

二 薪酬、社会保险与住房公积金

（一）薪酬

1. 薪酬及其组成

薪酬是指劳动者因对用人单位提供劳动或服务而得到的所有收入的总和。不论是列入计征个人所得税项目的,还是未列入计征个人所得税项目的;不论是以货币形式支付的,还是以实物形式支付的,均包括在薪酬内。毕业生薪酬通常由以下几部分构成:

(1) 基本工资：指按照要求完成基本的工作时间和工作要求后劳动者获得的报酬。根据工作性质可分为计时工资和计件工资。

(2) 奖金：指因劳动者超额完成劳动或增收节支而支付给劳动者的报酬。

(3) 津贴和补贴：指为了补偿职工特殊或额外的劳动消耗和因其他特殊原因支付给职工的报酬。

(4) 加班补助：指对法定节假日和休假日工作的职工以及在正常工作日以外延长工作时间的职工按规定支付的报酬。

(5) 社会保险。

(6) 劳动者因病、婚、丧、产假、工伤等原因支付的相应薪酬。

(7) 单位为劳动者提供的其他福利。

2. 薪酬期望与薪酬差异

劳动者提供劳动，从用人单位获得薪酬，是权利与义务一致性的体现。毕业生在求职前对薪酬有基本预期，是否符合薪酬期望是毕业生选择用人单位的重要参考因素。毕业生对薪酬盲目追高或降格以求都是不理性的表现。对薪酬的期望，毕业生应结合行业、地域、自身职业胜任力与职业规划、用人单位情况与发展前景、个人在企业的发展等因素长远考量，综合考虑。

毕业生的薪酬存在客观差异，主要影响因素有：学历、个人能力、用人单位实力、专业类别、所在行业、地区、所在学校声誉等；其中个人能力是最为关键和易变的因素。努力提高自身综合素质，增强职业胜任力，毕业生才能增加和企业谈判薪酬的筹码。

3. 毕业生薪酬调查及其意义

江苏省高校招生就业指导服务中心每年面向省内毕业生开展两次问卷调查。其中，9至11月开展第二阶段"就业相关调查"，了解毕业生的就业情况，其中薪酬有关的问题是调查的核心内容。调查问卷可以通过电子邮箱链接高校的就业指导中心网站、App等途径完成。学生可以通过问卷查看同届同专业同学的就业去向、工作状况、薪酬等信息。通过毕业生的反馈和薪酬的体现，省市、高校等各级就业部门可以掌握毕业生就业市场的供需状况、高校人才的培养情况，为各类促进毕业生就业政策的出台提供依据。高校可以据此了解毕业生的发展情况，以改进就业指导、教育教学和管理服务工作，完善提升毕业生就业质量的途径。

（二）社会保险

1. 社会保险的组成

1）养老保险

养老保险是劳动者在达到法定退休年龄退休后，从政府和社会得到一定的经济补偿、物质帮助和服务的一项社会保险制度。参加基本养老保险的个人劳动者，缴费基数在规定范围内可高可低，多交多受益。职工办理法定退休手续后按月领取养老金。

2）医疗保险

城镇职工基本医疗保险基金由基本医疗保险社会统筹基金和个人账户构成，基本医疗保险费由用人单位和职工个人账户构成。用人单位所缴纳的医疗保险费一部分用于建立基本医疗保险社会统筹基金,这部分基金主要用于支付参保职工住院和特殊慢性病门诊及抢救、急救费用。个人账户资金主要用于支付参保人员在定点医疗机构和定点零售药店就医购药符合规定的费用,个人账户资金不足部分,由参保人员个人用现金支付。个人账户可以结转使用和依法继承。参保职工因病住院先自付住院起付额,再进入统筹基金和职工个人共付段。

3) 工伤保险

工伤保险是指劳动者由于工作原因并在工作过程中受意外伤害,或因接触粉尘、放射线、有毒有害物质等职业危害因素引起职业病后,由国家和社会给负伤、致残者以及死亡者生前供养亲属提供的必要物质帮助。

4) 失业保险

失业保险是指国家通过立法强制实行的,由社会集中建立基金,对因失业而暂时中断生活来源的劳动者提供物质帮助的保险制度。失业保险基金主要用于保障失业人员的基本生活。

5) 生育保险

生育保险是在职女性因生育子女而暂时中断工作、失去正常收入来源时,由国家或社会给予必要的经济补偿和医疗保健的社会保险制度。生育保险待遇包括生育津贴和生育医疗服务两项内容。

2. 社会保险的意义

社会保险主要是通过筹集社会保险基金,并在一定范围内对社会保险基金实行统筹调剂,以便当劳动者遭遇劳动风险时给予必要的帮助。社会保险对劳动者提供的是基本生活保障,只要劳动者符合享受社会保险的条件并已按规定缴纳各项社会保险费,即可享受社会保险待遇。其中,养老保险可以保障劳动者到达退休年龄后领取养老金,离世后近亲属获取丧葬费、抚恤金;医疗保险可以保障劳动者享受医保待遇;失业保险可以保障劳动者失业后领取失业补贴;工伤保险可以保障劳动者受工伤后获得伤残补助,用于支付治疗、护理的费用;生育保险可以保障劳动者生育时获得补助。

社会保险是社会保障制度中的核心内容。社会保险具有稳定社会、保障个人生活、促进再分配的意义。社会保险为劳动者提供必要的基本保障,不以营利为目的,由国家立法强制实施,区别于商业保险。用人单位与劳动者不能以商业保险来代替社会保险,但可以用商业保险作为补充以获得更高水平的保障。

(三)住房公积金

住房公积金,是指用人单位及在职职工缴存的长期住房储蓄,与养老保险、医疗保险、工伤保险、失业保险、生育保险通常统称为"五险一金"。住房公积金由两部分组成,一部分由职工所在单位缴存,另一部分由职工个人缴存。职工个人缴存部分由单位代扣后,连同单位缴存部分一并缴存到住房公积金个人账户内,实行专户管理,专款专用。住房公积金只能按规定用于购、建、大修自住住房,或缴纳房租。除此之外,职工只有在离退休、死亡、完全丧失劳动能力、与单位终止劳动关系或户口迁出原居住城市时,才可提取本人账户内的住房公积金。

第三节　劳动者权益与维护

每年大学毕业生的增多,经济形势的错综变化,大学生就业压力逐渐增大,都使得大学生在求职就业过程中处于相对弱势的地位。再加上招聘单位鱼龙混杂,招聘形式纷繁多样,诚信意识的缺失,导致就业问题日益增多和复杂。特别是大学生刚刚走入社会,社会经验和资历尚浅,对于相关的就业法律法规知之甚少。当自身合法权益受到侵害时,大学生抱着息事宁人的态度,不能有效地保护自己。大学生在求职前,要掌握相应的法律法规知识,在求职全过程提高防范意识。当合法权益被侵害时,大学生要学会通过正当渠道,有礼、有力、有节地保护自己。

一　就业中常见的陷阱

大学生求职过程中的陷阱,是指用人单位打着招聘的幌子骗取应聘人钱财、资料,或者招聘单位不遵守法律、不履行承诺给毕业生造成损失的行为。他们巧立名目,设置种种陷阱,侵害大学生求职权益,造成恶劣的社会影响,给初入社会的大学生带来严重的身心伤害。就业中常见的就业陷阱有以下几种:

(一)虚构招聘信息

某些不良机构和个人利用毕业生求职心切的心理以及缺乏相应求职渠道的现状,以介绍工作为名收取毕业生会员费、介绍费等。当毕业生交费后,这些机构或销声匿迹,或通过设置虚假就业信息等方式联系几个单位让毕业生去面试,再以"不合要求"等名义不予录用。更有甚者,以介绍工作为名,将毕业生骗入传销、诈骗等非法组织中。

(二)滥用、变向延长试用期

试用期是用人单位考核拟正式录用的劳动者是否符合岗位、劳动者对于拟就职单位是否适合自身预期进行双向深入了解的约定期限。《劳动合同法》规定劳动合同期限满三个月不满一年的,试用期不得超过一个月。劳动合同期限满一年不满三年的,试用期不得超过二个月。三年以上固定期限和无固定期限的劳动合同,试用期不得超过六个月。同一用人单位与同一劳动者只能约定一次试用期。以完成一定工作任务为期限的劳动合同或者劳动合同期限不满三个月的,不得约定试用期。由于试用期的员工工资较低,加上大学毕业生在就业中的弱势地位,部分单位单方面延长试用期来减少员工开支。

(三)巧立名目乱收费用

部分企业在招聘中,以体检费、培训费、材料费、押金等名义收取求职者的费用。不论最终是否录用应聘者,费用都不予退还。国家劳动部门明文规定,用人单位不得收取应聘者报名费、保证金,体检应由应聘者自行选择正规医院完成,培训费用应当从公司成本中支出。

(四) 规避签订就业协议与劳动合同

就业协议、劳动合同是劳动者和用人单位双方公平签订的,用人单位承诺接收毕业生、毕业生同意去单位入职的真实意思表达,同时也是对毕业生劳动权益的保护。用人单位以口头协议、企业承诺、录用意向书、培训期满考核等形式或理由拖延,不与毕业生签订就业协议、劳动合同的行为,一定要引起毕业生的警觉。

(五) 在合同中设立不平等条款

用人单位在劳动合同的订立中居于主导地位,在签订劳动合同时常常使用预先拟定好的文本。毕业生在签约前一定要仔细审核条款的每一项内容,对于单方面有利于用人单位的条款一定要据理力争,否则一旦后期发生争议,将处于被动局面。

(六) 套取应聘者个人信息或知识产权

部分不法企业套取毕业生身份证、手机号等个人信息后,将信息转卖给中介或挪作他用,造成毕业生个人信息的泄露。部分企业在招聘时要求毕业生提供相应的设计作品并占为己有,另作他用,窃取创造者劳动成果。

二 提高就业中的防范意识

面对纷繁的求职陷阱,全社会需要完善人事管理和相关法律法规,进一步规范求职市场的秩序,加大对不法分子的打击力度。对毕业生而言,如果预先掌握相关法律知识,仔细辨别、了解用人单位的资质,始终保持心理防范意识,即使面对再诱人的陷阱也不会轻易上当。为此,毕业生可从以下几个方面做好准备:

(一) 加强对相关法律法规的学习

毕业生在求职前应当提前了解与求职择业密切相关的法律法规文件,如《中华人民共和国劳动法》《中华人民共和国合同法》《普通高等学校毕业生就业工作暂行规定》《中华人民共和国企业劳动争议处理条例》等,它们对毕业生择业求职时的权利、义务做了详细的规定。大学生在求职前主动学习这些法律法规,可以增强求职中独立思考、明辨是非的能力。当企业出现侵害劳动权益时,毕业生可以据此与用人单位、劳动仲裁部门进行申诉。

(二) 树立正确的择业观

超出自身能力的期望值和过于功利的择业观会使毕业生在择业时,把经济收入、面子等因素放在优先考虑的位置,不能客观地评价自己,最终迷失方向,造成毕业生在择业时被眼前利益蒙蔽了双眼,落入不良企业设置的以高薪加以诱惑的陷阱的后果。

(三) 保持良好的择业心态

再美丽诱人的陷阱都不会天衣无缝,甚至有的本身就漏洞百出。然而不少毕业生在求职时缺乏良好的择业心态,出现了对客观事物的认知偏差,心态失衡、急于求成、患得患失,失去了应有的自主判断力,盲目轻信用人单位的承诺。

(四)从正规渠道搜集就业信息

毕业生面对鱼龙混杂、良莠不齐的就业信息时,须擦亮眼睛,去伪存真。一般来说,从学校就业指导机构、当地毕业生就业主管部门组织的招聘会、正规权威的人才招聘类专业网站等途径获取的就业信息相对可信度较高。毕业生在投递简历前应多渠道、全面充分了解用人单位的情况,如有学长学姐、亲朋好友在公司或行业内,可以委托打听,也可以向就业指导老师咨询了解。

(五)注意人身及财产安全

不良企业对毕业生设置的就业陷阱,针对的是毕业生人身或财产的安全。对于女性求职者而言,用人单位通常应将面试安排在白天,地点也大多在用人单位内。面试的时间、地点一经确定,没有特殊的原因一般不会改变。对于单位不合理的面试要求,求职者要勇于拒绝。如果是去外地面试,通常建议毕业生结伴前往,时刻保持与学校、家人的联系。同时,招聘面试是一种双向选择的机会,不应涉及各种名目的费用。对于用人单位的收费行为,毕业生应当格外擦亮双眼,谨防受骗。

(六)谨慎提供个人信息与作品

毕业生依照用人单位要求提供身份证、银行卡、个人照片等包含个人资料的信息时,务必谨慎。若用人单位需要留存复印件时,毕业生可在复印件上注明"本复印件仅供招聘使用"。设计类毕业生在向用人单位提供个人资料时,要注意知识产权的保护。

(七)仔细审阅合同条款

签订就业协议、劳动合同是就业的最关键环节。签约是明确签约双方权利与义务的一种法律行为。毕业生作为具有民事行为能力的成年人,一经签名,合同便具有法律效力。因此,毕业生在签约前应对工作岗位、工作地点、工作内容、服务期限、劳动保护、工资报酬与福利待遇、劳动纪律、协议终止的条件、违反协议的责任等条款仔细审阅,逐句阅读,确保公平公正,必要时可以请老师、家人、律师帮助把关。签约后,毕业生应妥善保管自己留存的合同,作为出现劳动争议时维权的证据。

总之,毕业生要提前掌握相应的法律法规知识,增强求职防范意识,掌握防范对策,学会合理拒绝与维护权益。另外,大学生也不能因为择业陷阱的存在就产生消极恐惧的心理,在择业的道路上杞人忧天、束手束脚,这同样不利于择业目标的实现。

三 违约与劳动争议的处理

(一)违约

1. 违约的界定

违约是指在不存在不可抗力情况下,签订合同的当事人没有按照协议约定履行义务或者履行义务不符合协议约定要求的行为。对于大学生就业而言,常见的违约行为是毕业生不履行签订的就业协议书,或用人单位不接收已签约的毕业生。无论哪种情况违约,当事人均应当承担违约责任。

2. 违约的影响

就业协议书一经毕业生与用人单位签署即具有正式的法律效力,任何一方不得擅自解除,否则权利受损方有权要求违约方承担违约责任。对于用人单位的违约,毕业生要勇于据理力争,保护自己。同时,我们呼吁毕业生从我做起,弘扬契约精神,遵守协议内容。毕业生违约,除了支付违约金以外,还会造成以下不良影响:

1) 损害用人单位利益

用人单位在招聘过程中,从面试到录用往往为一名毕业生付出了大量人力物力,对还未报到的毕业生一般也有具体岗位和工作的安排。一旦毕业生因为某些原因违约,势必让用人单位处于较为被动的局面。若此时再进行招聘,又需要继续投入人力物力,时间上也往往不允许。

2) 浪费岗位资源

在当前激烈的求职竞争中,岗位无疑是较为稀缺的就业资源。用人单位一旦与意向毕业生签约,即代表放弃录用其他竞争者。若此时已签约的毕业生违约,竞争者可能也无法补缺,这既影响了其他毕业生的就业,也浪费了珍贵的岗位资源。

3) 损害学校的信誉

用人单位进入校园进行招聘,常常是对学校信誉和口碑的认可。当一所学校的毕业生存在较多违约情况时,用人单位会对学校的培养和推荐产生怀疑,进而后续减少或取消在学校的招聘,这将影响以后该校毕业生就业求职。

3. 违约手续的办理

为维护就业计划的严肃性,就业协议生效后一般不允许违约。毕业生确因特殊情况无法去用人单位工作的,需要经过用人单位同意之后来学校办理违约手续。以南京林业大学为例,解约具体流程如下:

毕业生与用人单位协商,请用人单位出具盖章的解约函,领回已经签约的就业协议书、本人就业推荐表。

若此时就业信息尚未上报、报到证没有办理,毕业生本人携带旧的协议书及原单位的解约函,填写好的《南京林业大学毕业生换(补)发推荐表/协议书申请表》(表11-1),经所在学院分管领导签字后,到校就业创业指导中心(研究生到党委研究生工作部)换领新的就业协议书。

若毕业生已经办理报到证,毕业不超过2年(含2年)需要更改毕业去向,办理新的报到证,学生需要向校就业创业指导中心(党委研究生工作部)提供:原报到证、原报到单位解约函、《南京林业大学毕业生改派(违约)申请表》(表11-2)、新派遣单位完备的接收证明(包含毕业生就业协议或劳动合同等),同时单位主管部门加盖公章或出具专门接收函。学校就业创业指导中心(党委研究生工作部)根据上述材料做改派数据,将数据报江苏省政务服务中心并办理新报到证。

如果用人单位无正当理由与毕业生解约,毕业生同样有权依法要求对方承担相应的违约责任。若与用人单位无法协商解决,毕业生可参照本节处理劳动争议的相关内容,通过正当途径保护自己的合法权益。

表 11-1　南京林业大学毕业生换(补)发推荐表/协议书申请表

学院		姓名		学号	
专业		联系方式			
更换(补发)种类	☐ 协议书 ☐ 推荐表				
更换(补发)原因	☐ 解　约 ☐ 遗失补办 ☐ 信息变更 具体更改信息_____ _____				
本人声明	☐ 更换推荐表,所有更改信息完全真实。 ☐ 补办协议书或推荐表,如已签过用人单位,一切后果自负。 本人签名: 　　年　　月　　日				
学院意见	学院经办人签署意见: 　　已经核实该同学情况,并无将推荐表/协议书递交给任何单位或个人。 　　签字:				
	学院分管领导签署意见: 　　签字(盖章): 　　　　　　　　　　　　　　　　　　　　　年　　月　　日				
学校意见	经办人: 　　年　　月　　日				

表 11－2　南京林业大学毕业生改派(违约)申请表

学院		姓名		毕业时间	
专业		学号		生源地	
家庭电话			手机		
改派(违约)理由					
原签约单位意见	（原单位解约证明视为单位意见）			盖章 年　月　日	
学院意见	主管领导签字(盖章)： 年　月　日				
学校意见	经办人： 年　月　日				

注：本表一式二份，学院、就业创业指导中心各执一份

改派提供材料：毕业生改派(违约)申请表、原单位解约证明、原就业报到证、与新单位签订的就业协议或合同、接收函。

违约提供材料：毕业生改派(违约)申请表、原单位解约证明、原协议书。

（二）劳动争议

1. 劳动争议的界定

劳动争议是指劳动法律关系当事人之间关于劳动权利、义务等方面发生分歧而引起的争议，也称劳动纠纷。劳动争议的双方为劳动者和用人单位，发生范围为中华人民共和国境内。劳动争议分为个人劳动争议和集体劳动争议。常见的劳动争议有：因开除、辞退员工或员工离职发生的争议；因工资、保险、福利、培训、劳动保护等内容产生的争议；因劳动合同条款的履行产生的争议；相关法律法规规定认为应当处理的其他争议。

2. 劳动争议的处理

根据《中华人民共和国劳动法》的规定，劳动争议的处理基本形式有以下几种：

1)协商解决

劳动者与用人单位协商解决是劳动关系当事人双方本着协商友好、互谅互让的精神,自行沟通解决纠纷的一种形式。这种方式的优点是简单高效,不伤和气,有利于社会的和谐。实践中,通过协商解决劳动争议最为普遍,效果较好。

2)调解

若协商不成,劳动者可以向劳动争议调解委员会申请调解。《中华人民共和国劳动法》规定:在用人单位内,可以设立劳动争议调解委员会。劳动争议调解委员会由职工代表、用人单位代表和工会代表组成。劳动争议调解委员会可调解本单位内发生的劳动纠纷。

3)仲裁

若对调解结果不满意,劳动者可以向劳动部门申请仲裁。劳动仲裁是指由劳动争议仲裁委员会对劳动争议进行居中公断与裁决。在我国,劳动仲裁是劳动争议当事人提起法律诉讼的必经程序。仲裁具有相对灵活、快捷的特点,具有法律效力,也是解决劳动争议的重要手段。

4)诉讼

诉讼程序是解决劳动争议的最后一道程序。根据《中华人民共和国劳动法》的规定,劳动争议当事人若对仲裁结果不服的,可自收到仲裁裁决书之日起15日内向人民法院提起诉讼。一方当事人在法定期限内不起诉,也不履行仲裁裁决的。另一方当事人可以向人民法院申请强制执行。

第十二章 国内升学与出国留学

第一节 科学规划自己的学业

一 了解升学的趋势和特点

(一)高等教育发展形势

2019年2月26日上午,教育部召开新闻发布会介绍推进高等教育内涵发展等有关情况。教育部高等教育司副司长范海林表示,我国已建成了世界上规模最大的高等教育体系,高等教育毛入学率达到48.1%,我国即将由高等教育大众化阶段进入普及化阶段,这标志着我国教育从大到强,进入建设教育强国的新时代,进入全民享受世界水平现代化教育的新时代。

我国于2020年进入高等教育普及化阶段已经成为社会共识。2017年1月,国务院印发的《国家教育事业发展"十三五"规划》中明确提出"到2020年,高等教育毛入学率达到50%"。业内专家对我国高等教育普及化时间进行了推算,他们预估2020年我国高等教育毛入学率达到50%,实现高等教育普及化,全国人口中受过高等教育的人口规模超过1.2亿;2025年,高等教育毛入学率达到55%,高等教育普及化水平进一步提高,全国人口中受过高等教育的人口规模达到1.5亿;2030年高等教育毛入学率接近或达到60%,高等教育进入高水平普及化发展阶段,人均受教育年限达到11.9年左右,劳动力人口中受过高等教育的比例达到35%左右;2035年高等教育毛入学率稳定在60%~65%,高等教育普及化成果得以巩固,劳动力人口中受过高等教育的比例进一步提升。无论从国家的发展规划还是从专家的估算来看,我国高等教育毛入学率于2020年已达到50%。依据学界认可的美国学者马丁·特罗的高等教育发展三阶段理论,我国已于2020年迈入高等教育普及化阶段。

高等教育普及化是我国高等教育经过多年快速发展到一定程度后必然经历的一个阶段。进入高等教育普及化阶段,我国高等教育将要大幅度扩大受众范围,强化服务平民大众的教育宗旨,其教育目的与普通民众生活、一般社会生产关系也将更为紧密;高等教育全面融入社会,同时社会全面参与高等教育,普及化高等教育将使得全社会劳动人口接受过高等教育的比率达到半数以上甚至更高。由此,我们可以推断,随着高等教育的普及化,更多的本科毕业生将会有进一步读研究生的需求,同时越来越多的用人单位会提高用人学历要求。

1. 就业发展趋势

2020年2月12日,教育部高校教育司司长王辉在发布会上表示,2020届普通高校毕业生达到874万,较2019年增加40万人,再创近10年毕业生人数新高值。数据统计显示,自2011年至2020年,我国高校毕业生累计人数达到7 603万人。同时随着国家经济的结构性调整与转型升级,部分行业乃至部分地区可能出现阶段性就业岗位供给缩减,毕业生就业创业工作面临形势非常严峻。

2. 出国留学趋势

由于应届毕业生基数连年增大,毕业生的本科学历在就业创业方面不再具备显著优势,企业提供的工作岗位、薪酬等与毕业生期望也不相匹配,因此更多的学生选择加入考研留学大军,继续深造由过去可选项已经逐步变成了现在毕业生的必选项。很多用人单位也由此调整了招聘计划,把招聘工作重点放在了学校的春季招聘。

表12-1 2011—2020年我国高校毕业生人数统计(万人)

毕业年份	应届毕业生
2020	874
2019	834
2018	820
2017	795
2016	765
2015	749
2014	727
2013	699
2012	680
2011	660

"软科"曾对"双一流"高校近几年的应届毕业生深造率和工作率进行统计。数据显示,不管是"双一流"建设高校还是"双一流"学科建设高校,整体都呈现毕业生深造率增加、工作率减少的趋势。

表12-2 2017—2019年"双一流"大学本科毕业生就业去向变化

	主要就业去向	2017年	2018年	2019年
一流大学建设高校	就业率	95.68%	95.73%	94.36%
	继续深造率	53.50%	54.39%	54.98%
	直接工作率	42.18%	41.34%	39.38%
一流学科建设高校	就业率	95.40%	95.11%	93.11%
	继续深造率	34.64%	35.96%	37.18%
	直接工作率	60.76%	59.15%	55.93%

注:继续深造率由出国深造及国内升学两部分组成。

(二)考生报考情况

2019年12月18日,教育部发布2020年考研人数,首次突破300万,达到341万,增长幅度达17.59%,报名人数再次打破纪录。

近几年,在考生个人对自身发展要求提高、毕业生就业压力较大、非全日制研究生考试纳入统考以及研究生招生人数扩大等多重因素的推动下,全国硕士研究生报考人数呈现了逐年上升的态势。2016年研究生报名人数为177万人;2017年研究生报考人数首次突破200万大关,达201万人;到2018年,考研报名人数攀升至238万;这一增长幅度在2019年再度被刷新,2019年全国考研人数规模达到290万人,从2016年到2020年,考研报名人数已接近翻番。

1. 考研成为越来越多人的选择

1) 高校毕业生的逐年增长是考研群体增加的重要因素

自1998年开始,中国每年的高校毕业生数量逐年增长,从1998年的82.98万人直线上涨到2019年的834万人,在21年的时间里涨了10倍,且仍保持增长的趋势。2020年全国普通高校毕业生预计达874万人,较2019年增加40万人。2019年高校毕业生去向调查显示,55.91%的大学生选择考研。毕业生人数的增长,使得毕业生就业压力增大,这也成为考研人数逐年递增的重要推手。

2) 提高就业竞争力成为考研主要动机

考研人数猛增的背后,提高就业和从业的核心竞争力是主要动机之一。调查发现,有将近六成的考生认为,研究生学历将对就业有很大帮助。另一个主要动机则是完善自身的知识结构、提高文化层次,相较以往调查比例有所提升,可见很多考生对自我提升的诉求更加强烈。为了获得研究生学历而考研为第三动机。

同时,我国研究生报名热度较高,考研人数激增,也与我国处在经济结构调整的关键时期的实际情况是密不可分的。经济稳步发展和结构转型对高层次人才培养提出了迫切需求,考生对提升自我竞争力的要求越来越高。

3) 往届生读研比例逐年增加

虽然应届生仍然是考研的主力军,但是随着在职研究生纳入统考,以及往届生对提高自身就业竞争力需求的增加,往届生的考研比例也逐年提高。

2. 考生报名呈现新态势

1) 各学科的招生人数也呈现出不同的变化规律

从各学科招生人数来看,除哲学、文学、军事学学科外,其他学科都有不同程度的上涨。2008年至2018年,工学在各学科门类中招生人数占比最高,在2018年占比达34.29%。其次是管理学,所占比例在2018年上升至16.01%。

从变化趋势来看,工学、医学、艺术学招生人数占比变化不大。占比下降的有哲学、经济学、法学、历史学、理学、军事学。教育学占比从2008年的3.83%增至2018年的7.65%,增加了近一倍。农学、管理学招生人数占比也有不同程度的上涨。

2) 社科类热门专业报名热度持续攀高,考研难度加大

在就业压力的刺激下,考生热衷追求热门专业,使得社科类专业的报考人数远多于工科类专业。在报考热门的专业中,社科类专业常常占据报名人数前列众多席位,而工科类专业

除极个别专业外,其报名热度远低于社科类专业。社科类专业报考热度持续攀升,而招生计划增长稳定,使得分数线整体呈上涨趋势。

3) 专业学位硕士招生规模赶超学术型学位

从2009年起,大部分专业学位硕士开始实行全日制培养。10年来,以应用为方向的专业学位硕士招生数量逐年递增,占比持续增大。2009年专业学位硕士占比仅15.9%;2017年首次超过学术型学位硕士招生人数;到2018年专业学位硕士招生人数占比近58%;《学位与研究生教育发展"十三五"规划》显示,2020年我国专业学位硕士招生占比达到60%左右。

目前在各专业学位硕士招生规模中,工程专业学位在招生规模中占比最高,其次是工商管理,最后是临床医学。此外,教育、公共管理、法律、会计等热门专业学位均榜上有名。工程硕士专业学位设置以来,为社会培养输送了大量的高层次、应用型、复合式工程技术人才,服务了我国经济建设和社会发展。

调查显示,选择报考专业学位硕士的考生比例达到57%。考生倾向选择专业学位主要基于以下几个原因:

(1) 专业学位硕士越来越受到社会的认可。专业学位偏向应用型的学科,其目的是培养具有良好职业素养的高层次应用型专门人才。专业领域对高级专门人才的需求越来越强烈,如法律硕士、会计硕士等受到广大考生的青睐。很多用人单位对专业学位硕士含金量的质疑也随其发展而逐渐减少,社会认可度不断提升。

(2) 专业学位硕士越来越受到考生的认可。专业学位硕士的学习和考察内容更加侧重考生多方面能力,同时学制方面与学术型学位硕士相比更具有优势,课程设置上以实际应用为主,注重培养学生研究实践问题的意识和能力。在就业压力下,考生选择考研的动机更有目的性,既照顾学历,又考虑到实用性。加上专业学位硕士研究生"扩招"的背景,考生自然从传统的学术型学位硕士转向专业学位硕士。尤其近年来专业学位硕士的发展前景乐观,就业前景和就业竞争力都不输学术型学位硕士。因此,考生们对专业学位硕士的认可度也提升了。

(3) 专业学位硕士考试难度低于学术型学位硕士。因专业学位硕士培养学生目标不同,其考试内容难度低于学术型学位硕士,招生计划人数较多,学生认为容易考上。但随着考生的快速增长,专业学位硕士考试的竞争也日趋激烈。

3. 考生结构特点

1) 应届生和往届生人数形成势均力敌的格局

对于应届生而言,考研已经成为大多数学生的优先选项;而对于往届生而言,越来越多的人在实际工作中体会到学历对职业发展的重要性。据统计,2020年往届生考研人数占比高达49.12%,而且往届考生报考人数仍在逐年上升。

2) "双一流"高校推免考生竞争激烈

推荐免试是近年研究生招生中的一种招生模式,成为"双一流"高校重要招生途径之一。从近几年的招生趋势来看,很多院校都在逐步提高推免生的比例,甚至部分高校招生比例接近教育部规定的上限 50%。

3) 女性考生比例上升

我国在读研究生中的女性占比明显呈上升趋势。2009 年,硕士研究生招生人数中女性占比首次超过 50%;2016 年,博士研究生招生人数中女性占比首次超过 40%;2020 年,女性考生人数占 60% 左右。

二 确立专业学习目标

(一)考研为什么"热"

近几年来,每年考研都是持续发热。考研,为什么这么热门呢?到底热门在何处呢?其实仔细思考,我们就能发现,原来考研可以给我们带来许多好处。

首先,我们来看一组数据。从 2000 年开始,我国高等院校毕业生人数和研究生录取人数在逐年快速增长,并且还在不断上涨。根据教育部官网最新消息,2019 年研究生报考人数达到 290 万人;2020 年研究生报考人数为 341 万人,首次突破 300 万人。相比 2019 年的报考人数,同比增长 17.59% 再创历史新高。如果用一个字来描述 2020 年的考研形势,非"热"莫属。本科毕业生一方面要承受同学历毕业生激烈竞争,另一方面还要面临不断增长的研究生挤压,他们感受到了前所未有的就业压力,导致考研正在变为"二次高考"。

表 12-3 1994—2019 年全国高等院校毕业生人数及研究生录取人数

年份	全国高等院校毕业生人数(万人)	研究生录取人数(万人)
1994	63.7	4.2
1995	80.5	4.0
1996	83.9	4.7
1997	82.9	5.1
1998	83.0	5.8
1999	84.8	7.2
2000	95.0	10.3
2001	104	13.3
2002	134	16.4
2003	188	22.0
2004	239	27.3
2005	307	31.0

续表

年份	全国高等院校毕业生人数(万人)	研究生录取人数(万人)
2006	377	34.2
2007	448	36.1
2008	512	38.6
2009	531	44.9
2010	575	47.4
2011	608	49.5
2012	625	51.7
2013	699	53.9
2014	727	54.9
2015	749	63.0
2016	765	51.7
2017	795	72.2
2018	820	76.3
2019	834	—

其次，我们来看看考研大军中往届生的比例。据教育部统计，2017年共201万人报考研究生，其中，应届考生113万人，往届考生88万人；2018年共238万人报考研究生，其中，应届考生131万人，往届考生107万人。从数据以上可知，2017年、2018年，往届生考研人数占全国报考人数的43.8%、45.0%，为什么这么多往届生都来参加考研？

再次，我们来看入选"双一流"建设高校的2018届毕业生的就业质量报告，这些"双一流"高校本科毕业生大多选择深造，例如清华大学本科生深造率为78.30%，北京航空航天大学本科生深造率为74.86%，电子科技大学本科生深造率为66.94%。从这些高校中毕业的本科生，应该拥有足够的能力去应对社会工作了，为什么他们绝大部分还是选择了继续深造？

调查表明，这么多应届生、往届生，甚至很多毕业好几年的往届生还回来考研，无非是以下几种原因：

(1) 期望自我提升。完善自身的知识结构，提高文化层次，期望在自己喜欢的专业里继续深造。

(2) 改变院校背景，难舍名校情结。考生希望通过考研来改变第一学历院校背景。

(3) 提高就业的核心竞争力。我国高等教育即将迈入普及化阶段，在新增劳动力人口中近50%都是大学生的背景下，考生们认为本科生工作薪资较低，职业发展上升通道狭窄，他们期望通过考研，获取更好的发展前景。

(4)家长期望值高。家长对考生接受更高层次的教育进而有更好的就业有着更高的期盼。

(5)招生规模扩大。研究生是高校学科建设的重要力量,研究生招生工作普遍受到了各个高校的高度重视,学校加强了对考研动员的宣传和引导。

(6)读研是部分行业的必经历练。例如在医学,几乎所有有志于成为临床医生的同学,几乎整个大四和大五上半年时间都在备战考研。

(7)考研与经济形势有着密切的关联。教育是提高就业竞争力、抵御就业风险的重要法宝,我国考研人数增加的拐点是2015年,这一年恰恰是我国GDP增速首次低于7%的时候。

(8)社会氛围和考生理念的转变。过去大学与就业是两个共生话题,但随着学生家庭经济条件的改善,社会对高学历学生需求的增加,以及考研氛围越来越浓厚,学生、家长、社会的就业理念均发生了深刻的变化,大家辞职考研等也宽容了很多。

总而言之,考研已经成为一种流行趋势,它是应届生追求梦想、延续学术生涯、提高个人核心竞争力的有效途径,更是那些不甘于现状、想改变自己人生轨迹、憧憬美好生活的往届生的不二选择。它是考生在就业市场的刚性需要和自我价值实现和期许。

(二)如何正确认识自己的能力

考研成功由报考专业、学校、地区、导师等众多因素构成。学生在选择院校和专业方面多集中在名牌院校,表明学生迫切需要提高培养质量和院校品牌,但报考有集中扎堆现象,对成功率有影响。考"985""211"高校学生占比22.73%,非"985""211"重点高校学生占比27.73%。这在一定程度上说明了考生在确定考研目标的过程中,往往容易高估自己的主观能动性和执行力,盲目选择名校,扎堆报考,结果因个人能力与考研目标不相契合,复习过程中途易出现畏难、信心不足、心理崩溃或专业科目考试发挥欠佳等现象,从而导致最终考研失败。通过数理统计法对山西某高校2019届毕业生数据进行分析,初试未达线人数中,未坚持下来人数占42.37%,专业课未达线人数占40.68%。在这些众多因素中,正确认知自己的能力往往被考生忽视。这个能力与我们的目标实现有什么关系呢?

首先,虽然每年研究生报考人数在快速增长,但考生的真正竞争对手就是那些与报考相同学校、相同专业的考生,因此考生可以将选择什么样的学校、专业、地区等因素简单转化为选择什么样层次的竞争对手。对大部分考生而言,考研成功取决于两个关键因素:① 选择合适的竞争对手。在考研初试、复试两个阶段,考生必须要在众多竞争对手中排名靠前才有可能获得录取资格。② 报考院校对考生综合能力的要求。考生要在专业课程初试、复试、面试等环节展现自己这方面的能力。

巴菲特的人生座右铭是:"了解你的能力圈并坚守在圈中。圈的大小并没有那么重要,知道自己能力圈的边界才是至关重要的。"他的合作伙伴查理·芒格认为:"每个人都必须清楚自己的才华所在。有件事我几乎可以保证,如果你试图在自己能力圈外的事情上取得成功,那你的职业生涯将会非常糟糕。"

所谓能力圈的圈内即我们所具备的能力,我们可以游刃有余地实现这个圈内的目标。因此,建议考研学生一定找到自己的能力圈,并划定自己的能力边界,客观评价自己的能力和潜力,根据自己的能力实事求是地选择一个合适目标,按照阶层上升的原则进行合理择校。很多学生选择目标时过度强化自己的主观能动性,忽视自己的实力因素,从而导致在考研路上没有走到最后,或者走到最后却失败了。

正确认知自己的能力能够让自己保持专注,同时也能够赋予自己实现目标不可缺少的精神财富,如考研的激情、热情、信心等,并且能够让自己很好地免受诱惑和外界干扰。调查显示,平时学习排名在中间的考生群体在考研中发挥较好,其中主要原因就是他们选择了合适的目标。

创建自己的能力圈需要长时间的积累,考研时如果选择跨专业报考或选择远高于自己实力的学校,则必须比竞争对手投入更多的时间和精力,才有可能考研成功,但事实上很多学生并没有做好这方面的准备。

柏拉图说:"良好的开端是成功的一半。"学生在选择目标院校专业时应当正视自身实力,合理择校,既不妄自菲薄同时也不要好高骛远、自视甚高。

(三)院校专业分类

根据教育部公布的名单,截至 2019 年 6 月 15 日,全国高等学校共计 2 956 所,其中普通高等学校 2 688 所(含独立学院 257 所),成人高等学校 268 所;全国共计 875 个研究生招生单位,以重点大学、科学院研究所为主,其他招生单位包括社科院、农科院、航天科技集团、部分国防军工单位等,其中 366 所大学具备免试推免资格。

高校类别可以根据办学层次、教育性质、学科范围等进行区别,这里着重介绍对考研有直接借鉴价值的分类。

1. "双一流"大学

根据《教育部 财政部 国家发展改革委关于公布世界一流大学和一流学科建设高校及建设学科名单的通知》,我国首批双一流大学建设高校共计 137 所,其中世界一流大学建设高校 42 所(A 类 36 所,B 类 6 所),世界一流学科建设高校 95 所,原"211 工程"和"985 工程"等重点建设项目统筹为"双一流"建设高校。

2. 34 所自主划线高校

全国共有 34 所自主划线高校(简称"34 所")。自 2002 年开始,这些学校根据报考自己学校考生的情况和计划招生的人数来确定分数线,学校确定后上报教育部备案即可。"34 所"均为原"985"高校及现在"双一流"建设高校,但反之则不尽然。

3. 教育部直属高校名单

教育部直属的普通高校共有 75 所,其中北京最多,共有 24 所。

4. 其他分类

主要有"九校联盟(C9)""四大工学院""建筑老八校""两电一邮""两财一贸等"。

我国高等学校本科教育专业按"学科门类""学科大类（一级学科）""专业"（二级学科）三个层次来设置。按照国家1997年颁布的《授予博士、硕士学位和培养研究生的学科、专业目录》，学科分为哲学、经济学、法学、教育学、文学、历史学、理学、工学、农学、医学、军事学、管理学和艺术学13大门类，每大门类下设若干一级学科。考研国家分数线一般也是按照学科门类来划分。

（四）如何选择院校、专业

考研是一个长期备战的艰苦过程，考生将面临学习能力、心理素质、身体健康等众多考验，同时还将面对着各种大大小小的选择，每一次选择结果都将对考研结果产生影响。毫无疑问，院校、专业的选择是最为重要的，考研的难度很大程度上是由选择的学校所决定的，因为一旦确定院校、专业，即确定了你面临的竞争对手层次，以及你所应具备的知识结构。

1. 选择院校、专业的宗旨

高考看学校，考研看专业。客观评判自己的实力，合理评估自己的潜力，结合自己职业发展愿景，综合考虑各种因素，首先选择报考专业，然后选择报考院校和读研地区。此外，考研需要信念，信念可以帮助你在考研过程中忍受寂寞，帮你提升自我抗压能力，让你对自己的学习进度持有乐观心态。信念来自哪里，来自对自己实现目标的信心。调查显示，很多考生中途放弃考研都是因为一些微不足道的理由。信心、热情是考研成功不可或缺的因素。

2. 如何选择院校、专业

如何选择合适的目标呢？首先我们要确认所选择的院校、专业是否与自己内心深处的考研动机相契合；其次，评估该目标是否能够经过自身持续努力获得成功。选择目标一定要综合考虑自己的学习能力、抗压、执行力等因素，正确评估客观存在的困难。

众多考研成功的人都有一个共识，确定院校、专业目标对考研结果的影响是"选择大于努力"，由此可见确定合适的目标重要性！

选择报考院校、专业目标的方法很多，这里向大家推荐一种目标选择思路，供大家参考。我们按照学校社会认可度和专业行业排名进行简单分级：

(1)"双一流"建设高校＋优势专业；

(2)"双一流"建设高校＋一般专业；

(3)"双一流"学科建设高校＋优势专业；

(4)"双一流"学科建设高校＋一般专业；

(5) 普通高校＋优势专业；

(6) 普通高校＋一般专业；

(7) 其他。

这种分级方法是框架性的，大家可以在此基础上继续进行细分。此外，这里只考虑了两个元素,建议大家再加入报考院校所处城市元素,然后根据自己个性需求进行灵活分类分级。

首先,大家对自己所在学校和所读专业进行科学定位,确定自己当前所在层级。

其次,自己对目标学校、专业进行排序。各院校专业排名大家可参考教育部中国学位与研究生教育信息网"全国第四轮学科评估结果"或"软科中国最好学科排名"。

最后,在自己所处层级基础上,结合自己复习情况,确定最终报考学校和专业。建议大家分级时要在学校区域或学校排名上有一定的区分度和深度,在自己所处的层级上选择向上跳0~2级,从而确定选择报考的院校、专业目标。

确定目标院校、专业要重点考虑三个要素:学校、专业、城市。大家要充分考虑报考学校所处城市对目标实现的影响,还要考虑报考院校、专业历史背景或行业背景。此外,建议大家也要考虑报考院校专业在所在省份(含直辖市)的排名和影响力。

专业的选择要结合就业前景等方面综合考虑,例如土木工程专业方向分为岩土工程、结构工程、桥梁与隧道工程等。土木工程就业去向主要是工程技术方向、设计规划及预算方向、质量监督及工程监理方向、公务员与教学及科研方向等。

我们以清华大学、同济大学、东南大学、河海大学、郑州大学的土木工程专业为例。

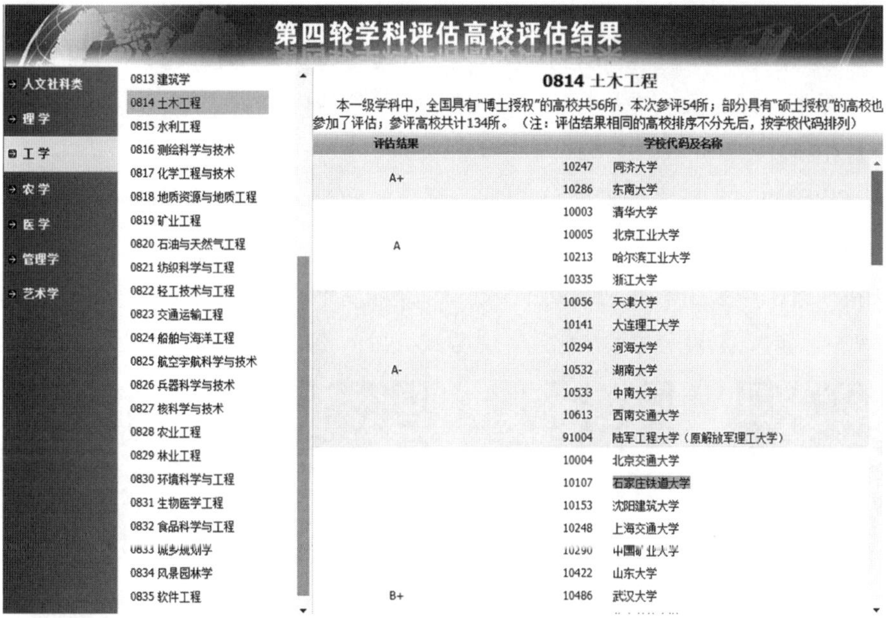

图12-1 全国主要高校土木工程专业评估结果

同济大学、东南大学土木工程属于A+,清华大学土木工程属于A,河海大学土木工程属于A-,郑州大学土木工程属于B。尽管同济大学和东南大学学科排名比清华大学要高,但是综合清华大学影响力和所处城市(北京)两个因素,清华大学土木工程专业报考难度肯定要远远大于同济大学和东南大学;河海大学和郑州大学均为原"211"高校,南京和郑州两

个城市伯仲相当,考虑到河海大学土木专业学科排名,河海大学报考难度可能要稍大于郑州大学,因此我们可以排名分级如下:

(1) 清华大学土木工程专业(北京);

(2) 同济大学土木工程专业(上海);

(3) 东南大学土木工程专业(南京);

(4) 河海大学土木工程专业(南京);

(5) 郑州大学土木工程专业(郑州)。

如果一个考生初定以上5个高校作为报考目标,那么可以综合自身实力,选择跳1级,则报考河海大学;选择跳2级,则报考东南大学;选择跳3级,则报考同济大学。大家可以此作为参考,确定自己的分级目标院校。

以上只是从学校、专业、城市这3个维度进行分级分析。考生还需考虑后期就业、职业发展空间等因素,结合个人需求则分级排序要发生一些变化。以河海大学和郑州大学为例,河海大学土木工程学科虽比郑州大学排名靠前,但毕业后将可能要面临来自同一地区东南大学等众多高校毕业生的竞争,而郑州大学的毕业生在河南省却具备显著的优势,其在当地获得的发展机会可能比河海大学毕业生在江苏整体要强,因此建议大家在选择目标时多多考虑那些在地区有绝对影响力的院校。

此外,大家还要认真考虑导师的因素。研究生是导师负责制,好的导师带来的帮助可能让学生终身受益。建议大家在选择目标院校时,多了解导师学术水平、业内地位、师德人品、对待学生风格等。

选择目标院校的数量。考研复习初期,选择院校建议2个或2个以上,这些学校的初试专业科目最好完全相同,一个作为主要目标,一个作为备用托底。选择备选学校是因为有部分学生在备战过程中会由于复习时间不充分、课程难度不适应、报考人数变化等众多原因调整目标院校。同时,部分院校专业也会出现考试科目调整、统招人数锐减等突发情况。

第二节 制订考研复习计划

一 考研知识导航

(一) 全国硕士研究生招生考试方式

全国硕士研究生招生考试分初试和复试两个阶段进行。初试和复试都是硕士研究生招生考试的重要组成部分。初试由国家统一组织,复试由招生单位自行组织。

初试方式分为全国统一考试、联合考试、单独考试以及推荐免试。

推荐免试是指依据国家有关政策,部分高等学校按规定推荐的本校优秀应届本科毕业生,及其他符合相关规定的考生,经确认其免初试资格,由招生单位直接进行复试考核的选拔方式。

(二)硕士研究生学习方式

硕士研究生学习方式分为全日制和非全日制两种。全日制和非全日制研究生考试招生依据国家统一要求,执行相同的政策和标准。

(三)硕士学位类型

全日制硕士学位分为全日制专业学位(简称专硕)和全日制学术型学位(简称学硕),二者都是采取全日制攻读的方式,其区别主要在培养目标和培养方式,前者侧重培养应用人才,后者侧重培养学术研究人才。目前,专硕招生计划人数已经赶超学硕招生计划人数。

(四)考研复试分数线

考研复试分数线分为国家线和34所自主划线高校分数线。考研国家线,是国家确定的初试成绩基本要求,包括应试科目总分要求和单科分数要求。

教育部根据全国不同地区经济发展情况和教育水平等,把全国31个省、市、自治区分为两类,分别为一区和二区。教育部按照一区、二区制定并公布参加全国统考和联考考生进入复试的初试成绩基本要求。报考地处一区、二区招生单位的考生,分别为A类考生和B类考生。

自主划线是经教育部批准的部分招生单位可自主确定考生进入复试的初试成绩基本要求及其他学术要求。目前,只有34所高校有权自主划线。34所自主划线高校复试工作先于其他高校进行,未通过第一志愿复试线的考生可及时调剂至其他高校。

二 近几年考研政策细节调整

考研政策的变化关系到每一个考生的前途,其制度规范不断完善,信息公开工作不断深入,服务水平不断提升。考研政策的调整变化,是为了招生工作更加公平、透明,有利于更广大考生的利益。近5年,研究生招生改革向纵深发展,其政策变化涉及招生计划、招生报名、命题、调剂、面试、录取资格等各个环节。

具体调整内容可查阅2016—2020年教育部发布的全国硕士研究生招生工作管理的有关规定。

(1)《2016年全国硕士研究生招生工作管理规定》

http://www.moe.gov.cn/srcsite/A15/moe_778/s3261/201509/t20150911_207518.html.

(2)《2017年全国硕士研究生招生工作管理规定》

http://www.moe.gov.cn/srcsite/A15/moe_778/s3261/201609/t20160905_277755.

html.

(3)《2018年全国硕士研究生招生工作管理规定》

http://www.moe.gov.cn/srcsite/A15/moe_778/s3261/201708/t20170831_312801.html.

(4)《2019年全国硕士研究生招生工作管理规定》

http://www.moe.gov.cn/srcsite/A15/moe_778/s3113/201808/t20180821_345717.html.

(5)《2020年全国硕士研究生招生工作管理规定》

http://www.moe.gov.cn/srcsite/A15/moe_778/s3113/201908/t20190819_395052.html.

三 合理规划考研复习计划

在确定报考院校和专业之后,考研进入至关重要的初试复习阶段。考研复习分为夯实基础、强化提高、考前冲刺这三个主要的阶段。专生应针对不同复习阶段和不同学科合理规划考研复习计划,让有限的复习时间最大化,获得最大的投入产出比。

(一)如何分阶段进行复习

一般考研复习总体分三步走,各阶段复习循序渐进,步步为营。

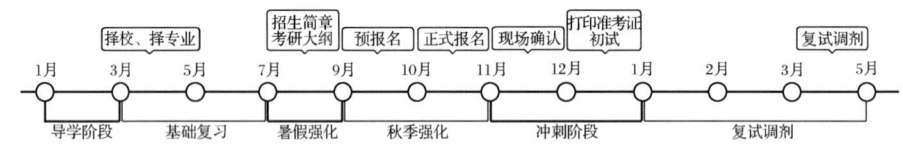

图12-2 考研流程

第一步,夯实基础。

3—6月,第一轮复习正式开启,考生要落实每一个知识点,夯实基础。

考研公共课包括政治、英语和数学三个科目。往年,有很多考生因公共课的复习力度不够,导致公共课没过线而落榜。因此,要重视公共课的复习。公共课复习应注重对基础知识的熟悉和掌握,构建清晰的知识体系,熟悉考试重点、难点。

考生在确定专业课复习科目后,到院校网站查找上一年备考书目,或向在读研究生学长学姐借阅备考资料。根据专业课考试大纲,尽早制订合理科学的复习计划,并展开复习。

第二步,强化提高。

7—10月,第二轮复习开始,考生要对知识点进行查漏补缺,强化训练。

暑假期间是考研复习的最为重要的窗口期,也是考生心理容易浮躁的时期。考生要抓住这段宝贵的时间,持之以恒,按照复习计划对知识点进行查漏补缺,对薄弱环节进行专门训练,突破重难点知识,加强习题训练。同时,拒绝浮躁,坚定信念,保持平静、积极、向上的心态。9月开学至10月,利用这两个月将近年考研真题训练一遍,及时归纳总结。

第三步,考前冲刺。

11—12月,进入冲刺阶段,考生要总结回顾,利用真题进行考前模拟。

考前这段时间,应对各科复习的笔记和错题进行回顾,构建知识框架图,形成知识体系。同时,利用真题进行考前模拟,调整应试状态。

(二)正确处理考研与专业学习之间的关系

对于在校生而言,考研复习主要在大三下学期和大四上学期。建议大家一定要学好每一门专业课,正确分配好备考与专业学习的时间、精力,这将对考研成功有着直接联系。

(1) 专业课是研究生入学考试初试和复试中的重要内容,其在录取总成绩中(含初试、复试)占比超过50%。

学好专业课,是提升专业能力的关键。本科专业学习的精华主要在于专业课,专业课的学习将会为今后的深造打下基础。若未来从事本科专业相关工作,它更是未来职业发展的基础。

(2) 上好专业课,也是研究生入学正式报到的前提。

顺利完成本科学业关乎能否正常毕业。同时,专业课不及格会使考生对自己的学习能力产生怀疑,导致信心不足。

(3) 认真完成专业课程的学习,有利于形成良好的备考心态。

考研也是一场心理战,积极良好的心态是考研成功的法宝。认真完成好专业课程的学习,培养良好的学习习惯,增强了考生的信心和动力,更有利于其考研备考。

四 如何正确预防、面对和处理考研过程中的挫折

人生总有几步异常艰辛,特别是考研的时候。如何正确预防、面对和处理考研过程中的挫折?我们要追本溯源找到挫折产生的原因,对考研过程中可能存在的困难提早了解,提前准备。这里我们将考研过程分为三个阶段,并分别对各时间段可能出现的挫折、焦虑进行梳理,以便为大家提供参考。

(一)备考前期

在考研的第一阶段,面对专业课、公共课、是否报辅导班、选择什么样的复习资料,考生感到迷茫,面对全国上百所高校该如何选择,这一阶段考生易出现内心焦躁不安、迷茫等问题。

首先,考要明确自己的目标,这样才能有利于调整心态。通常可以采用多问几个为什么来进行心理疏导。

(1) 考研的目的是什么?为什么要考研?

(2) 自己的综合实力处于什么样的位置?适配于什么样的学校?

(3) 考研是不是盲目跟风?能否坚持下来?

相信通过这三个问题,每位考生都能了解自己内心真实的想法,在人生的十字路口有自己的选择。"考研"两个字承载了很多,有人称考研是一场青春的救赎。当确定是否决定报

考后,可以多了解各个院校的学术氛围、科研经费、师资力量等,之后查询这些院校历年分数线情况。同时,可通过院校官网查询报录比等,最后结合自身情况进行个性化选择。

关于专业课、公共课的问题,在综合院校排名、自身实力、城市效应等因素选择了适合自己的院校、专业后,可以通过查找招生简章、与有相关报考经验的学长沟通等方法确定考试科目、复习侧重点、出题风格等,最好可以通过相关途径找到历年考试真题或同等级院校的真题。

关于是否选择辅导班的问题,选择什么样的辅导班、是否选择辅导班取决于自身需求,倘若你觉得自身基础薄弱或想通过辅导班进行系统的复习,便可以选择辅导班。如何选择辅导班呢?建议从辅导班的信誉、师资力量、服务、资料等几个方面进行综合评定,选择适合自己的考研辅导班。

(二)备考中期

在备考中期,常见的问题有以下几点:① 复习进入瓶颈期,难以突破,心情烦躁;② 干扰因素增多,产生畏难情绪;③ 备考压力大,产生负面情绪;④ 心态崩溃,陷入自我否定。

当复习进入瓶颈期时意味着你已经将考试内容最起码进行过了一轮复习。在这时,建议大家放松心态,重新制新阶段的复习计划,将后期强化阶段所需要复习的内容进行细化,做好时间管理。其次注重调整心态,心态的好坏决定了学习效率的高低。建议大家可以和家人聊聊天,保证充足的睡眠,进行合理的锻炼。

考研准备到中期时周围的影响因素逐渐增多,如校招、周围同学坚持不下去中途放弃、复习时间不充足导致心情烦躁等。这时,请大家一定要不忘初心,坚定信心,可以采用心理暗示法不断明确自己的目标。建议大家一定要记住自己想要什么,只有你足够渴望,你的动力才足够强大。只有这样才能克服外界的干扰因素。

备考压力大,产生负面情绪以及心态崩溃都是考研中的大忌,同时也是最容易出现的情况。为预防此类情况出现,首先大家可以找一群志同道合的同学,组成学习小组,相互沟通,这样可以有效地缓解自己的压力,放松心态。其次,大家可以找一种适合自己的放松方式,比如做运动。

(三)备考后期

到了最后一个冲刺的阶段,很多困难也都会随之而来,例如容易自我怀疑,觉得自己考不上,从而心态崩溃;攀比复习进度,复习进度比别人慢就会焦虑、烦躁;因复习很努力却没有达到预期效果;临近考试,觉得自己没复习好,产生畏惧心理等。

由此可以看出备考后期最主要的问题是心态。首先关于复习进度,要清楚由于学习基础、学习方法、报考院校等差异,别人并不是你的参考标准,唯一的标准就是自己。

其次,关于最后可能发现自己完成不了复习计划,建议抓住当下,把握自我,与其纠结,不如放手一搏,最大化地利用好最后一阶段时间进行冲刺,尽自己最大的努力,切勿瞻前顾后。

"良好的开端是成功的一半",做好最初的选择可以有效预防考研过程中遇到的挫折。无论是复习进度、复习时间,还是后面可能遇到的各种困难,其实是可以通过早期选择合理的院校、专业目标有效规避的。

总之,自身的选择很关键,只有合理选择院校,才能通过备考期间的努力从而达到预期效果。

第三节 考研流程

一 推免流程

(一) 推荐免试研究生的概念

推荐免试研究生全称"推荐优秀应届本科毕业生免试攻读硕士学位研究生",俗称"保研"。它是指依据国家有关政策,部分高等学校按规定推荐的本校优秀应届本科毕业生,及其他符合相关规定的考生,经确认其免初试资格,由招生单位直接进行复试考核的选拔方式。截止至2019年,全国共计366所高校具备免试推荐资格。

免试,是指普通高校应届本科毕业生不必经过全国硕士研究生入学统一考试的初试,直接进入复试;推荐,是指普通高等学校按规定对本校优秀应届本科毕业生进行遴选,确认其免初试资格并向招生单位推荐;接收,是指招生单位对报考本单位的具有免初试资格的考生进行的复试和录取。

(二) 推免生类型及相应的报名复试录取条件

表 12-4 推免生类型及相应的报名复试录取条件

推免生类型	报名、复试、录取条件
普通高等学校推荐优秀应届本科毕业生免试攻读研究生	简称"普通"推免生,所有研究生招生单位均为接收单位。此类推免生可同时填写三个推免志愿;可选硕士研究生,也可选"直博生";每个志愿48小时后可修改;可以接受多个复试通知;只能接受一个待录取通知;如同时参加全国硕士研究生统一考试网上报名则按相关规定取消推免资格,按统考硕士研究生相关规定参加考试

续表

推免生类型	报名、复试、录取条件
研究生支教团推免专项计划	简称"支教团"推免生,限制招生单位即为推荐单位。此类推免生只能填写一个志愿,且招生单位系统锁定为推荐单位;可选硕士研究生,也可选"直博生";志愿不可自行修改;如招生单位拒绝录取可在10月31日前参加全国硕士研究生统一考试网上报名
农村学校教育硕士师资培养计划	简称"农村师资"推免生,限制只能报推荐单位指定的招生单位。此类推免生只能填写一个志愿,且招生单位系统锁定为指定的招生单位;可选硕士研究生,也可选"直博生";志愿不可自行修改;如招生单位拒绝录取可在10月31日前参加全国硕士研究生统一考试网上报名
教育部直属师范大学接收外校推免生	简称"补偿计划"推免生,限制只能报推荐单位指定的招生单位。此类推免生只能填写一个志愿,且招生单位系统锁定为指定的招生单位;只可选硕士研究生;志愿不可自行修改;如招生单位拒绝录取则与"普通"推免生规则一致
国防科工院校接收外校推免生	简称"补偿计划"推免生,限制只能报推荐单位指定的招生单位。此类推免生只能填写一个志愿,且招生单位系统锁定为指定的招生单位;只可选硕士研究生;志愿不可自行修改;如招生单位拒绝录取则与"普通"推免生规则一致
高层次双语人才专项推免	简称"双语人才",限制只能报推荐单位指定的招生单位。此类推免生只能填写一个志愿,且招生单位系统锁定为指定的招生单位;只可选硕士研究生;志愿不可自行修改;如招生单位拒绝录取可在10月31日前参加全国硕士研究生统一考试网上报名

(三)申请推荐免试研究生的流程

第一步,6—8月,具备招收推荐免试研究生资格的高校陆续发布保研办法或者保研简章。

第二步,6—9月,考生按高校要求准备申请材料,并在规定期限内寄送给高校。

申请材料一般包括:① 申请表;② 个人陈述;③ 专家推荐信;④ 成绩单;⑤ 由申请者现所在学校教务处提供同意推荐免试的证明信;⑥ 获奖证书复印件、发表的学术论文等复印件;⑦ 英语水平类证书等。

第三步,9—10月,院校组织笔试、面试。

院校对考生的申请材料进行初审之后,将通知符合条件者体检、复试的时间及复试内容和要求。复试一般包括笔试和面试两个部分。

此阶段,学生主要在各校的推免预报名系统中申报推荐免试研究生的选拔资格,学校从中遴选并确定参加复试的学生,复试时间由各个学校自行安排。学生若未通过系统预报名,将被视为无效申请。学生可以申报并获得多所学校的推免资格,但在推免系统中填写了志愿的学校才能对考生的志愿做出录取(不录取)的决定。

第四步,10月院校发布预录取通知。院校根据复试成绩择优确定申请人的录取资格。

具有推荐免试资格的考生,须在国家规定时间内登录"全国推荐优秀应届本科毕业生免试攻读研究生信息公开暨管理服务系统"(http://yz.chsi.com.cn/tm)填报志愿并参加复试,截至规定日期仍未落实接收单位的推免生不再保留推免资格。

第五步,10—11月,被预录取者参加考研报名。

(四)暑期夏令营

夏令营是一些学校组织召集优秀学生到本校进行综合考察的一种方式,它不是推免的必需程序,但逐渐成为部分名校选拔优秀学生的重要渠道。学校根据学生在夏令营中的表现对学生进行评级,在推免或统招复试中给予学生一定的优先政策。

夏令营流程:

阶段一:4—6月,关注各目标高校的夏令营通知;

阶段二:5—6月,严格按照要求投放报名材料;

阶段三:6,等待入营通知;

阶段四:6—7月,参加夏令营;

阶段五:7—8月,等待结果;

阶段六:9月,参加学校推免面试;

阶段七:9月底,关注高校官方文件与研招网(全称"中国研究生招生信网")推免生服务系统并按照相关要求填报;

阶段八:10月,关注研招网,等待拟录取信息并确认;

阶段九:体检;

阶段十:正式拟录取通知。

二 全国硕士研究生报名流程

根据《全国硕士研究生招生工作管理规定》,全国硕士研究生报名包括网上报名和现场确认两个阶段。所有参加硕士研究生招生考试的考生均须进行网上报名(以下简称"网报"),并到报考点现场确认网报信息和采集本人图像等相关电子信息。网报分为填写考生信息和填写报考信息两个阶段。

第一步,填写考生信息。

考生打开研招网(https://yz.chsi.com.cn/)首页后,用已注册的学信网账号登录网报系统,参照当年《20XX年统考考生需准备的网报信息》《20XX年全国硕士研究生招生工作管理规定》等,准确填写个人信息。

考生信息填写功能开通后,考生即可登录网报系统进行考生信息的填写和修改,而不需要赶在网报开始后一次性填完所有报名信息,大大提高了网报效率。

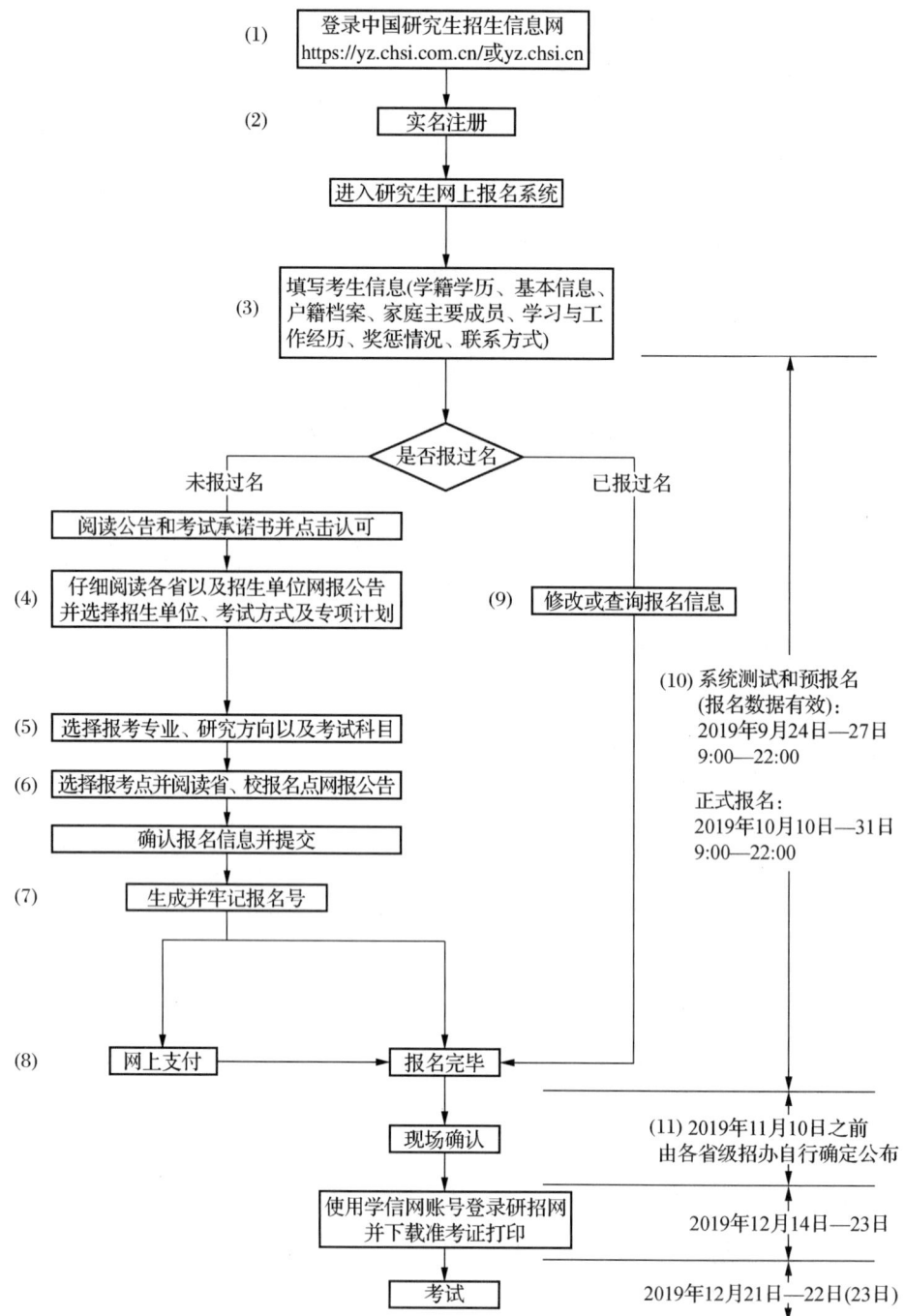

图 12-3　2020 年研招网报流程

第二步,填写报考信息。

考生需注意,填写报考信息功能只在规定时间内开通,时间分为预报名和正式报名两个时间段。

校对所有已填报的信息,确认无误后,生成考生报名号,并下载报名信息表。生成报名号后本次报名才算成功;如果选择的报考点采取网上交费,交费成功后才算报名成功。报名号是现场确认的重要凭证,请考生务必牢记并保管好。

考生信息在报名结束前都可以修改,但正式网报结束后,任何信息均不能修改。考生要牢记学信网的用户名和密码(为避免个人信息泄露,请设置复杂密码并定期修改),后期下载准考证、参加调剂仍然需要使用。图12-4为2020年研招网报流程(统考),大家可作参考。

(1) 建议教育网用户登录 https://yz.chsi.cn,公网用户登录 https://yz.chsi.com.cn。

(2) 实名注册,请牢记注册的用户名和密码。注册用户直接与报名号对应,是查询报名号的唯一方法,在后期的信息查询、准考证下载和调剂系统中继续使用。报名期间,考生可自行修改网上报名信息或重新填报报名信息(一位考生只能保留一条有效报名信息),无须重复注册。

(3) 填写考生信息(学籍学历、基本信息、户籍档案、家庭主要成员、学习与工作经历、奖惩情况、联系方式)。填写考生信息时,请认真阅读报名页面的提示信息,准确填报,带 * 的文本框为必填内容,证件号码等使用半角英文输入法输入;考生填写学历(学籍)信息进行网上校验,考生可查看学历(学籍)校验结果,未能通过学历(学籍)网上校验的考生应在招生单位规定时间内完成学历(学籍)核验;家庭主要成员和学习与工作经历均至少要完整填写一项。

(4) 请不要开启有网页拦截功能的软件;招生单位、考试方式、报考点等要慎重选择,一旦生成报名号后则不可以修改;如确实需要修改,须取消已有的报名再添加新的报考信息,已取消的报名信息不可用于现场确认。

(5) 报考专业名称前面有"(专业学位)"字样的为专业学位的专业,其他为学术型专业。

(6) 报名过程中,请认真阅读各省市招办、招生单位和报考点发布的网报公告,由于违反公告造成无效报名,考生自行负责。

(7) 牢记网报系统生成的报名号,报名号是考生在报考点现场确认和照相的重要信息,如遗失,可凭考生注册的用户名和密码进入网报系统查询。

(8) 在北京、天津、河北、山西、内蒙古、辽宁、吉林、黑龙江、上海、江苏、浙江、安徽、福建、江西、山东、河南、湖北、湖南、广东、广西、海南、重庆、四川、贵州、云南、西藏、陕西、甘肃、青海、宁夏、新疆等报考点报考的考生,需要网上支付报考费。

(9) 修改或查询自己的报名信息,其中招生单位、考试方式及报考点等信息是不可修改的内容;请在网报结束前登录确认所填信息,建议将所有信息保存;在需网上支付的报考点报考的考生请检查网上支付是否成功(银行卡扣费即为成功支付)。

(10) 预报名期间的报名信息是有效数据,不需要重复填报。

(11) 现场确认时间在2019年11月10日之前,具体安排请查看各省级招办发布的网报公告(https://yz.chsi.com.cn/sswbgg/)。

三 研究生入学初试与复试安排

每年,研究生入学考试时间一般安排在12月份倒数第二个周末,学校初试成绩发布在2月份上旬或中旬,国家分数线发布在3月份上旬或中旬,34所自主招生学校分数线发布时间在2月份下旬或3月份上旬。

(一)初试科目安排

第一天上午:思想政治理论;

第一天下午:外语;

第二天上午:业务课一;

第二天下午:业务课二;

第三天:考试时间超过3小时的考试科目。

研究生招生考试初试中,超过3小时的科目有建筑设计类等特殊考试科目。

这里提醒考生注意,国家按照13大学科门类,对一类、二类地区以及单独考试和特殊专业考试进行复试分数线划分,不同专业、不同地区分数线可能不同。

(二)研究生复试流程

复试调剂时间一般在3月份中下旬,具体复试调剂时间根据学校情况而定。复试包括专业课笔试和面试两个环节。

那么,如何进入复试呢?国家公布国家分数线后,各院校根据自身招生比例确定复试人员名单。一般差额复试,其比例在1∶1.2至1∶1.5之间,甚至更高,具体差额比例可在各个学校官网上查询。

这里提醒大家注意,不是过了国家分数线就能进入复试,也不是进入复试就能被录取。部分院校的专业硕士学位是按照全日制、非全日制统招总计划确定复试分数线的,但复试录取是按照全日制、非全日制单独排序的。

(三)考研复试流程

复试时间一般是两天左右,不同院校初试与复试的加权方式可能不同,一般复试权重在30%至50%,考生可查阅招生简章。

复试包括体检、笔试、面试三种形式:

(1)复试面试流程一般为:面试组织→抽签入场→面试答题→随机提问→考生退场→评分考核。

(2)面试一般包括中文面试、英文面试。面试形式主要分为抽签答题和随机提问两种。

(3)2020年开始,考生体检工作由招生单位在考生拟录取后组织进行。

(四)复试面试的内容

复试面试一般是逐个面试。面试过程包括学生自我介绍、学生抽取题目答题和导师现场随机提问三个环节,其中英语面试一般由导师提问、学生抽取题目或者给出材料,然后考生现场进行翻译、复述或者就问题表达自己的观点。复试面试主要有三大考核点：综合能力（含科研）、专业基础、英语能力。

1. 综合能力（含科研）

综合能力没有考查标准，但它却贯彻于面试全过程，主要包括个人礼仪、言谈、见解、思维、潜质等方方面面。这里特别提醒，面试过程中一定要将自己的科研能力展示出来，让老师看到一个具备科研潜质的你！

2. 专业基础

专业课是复试环节最为重要的环节，它是导师考察学生的重要途径，发挥好的学生很容易受到导师的青睐。建议大家提早搜集资料，提早复习，并能够成体系地梳理、夯实、掌握知识脉络。此外，除指定参考科目之外，考生对毕业设计内容要了如指掌，对行业动向，前沿理论、思想、观点，高端应用要有所了解。

3. 外语能力（以英语为例）

除一流学校可能会有翻译等笔试外，一般学校都是以面对面口头交流为主，考生必须要能听懂老师的提问并准确回答老师的问题。这种形式对学生的听力、理解能力、表达能力都是有一定要求的，但对考生知识内容深度、英语词汇等要求并不高。建议英语能力突出的同学，可以在面试过程中主动提及自己的英语四六级、雅思托福等成绩。面试英语准备还是有章可循的，除了专业类知识笔试外，每年面试交流的问题大同小异，考生是可以提前做一些精心准备的。

（五）面试常见提问问题

(1) 你为什么要报考这个学校、这个专业？你对这个专业了解吗？

(2) 你觉得你的优势、缺点是什么？

(3) 谈谈你的毕业论文。

(4) 谈谈你的实习经历。

(5) 如果你被录取，你的研究生生涯应该怎么过？

(6) 如果你不幸复试落榜，你将怎么办？

(7) 你的人生规划或者职业规划是什么？

（六）面试注意事项

面试与笔试最大不同之处就是复试是面对面的交流，考生要在短时间内尽可能展现自己的优势和特点，并让考官能够迅速认可你。所以如何交流尤为重要，这里提几点考生在面试过程需要注意的事项：一要印象好，考官有继续提问的意愿；二要心态正，行为举止体现自己作为学生应有的态度；三要表达流畅，自己不仅能正确理解、回答考官提问，并且表达顺畅，交流愉快。具体细节要求如下：

(1) 穿着大方得体，回答时态度端正，对老师有礼貌，为人谦虚，保持自信。

(2) 控制好语速，语速中等，吐词清晰、洪亮，表达流利，要有轻重缓急之分，必须保证自己的回答让考官能听得到、听得懂;面试始终面带微笑。

(3) 每个问题最好控制在2~4句话之内。非常有把握的问题可以多说;遇到不会的问题不能冷场,可以说说自己的思路,或直接向老师请教,如"这个问题我确实不是很清楚,请老师赐教"。

(4) 要冷静,自己必须要明白自己在讲什么;在回答时还要注意考官的反馈信息;回答要逻辑清晰,建议回答问题采用"第一……第二……第三……"或"首先……其次……最后……"的模式。

(5) 回答完之后要加上"以上就是我对这个问题的全部思考""谢谢老师(thank you)",以示礼貌。

如何提高面试环节的成功率呢?建议大家提前做好模拟面试。模拟面试主要准备两个环节内容,一是模拟自我介绍,二是模拟回答老师所提出的问题。建议考生反复模拟面试的各个环节。这样既能有效调整自己心态,克服自己紧张情绪,又能在模拟中发现自己存在的不足,熟练掌握表达技巧,确保复试时正常发挥水平。自我介绍对整个面试起着举足轻重的作用。自我介绍的内容既要实事求是,也要突显自身能力和潜力,还要针对考官可能提出的问题准备充足的支撑材料。通过自我介绍,要让考官相信,自己不仅过去比较优秀,未来也是一个可造之才。考生要对自我介绍表达的内容精益求精,对表述的文字要千锤百炼,内容控制在500字左右,时间控制在3分钟以内为宜,力争在复试前对自我介绍中英文内容倒背如流。

四 考研调剂

(一) 什么是调剂

教育部规定,考生如果符合复试条件而不能在第一志愿院校参加复试,考生档案应被送至第二志愿院校或在省、自治区、直辖市内调剂。

在研究生招生工作中,由于招生计划的限制,有些考生虽然达到国家分数线,但并不能被安排复试或复试后并不能被录取。对这些考生,招生单位将负责把其全部材料及时转至第二志愿单位,这个过程即称为考研调剂。对于考生而言,考研调剂其实就是B计划。

(二) 如何确定是否调剂

调剂分几种类型,具体如下:

(1) 未进第一志愿复试名单,即已过国家线,但未过报考院校或报考专业的分数线;

(2) 进入第一志愿复试名单,但最终未被录取;

(3) 进入第一志愿复试名单,但初试排名靠后,预估录取难度极大,提前着手调剂。

(三) 调剂类型

(1) 按照院校专业划分,调剂主要分为在相同院系不同专业、相同院校不同院系、不同院校三种类型,简称校内、校外调剂。

(2) 按照硕士类型划分,调剂主要分为学硕转学硕、学硕转专硕、专硕转专硕三种类型。

(3) 按照学习方式划分,调剂主要分为全日制转全日制、全日制转非全日制、非全日制转非全日制三种类型。

(四) 调剂时间

一般来说各大院校的调剂招生公布会在 3 月中旬到 4 月底间完成。

(五) 调剂流程

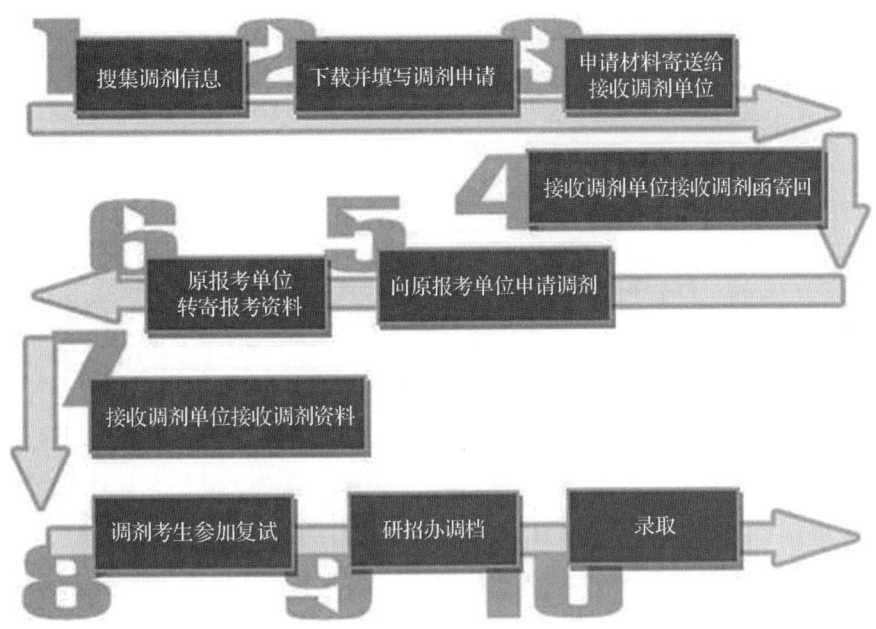

图 12-4 调剂流程

1. 登录

考生凭网报时注册的用户名和密码登录"中国研究生招生信息网"的网上调剂系统。如果忘记了用户名或密码,请使用找回"用户名"或"找回密码"功能。

2. 查询

考生在填报调剂志愿前需认真阅读各招生单位在其院校信息栏目里或其他途径公布的调剂要求,登录调剂系统后可查询各招生单位的专业缺额信息。

3. 报名

通过调剂系统选择已发布缺额的招生单位和专业,填报调剂志愿(可同时填报 3 个志愿)。一共 3 个志愿名额,国家要求招生单位必须开放窗口 12 小时,学校对考生申报志愿解锁时间为 24～36 小时。在此期间,考生不能更换申报的志愿。

4. 复试

提交调剂志愿后,招生单位将反馈是否能参加复试的通知。请考生及时登录调剂系统,查看志愿状态和招生单位的复试通知。如果收到复试通知,请考生按照招生单位的调剂要求,办理相关手续并通过调剂系统回复是否同意参加复试。复试通知一般在两小时内必须确认,过期收回。

5. 待录取

考生在复试结束后,如果符合录取条件,将收到招生单位发送的"待录取通知";考生接到招生单位发出的待录取通知后,需在单位规定时间内登录调剂系统确认,否则招生单位可取消待录取通知。考生一旦接受待录取通知,表示调剂完成,将不能再填报调剂志愿、接受复试或待录取通知。考生如欲取消已确认的待录取通知,必须征得招生单位允许,在招生单位取消待录取通知,并且考生登录调剂系统进行确认后,方可继续填报调剂志愿、接受复试或待录取通知。

6. 复试没有通过

此类考生仍可继续填报调剂志愿。

第四节 研究生报考建议

一 复试准备什么时候开始

复试什么时间开始,主要取决于两个因素,一是复试在总成绩中的权重,二是复试的难度,这两个因素决定了我们对待复试准备的态度。很多学生都会认为初试的成绩基本决定考研录取结果,所以对复试的准备没有初试那样用心。每年都会频频出现初试高分考生落榜的报道。如果这些落榜高分考生在考研准备阶段就了解复试权重规则的话,相信他们大部分人的命运将会由此改变。

如何理解复试权重?首先,我们来了解一下考研录取总成绩的构成。教育部明文规定复试成绩占总成绩的权重要在30%~50%,其构成如下:

$$录取总成绩=初试成绩×初试权重+复试成绩×复试权重$$

一般学校是将初试总成绩、复试总成绩归一后计算考研录取总成绩,即初试成绩、复试成绩总分是一样的。

$$初试成绩=初试总成绩/初试总分×100$$
$$复试成绩=复试总成绩/复试总分×100$$

我们以表12-5为例说明,即使初试总成绩相差50分,如果初试权重为50%,则在录取总成绩中变为相差5分;如果初试权重为70%,则在录取总成绩中变为相差7分。上面是以初试相差50分为例,如果只有10分分差呢?所以初试的成绩只是复试的入门券,复试才是考研成功与否的重要环节。复试分数的每一分比初试分数的每一分在总成绩里占的比重要大很多!

表 12-5 考研总成绩构成及权重

初试总成绩	初试总分百分制后成绩折算	初试权重 50%	初试权重 60%	初试权重 70%
400	80	40	48	56
390	78	39	46.8	54.6
350	70	35	42	49
300	60	30	36	42

为什么要着重强调复试权重？很多学生都以为"录取总成绩＝初试总成绩×初试权重＋复试总成绩×复试权重"，现实中却很少采取这种计算方法(初试总成绩、复试总成绩总分一致情况除外)。错误的理解必将导致不同的复习态度，所以每年都有很多学生初试总成绩很高，排名靠前乃至第一，但最终却未被录取的新闻。

为什么现实中最终考研录取的结果与初试总成绩还是有着相当大的关系呢？这是因为初试总成绩还是能基本反映考生的综合素质和能力的。这种竞争力同样体现在复试成绩中，所以建议初试成绩好的考生，必须要充分准备以扩大自己的优势；初试成绩不理想的考生，要通过积极准备力争在复试中"逆袭"。

二 二次备战还是调剂以及如何提高调剂成功率

经历了初试之后，考生一定要认清事实，必须学会在既有约束条件下，如何最优化自己的所得。千万不要天马行空，不要用当初研究生入学报考心态看待和选择调剂学校。调剂是研究生入学考试的一个重要组成部分。调剂，对院校而言，就是招生计划没有用满；对考生而言，就是给自己一次重新选择上岸的机会。与研究生入学初次报考相比，调剂受到诸多条件的制约，考生是处于被选择的地位，所以调剂的过程也令考生备受煎熬。

(一) 客观分析

初试落榜或复试落榜后，考生将要面对工作、调剂、二次备战的抉择，如何做选择呢？

(1) 建议考生不要在初试成绩或复试落榜信息发布的时候做任何决定，此时的抉择有很大程度的意气用事。

(2) 考生要认识到此刻自己正处在人生的十字路口，此项抉择对自己个人未来发展将产生关键性的影响。

(3) 考生要客观分析，冷静运用自己所有认知、资源。

(4) 由于每个人情况不同，在当前学历提升需求的基数逐渐扩大的趋势下，继续深造是一个优先选择项。在此前提下，建议"求稳先调剂，求高谋二次备战"。

(二) "二次备战"需要考虑的因素

考生要客观总结自己这次考试失败的原因，客观分析再复习一年可能的结果。分析内容包括自己哪些优势可以保持，哪些短板需要弥补。要在充分评估自己的实力、潜力以及可能存在的不确定风险基础上,预估"二次备战"的可能得分,判断这个得分能否帮助自己在"二次备战"中突出重围。

考虑自身脱离学生身份后的压力。这种压力往往不被学生重视,因为学生从未有过类似经历。这种压力可能来自自己,也可能来自竞争对手,还有可能来自学校,例如需要处理自己的衣食住行、学习场所等,甚至自己还要扛起生计。此外,"二次备战"一旦失败,自己还将失去很多作为应届毕业生才会拥有的机会,例如进企事业单位等。

外部形势的变化带来的压力。在当前考研持续火热的氛围下,考生必将面临更为激烈的竞争,例如可能会为报考人数的激增而焦虑,为公共科目飘忽不定的难度而心焦,为专业课出题风格可能的突变而担忧。

"二次备战"考生在初试准备上虽具有一定心理优势,但很多考生并没有经历过面试、专业课复试等流程。在当前面试与初试同等重要乃至更重要的规则下,这种心理优势并不能转化为最终考研实效。

建议"二次备战"学生多想想自己考研的初心,是提升学历、改变院校、提升竞争力,还是其他?

总之,"二次备战"考生相对于应届生,将面临更多更大的未知压力和风险,这可能给考生的"二次备战"带来一些不确定因素。调查统计表明:"二次备战"学生的考研优势并不明显。建议大家决定"二次备战"前一定要慎重,要多了解、多咨询、多借鉴,准备好了再出发。

(三)如何面对调剂

选择调剂,考生不仅要充分做好应对可能自己从未经历过的无奈、落差、压力、失望、孤独的心理准备,还要力争在来自名校落榜的各路好手中脱颖而出。

在思想上一定要面对现实,丢掉幻想,摈弃他人的评价,不要计较自己一时的得失,去做一个追求自己目标的独行者。建议考生切勿与自己周围的同学比,而是理智分析调或不调剂对自己未来事业、未来美好生活的可能影响,要站在未来 5 年、10 年、20 年的时间节点来思考这个问题。

在心理上做好调整。很多考生开始会抵触调剂,他们之前可能从未想过自己会参与调剂,甚至这些调剂的学校他们都从未听说过。专生要想想为什么考研,为什么会有调剂,调剂有没有一些好机会,可能心里就慢慢释然了。调查表明,调剂的同学普遍对自己的选择感到满意。他们认为,在现有的评价体系下,研究生学历比本科生学历有着更大的竞争力,同时研究生学习经历对他们未来个人事业的发展也有着很大的帮助。无论是理想还是现实,考研调剂是他们一个很好的选择。

(四)如何准备调剂

降低预期目标,降低目标院校等级,扩大地区择校范围,优先选择设有博士点或在当地、行业内有影响力的院校。在追逐目标过程中,一定要认清形势,丢掉幻想,不攀比,不放弃。

收集调剂信息,对感兴趣的学校要追根溯源,全面了解调剂学校的地理交通、发展历史、师资力量、社会影响力、科研力量、招生数量等。对学校的分析评估不仅要客观全面，还要深入。有同学放弃名校的调剂机会，后经了解，是因为之前他们从未听闻过这些学校，没有对学校进行了解，而是按照自己的臆想想当然地评估和放弃了这些学校调剂的好机会。

调剂准备时间一定要足够提前，要早联系、广撒网，不怕挫折，一定要掌握主动，做好调剂筛选梯度、导师联系等准备工作。

（五）如何提高调剂成功率

对于初试落榜的考生而言，调剂成功的关键在于充分利用好调剂系统开放的 48 小时，并围绕此中心在前期就将各项工作做深、做细、做实。

在调剂系统开放的第一时间，考生就应将可能性最大的学校的志愿全部填报上。

充分利用调剂志愿填报规则。同一时间每人只能填报 3 个志愿名额，建议学生填报 2 个志愿，预留 1 个志愿备用；填报志愿前主动联系报考单位了解信息，提高自己申报成功的概率；若遇到好的调剂机会而自己未解锁，要主动电话联系报考单位寻求帮助。

为什么第一时间调剂申报如此重要？

(1) 在报录比节节攀高的情况下，有调剂名额的院校在逐渐减少。即使部分院校有调剂名额，但其调剂的名额在变少。

(2) 在报考人数年年创历史新高的情况下，大部分高校考生是饱和竞争，其专业分数线远远高于国家分数线，导致众多高分学生进入调剂环节，而且这个基数很大。

(3) 在调剂系统第一时间开放的院校较多，考生有较多的选择余地，发布信息的院校接受调剂生的意愿也非常强烈。

(4) 发布信息的院校可能第一志愿生源不是特别好，或者很多计划没有用满，他们主要面向初试落榜的学生，而后期调剂的院校主要面对复试尤其是名校落榜的学生。

(5) 调剂初期很多考生还处于观望摸索阶段，调剂的人数较少，尤其复试落榜的学生还未参与进来，其竞争较小，录取的概率非常大。

对于参加复试的学生而言，刚刚落榜时他们是很难接受这个结果的，内心也非常不甘，很容易做出非常不理智的决定。所以建议这类考生要先冷静，再思考个人下一步打算。一旦做出调剂的决定，一定要立即行动起来。因为时间可以改变命运，你们将面对的对手都是复试落榜或初试高分落榜的学生。

总而言之，调剂成功的秘诀是：摆正心态是前提，降低预期是关键，提前行动是王道。一定要快，要狠！所谓"快"，考生要在调剂系统开通的第一时间就填好调剂信息并提交，在前一志愿解锁的第一时间填报备选方案。所谓"狠"，就是要拿出"不破楼兰终不还"的决心，一要提前做足目标院校、导师选择等功课；二是失败了再来，不怕挫折，永不放弃，直到成功为止。

三 非全日制研究生

（一）非全日制选择背景

自1981年我国恢复学位制度开始，教育部在1983年、1985年、1997年先后颁发三个官方文件，全面启动了在职人员攻读硕士专业学位的工作，但当时招录对象为同等学力与在职人员两种群体，我们将之称为"在职研究生"。在职研究生与全日制研究生在考试时间、考试内容、考试难度、培养形式、奖助方案、上课方式、毕业要求等方面均有明显区别。在职研究生在招生、上课、毕业等环节的要求均要低一些。

2016年9月，教育部办公厅下发了《关于统筹全日制和非全日制研究生管理工作的通知》（教研厅〔2016〕2号），重新定义了"非全日制研究生"，通知明确说明非全日制研究生与全日制研究生只是在教育形式上有所区分，而在招生计划、招生录取、质量标准、证书管理等方面完全一致。同年12月，非全日制研究生首次与全日制研究生试卷并轨。

2020年2月，教育部等五部门联合下发《关于进一步做好非全日制研究生就业工作的通知》（教研厅函〔2019〕1号），强调了对非全日制研究生的就业权益保护，明确各地及用人单位应为不同教育形式的研究生提供平等就业和落户研究生的机会。

非全日制研究生教育是我国研究生教育的重要组成部分，《中华人民共和国高等教育法》明确规定，高等教育采用全日制和非全日制教育形式。由于非全日制研究生自2017年开始第一届招生，它是一个新生事物，人们对此认知不足，并将之与非全本专科（自考、函授）等同起来，这些认知与国家政策是大相径庭的。

（二）如何正确认识非全日制研究生

对于非全日制研究生，很多人存在认知误区，主要如下：

(1) 非全日制研究生等同于原来在职研究生。

(2) 非全日制研究生招生方式不同，录取简单。

(3) 非全日制研究生无法像全日制研究生一样从事科研、读博。

(4) 非全日制研究生毕业要求非常简单。

(5) 非全日制研究生就业受限。

针对这些误区，教育部已于《关于统筹全日制和非全日制研究生管理工作的通知》（教研厅〔2016〕2号）中制定政策，并对此政策专门进行解读。

同时，为了保障非全日制研究生就业权益，2020年2月，教育部、中共中央组织部等五部门联合下发《关于进一步做好非全日制研究生就业工作的通知》，对社会广泛关心的就业、落户等核心问题通过政策发布方式进行了回应。

政府有关部门、企业也在逐渐将"非全日制和全日制研究生的学历学位证书具有同等法律地位和相同效力"的政策落实在具体工作中。

（三）如何看待非全日制研究生

社会各行业对"高水平应用型人才"的需求在大大增加，而强调"与实践相结合"的非全日制研究生,既注重"专业性"又注重"应用性",得到了国家连续性政策的支持和指向,其社会认可度将逐渐提升。当然非全日制研究生与全日制研究生相比还是存在一些差别的,但针对有着确定工作单位的考生来讲,非全日制研究生还是一个非常合适的选择。

(1) 非全日制研究生逐渐在企业,乃至央企、国企、机关事业单位得到认可,这将为其今后的事业发展空间奠定基础。

(2) 攻读非全日制研究生的人员既有工作经验,如果再有硕士学历学位,报考公务员等会有很强的竞争力。

(3) 非全日制研究生与全日制研究生相比,当前最大的区别在于部分岗位只接受全日制应届毕业生。但是工作后更换岗位,在企业更看重能力的情况下,很多岗位对非全日制研究生毕业生而言,不仅没有学历的制约,还有着更多工作经验的优势。

(4) 在国家大力发展研究生教育的背景下,对无法选择完全脱产读研的在职人员而言,选择非全日制研究生将是一个现实选择。非全日制研究生基数的提高必将引起社会对非全日制研究生的认可度和接受度的提高。

总之,改革非全日制研究生的培养是大势所趋,国家五部门的联合发文,再一次为统招非全日制研究生正名,进一步向全社会普及了研究生改革事业,也让统招非全日制研究生的合法、合理权益有了法律和制度方面的保障,为研究生事业改革的成功打下了坚实的基础。

第五节　出国留学

一　出国形势与趋势

2019 年 1 月,全国教育工作会议在北京举行,会议强调要对接国家科技创新亟须,进一步做好出国留学服务工作,鼓励留学生学有所成,报效祖国。这些积极正向的信息为年轻人提供了清晰的政策导向:国家始终不移地支持出国留学,为海外学子提供留学服务和归国创业便利。

相关数据显示,2017 年我国出国留学人数达到 60.48 万人,其中自费出国留学人数占 88.97%。2018 年我国出国留学总人数为 66.21 万人,相比 2017 年增长了 9.47%。近年,出国留学人数呈大幅度增长趋势,且留学低龄化趋势明显,以本科阶段为主,国内"双一流"来建设高校毕业生硕士留学有所下降。同时相比于之前留学目的地的单一,近年来留学目的地呈多元化趋势,留学深造逐渐成为工薪家庭的学生选择的方案。此外,近年数据显示,留学毕业回国已经成为毕业生的首选。

二 考研与留学的对比

考研、留学成为目前本科毕业生选择深造的两大途径,同时这也是两条截然不同的路径。随着研究生报考难度增加,申请国外学校的人数也与日俱增。接下来,我们将从四个方面具体分析考研与出国之间的利弊。

(一)入学难度

随着各国对留学生释放利好政策,各国留学生人数不断上升。以英国为例,据 UCAS(英国大学招生服务中心)的数据,截至 2019 年 6 月 30 日,来自中国本科生的申请量增幅高达 30%,达到 19 760 人(比 2018 年增加了 4 520 人),约占英国 UCAS 本科申请总数的 3%。随着留学生申请人数不断增加,留学申请难度无疑也在不断加大。

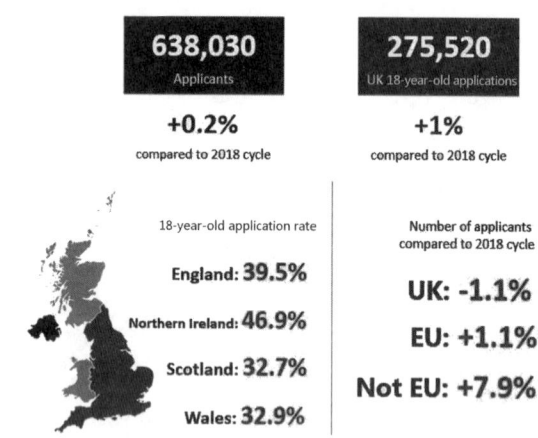

图 12-5 2019 年申请英国留学人员来源及比例

(二)时间成本

国内研究生分为学硕、专硕、非全日制研究生。学硕一般为 3 年,专硕为 2~3 年,非全日制研究生一般为 3 年。国外研究生学制一般是 1~2 年,比国内研究生提前 1~2 年就业,具有一定时间优势。

(三)费用问题

国内读研,目前国内采用奖助学金等方式代替了公费入学。目前大部分高校奖学金能做到百分百覆盖,学生所需缴纳学费为每年 6 000~10 000 元。国外研究生每年学费一般为 15 万~30 万元人民币,但近些年国外一些院校也推出了许多优惠政策和奖学金激励制度。

(四)锻炼能力

研究生学历在国内位于教育金字塔的上层,读研期间收获的是开阔的视野、更高的平台。目前国内的研究生培养大多是以传统教学、学术研究为主,国外学生更容易有接近专业学术前沿知识机会,但在国内读研的学生所能提升的能力更接近、更适用于国家和社会的需求。

国外研究生基本以独立研究为主,根据自己研究领域设计课程,平时更注重思维训练、创新训练,其思维能力、创新能力相较国内学生来说可能要更强一点。

综合以上四点,鉴于每个人需求不同,对多元化世界的追求不同,对行业前沿技术、未来工作、自身平台的追求不同,考研还是留学可自行选择。留学主要需要考虑经济条件,倘若经济条件允许,出国拓展知识面、提高语言能力、追求更好的平台、学习新的思维模式不能不说是好的选择,有调查显示超过65%的学生认为可在5年内收回留学经济成本。

三 如何选择留学目的国家、院校及专业

在选择留学目的国家时,一般从以下几个方面考虑:① 是否对某个国家的文化、学制感兴趣?② 是否对特定的学校情有独钟?③ 自身语言能力如何?④ 是否考虑学校位置?⑤ 家庭经济实力如何?

如果喜欢英联邦学制系统,当选择英国、澳大利亚等国家;如果选择日、韩、德等国家,需要再学习一门语音;若希望留学地区离家较近,则可以考虑亚洲、大洋洲等地区;若考虑经济,因素留学费用较高的仍是美国,澳大利亚、英国等国家费用略低,亚洲国家留学费用整体而言相对较低,德国免费。

关于学校的选择,通常大家都在自己能力范围内选择综合排名靠前的学校,但国外大学一般是以专业为优先考虑选项。则是建议大家按照自身实际情况结合学院专业排名进行理性选择,同时要充分考虑到学校所处位置、奖学金覆盖等情况。下面简单分析一下几个国家:

全世界教育最发达的是美国,美国的名校实力强且数量多。每年全世界有近5万人赴美留学,其中中国留学生数量约占10%～15%。美国院校课程含金量高、学历认可度高、奖学金政策宽松,但是申请美国名校竞争激烈。

全球第二大教育强国是英国,是留学热门目的国之一。去英国留学含金量一直很高,且教育实力强,名校选择多,学习年限短。同样,英国因为学制短也存在着课程压力过大,且一年制的硕士认可度不及两年制,英国的优势是教学质量高、学术氛围浓、社会福利好,但费用较高。

澳大利亚同样也是近年很热门的留学目的地之一,有8所世界排名前100的名校。相比较英美而言,澳大利亚的移民政策宽松,具有移民优势,且澳大利亚十分宜居,申请签证也较容易。不过澳大利亚中国留学生比例较高,留学费用同样也比较高。

法国、德国、日本等国家允许留学生打工赚取收入,而且留学生可申请助学金等,适合半工半读。

四 出国留学的时间规划

总的来说,留学的时间规划可以分为大的时间规划和小的时间规划。大时间规划,就是指在从大学入学开始到毕业全周期阶段,对应该完成的预定内容进行合理的时间统筹谋划和协调安排。小时间规划,是指在大三下学期到大四上学期的申请执行操作阶段,对应该完成的规定内容进行恰当的时间计划,保障申请的成功。

从战略意义上,大时间规划更为重要。只有在大时间规划上,进行充分的筹划和有效的准备,在申请阶段,才可以有序、高效地执行小时间规划。

首先是大学四年的大时间规划。期间需要完成的事项,按照重要程度和难易程度的综合考量,从高到低排位为:① GPA(平均学分绩点);② 托福、GRE(美国研究生入学考试)、雅思;③ 科研;④ 竞赛;⑤ 论文;⑥ 技能;⑦ 交换生;⑧ 各类实习、社会活动、业余活动等。

准备的有效时间段为,大一至大四上学期,共计 3.5 年。大时间规划就是在这 3.5 年完成以上 8 项工作内容。

以上这些都要根据自己的实际情况进行统筹和调整,主体思路是学好学校课程,保持学分绩点在较高水准,努力提高 GPA、雅思等分数,有能力的学生积极从事一些科研学习,并争取形成论文。

小时间规划,即具体申请操作层面的一些工作安排计划。建议安排如下,具体时间根据各人情况进行调整。

(1) 竞争力提升阶段(即日—当年 9 月);
(2) 标化考试的准备(即日—当年 9 月);
(3) 文书素材的搜集阶段(当年 3 月—9 月);
(4) 学校的定位(当年 6 月—9 月);
(5) 标化成绩寄送(成绩出来以后);
(6) 申请材料的准备(当年 7 月—9 月);
(7) 网上申报材料的填写与网推操作(当年 9 月—12 月);
(8) 邮寄材料(当年 9 月—10 月);
(9) 跟进网申状态及面试(当年+1 年 1 月—2 月);
(10) 录取(当年+1 年 2 月—5 月);
(11) 签证(当年+1 年 5 月—7 月)。

对于那些从大二甚至是大三才开始准备出国的同学,应该要选择性地放弃一些重要程度较低的事项,抓紧时间通过雅思、托福等考试,准备好出国留学必须要具有的证件材料等并申请学校。

五 留学热门国家的准备规划和报到时间

热门的留学国家的准备规划与上述的规划大多一致,但不同国家或学校可能也有一定区别,因此申请者一定仔细阅读招生简章。例如德国慕尼黑大学承认以雅思成绩为语言成绩去申请录取通知,其实这只是针对国际生、进行英语授课的专业。事实上,德国大学英语授课的专业较少,一般都是德语授课。若想在德国慕尼黑大学攻读硕士,需要参加德国专门的德语考试——德福考试!

近年来由于社会发展和物质水平的提高,越来越多的学生选择出国留学读研。下面列举一些比较热门的国家以及它们的报到时间。

1. 美国

美国大部分大学每学年为三个学期,每学期起始时间分别是 8 月、1 月、5 月。通常来说,美国大学一年有两次入学时间,分别是春季和秋季,也有部分学校一年只有一次开学时间,就是在秋季。若秋季入学,最好 6 月办理签证;若春季入学,建议 11、12 月办理签证。因为美国学校众多,开学和招生情况不尽相同,所以大家在申请前一定要仔细认真并多次和学校核对清楚开学时间。

2. 英国

英国大学的申请应尽早,因为每个学校的申请截止时间不同。由于招生名额都是有限的,一旦名额招满,即使申请人成绩再好,英国的大学也会拒绝申请。建议大家提前做好申请相关准备,借鉴往年申请学生的成功经验。9 月至 11 月是申请次年入学的最佳时间,像牛津大学、剑桥大学等这类高端大学,由于招生名额少,申请的学生多,申请时间要适当提前。如果学校没有停止申请通道,学生是可以提交申请的,所以每年的 4—6 月还有部分学生仍在申请,但此时申请的学生会面临较少的机会和更多的困难。

3. 德国

德国的大学一般分为两个学期,冬季学期是最主要的新生入学学期。新学年的开始学期,一般始于 10 月,结束于次年 2 月中旬;夏季学期并非所有专业都会招生,有专业限制,一般始于 4 月初,结束于 9 月。

4. 澳大利亚

澳大利亚的大学从 2 月至 11 月为一学年。多数大学实行双学期制,即第一学期从 2 月底到 6 月初,第二学期从 7 月到 11 月初。越来越多的大学开始在 7 月份接受新生入学,但会依据课程而有所不同。

5. 新西兰

新西兰的大学报到时间一般为每年的 2 月和 7 月。

6. 新加坡

新加坡的大学主要分为 2 个学期。第一学期从 8 月初到 11 月中下旬,第二学期从新年伊始到 4 月中下旬。

7. 日本

日本留学生报到的时间分别为春季和秋季。日本的大学一学年有两个学期,4月到次年3月为一学年。一学年的两个学期分别称为前期和后期,4月到9月为前期,10月到次年3月为后期。大学一般是春季开学,留学生多在4月入学。若想在4月入学,申请截止日期是前一年的10月;若想在9月入学,申请截止日期是当年的4月。日本的各所大学的放假时间也不太一样,一般每年有三次假期,暑假一般是从7月上旬—8月下旬,为期两个月。冬假(新年)一般从12月下旬—次年1月上旬,两周左右。春假(寒假)从2月下旬或3月下旬—4月上旬,一个月左右。假期的开始时间和长短,各地区因天气而略有不同。去日本留学一般都要先学习日语。

8. 韩国

韩国大学的报到时间基本和我国相似,寒暑假放假时间也相似,但时间更长,总计大约有近5个月的时间。每年的12月下旬到次年的2月底或3月初为寒假,3月开始新学期。7—8月份是暑假期间,9月份开始新学期。同样,去韩国留学也要先学习韩语。

9. 俄罗斯

俄罗斯的大学,一般有两次开学时间,分别为2—3月的春季和9月的秋季,普遍都在9月份入学。一般提前半年开始准备并申请,申请材料要在入学前4~5个月寄出。

10. 法国

法国的公立学校专业课开学的时间基本都在秋季9—10月份,一般须提前一年开始准备材料和备考法语,否则会赶不上当季的入学时间。

11. 加拿大

加拿大的大学每学年分为春季和秋季两个学期,分别于1月和9月开学。大学申请截止日期为:春季入学的申请截止日期为头年的9月,秋季入学的申请截止日期为当年的1月。预科学院一年一般有5次开学时间,分别为1、2或3、6月或7、8、9月或11月,具体时间视学生所选学院而定,而预科申请是无截止日期的。

以上是近几年比较热门的留学国家以及相应的报到时间和特别需要注意的地方,供大家参考。具体的报到时间以及需要提供的材料等,建议大家到各个学校官方网站查询。

六 是否需要选择留学中介机构

在留学申请的过程中,有许多人选择找中介协助完成留学申请。是否选择留学中介机构,需要结合自身情况充分考虑。

如果学生自身留学材料不够丰富、准备时间不足、英文水平不强,可以考虑选择留学中介机构辅助申请工作。对留学中介机构的选择,也要注意以下问题:①是否负责可靠;②是否具有正规资质;③是否具有口碑和信誉。

建议自身时间和精力充足、目标难度不大、英文水平较高的学生可以考虑自己申请,这对自己的能力也是一种锻炼和提升。

七 如何准备申请材料

留学申请材料主要分为个人信息、英文版简历、自述信、推荐信、中英文成绩单、中英文在读证明等。

（一）个人信息

建立一个 Word 或 Excel 文档将个人信息事先准备好，包括：姓名、性别、出生日期、护照号、永居地址、邮寄地址、联系电话、父母信息（姓名、工作、地址、联系电话）、毕业院校、专业、学位、毕业日期、工作经历（单位名称、职位、工作时间、地址、电话、主管姓名）、获奖情况等信息。

（二）英文版简历

英文版简历的内容主要包括：院校、专业、GPA、获奖情况、相关课程、工作经历（实习单位、起止日期、职位、职位职责、日常事务）、研究经历（项目名称、发表信息、获奖情况、参加论坛情况）、社区参与经历（夏令营、社团、志愿者）等内容。简历不能单单是个人信息的简单罗列，而应围绕所申请的专业，突出专业学习中的亮点。

（三）自述信

自述信主要表达出以下内容：选择该学校和专业的原因、本科学习经历、专业特长和优势、专业实习经历、个人职业规划、总结陈述语。自述信要求言简意赅，重点突出，有逻辑性，语言流畅，情感真挚。

（四）推荐信

推荐信应请本专业或有相关学术背景的熟悉老师书写，其内容要体现个人的学习能力、学习态度，以及老师评价等。

（五）中英文成绩单

学校官方出具中英文的成绩单，以 PDF 文件格式扫描存档。

（六）中英文在读证明

学校官方出具的在读证明，证明在读时间和毕业日期，及专业等内容。

八 如何获得奖学金

（一）申请奖学金条件

奖学金的类型主要有两种：基于资金需求的助学金和基于优秀程度的奖学金。获得奖学金的条件有以下几点：

(1) 提高 GPA 成绩。优异的成绩是奖学金的根本。

(2) 获得申请学校老师的支持。获得老师的支持和推荐是申请奖学金的关键。

(3) 提高英文水平。英文水平决定个人的写作和表达能力，好的英文水平更容易获得青睐。

(4) 提高个人的软实力。全面发展是国外学校关注的重点,学生要广泛参与科研、体育、社会活动等。

(二) 如何申请奖学金

1. 联系学校,咨询奖学金申请事宜

奖学金申请的截止日期一般会比院校申请要早。如果想要申请奖学金,要做好准备,应提前联系学校,咨询是否提供留学奖学金奖、奖学金申请资格和申请专业的介绍等事宜。

2. 提前准备好标准化考试成绩

标准化考试(TOEFL、GRE、GMAT、LSAT、IELTS 等)成绩高于最低录取标准的学生更易争取到奖学金资格。

3. 准备申请材料

申请材料包括:入学申请表、奖学金资助申请表、财力证明表、标准化考试成绩单、教授推荐信、中英文成绩单、学习计划、简历、在读证明等。此外,还需要提供额外的文书。

4. 保持与校方联系

在申请期间,学生应积极与校方沟通,及时询问材料是否齐全,确认结果的时间,向校方表达意愿,给校方留下良好的印象。

5. 奖学金颁发和录取通知

学校会在收到申请后及时评定。评定结果出来后,学校会通过电子邮件通知学生并告知相关事宜。

九 如何准备面试

在留学申请的过程中,成功的面试更容易给学校留下好的印象,从而提高录取率。面试前,学生应充分了解自己申请的学校和专业,提前演练面试场景,提升口语表达能力。面试的注意事项主要有:① 着装得体,形象良好;② 语言表达流利、简洁,具有逻辑性;③ 突出自己的专业优势和特长;④ 举止礼貌,自信大方。

1.《2018 中国海归就业创业调查报告》

2.《出国留学的梦想和目的是什么,看看专家怎么说》

3.《青年提问米格尔:您如何看待中国优秀人才纷纷到国外留学的现象?》

参考文献:

[1] 高书国,李捷,石特.新时代中国高等教育结构调整的战略研究[J].高校教育管理,2019(3):1-9.

[2] 丛康林,李西灿,董超,等.大学生考研影响因素调查分析[J].产业与科技论坛,2019(13):139-140.

[3] 教育部关于印发《2020年全国硕士研究生招生工作管理规定》的通知[EB/OL].[2019-08-14].http://www.moe.gov.cn/srcsite/A15/moe_778/s3113/201908/t20190819_395052.html.

[4] 研招填写考生信息功能已开通,硕士统考网报只需两步[EB/OL].[2019-09-17].https://yz.chsi.com.cn/kyzx/kydt/201909/20190917/1823670731.html.

[5] 教育部办公厅关于统筹全日制和非全日制研究生管理工作的通知[EB/OL].[2016-09-14].http://www.moe.gov.cn/srcsite/A22/moe_826/201609/t20160914_281117.html.